오월을 그리며

오월을 그리며
산들문학회 제7집

초판 1쇄 발행 2025년 11월 20일

지은이 산들문학회, 황현탁, 육진영, 전효택, 최계순, 조석환, 피희순, 허혜연, 김영석, 백송이, 김영희,
김은경, 서혜영, 홍영규, 황보경이
펴낸이 장길수
펴낸곳 지식과감성˚
출판등록 제2012-000081호

교정 한장희
디자인 김희영
편집 김희영
검수 김지원, 이헌
마케팅 김윤길

주소 서울시 금천구 벚꽃로298 대륭포스트타워6차 1212호
전화 070-4651-3730~4
팩스 070-4325-7006
이메일 ksbookup@naver.com
홈페이지 www.knsbookup.com

ISBN 979-11-392-2932-5(03810)
값 17,000원

- 이 책의 판권은 지은이에게 있습니다.
- 이 책 내용의 전부 또는 일부를 재사용하려면 반드시 지은이의 서면 동의를 받아야 합니다.
- 잘못된 책은 구입하신 곳에서 바꾸어 드립니다.

지식과감성˚
홈페이지 바로가기

산들문학회 제7집

오월을 그리며

황현탁
육진영
전효택
최계순
조석환
피희순
허혜연
김영석
백송이
김영희
김은경
서혜영
홍영규
황보경이

지식과감성#

산들문학회 동인지 제7집 《오월을 그리며》 출간에 부쳐

가을은 글쓰기의 계절이다. 들녘이 황금빛으로 물들어 가듯, 한 해 동안 써 내려간 문장들도 저마다의 빛깔로 익어간다. 산들문학회가 제7집 《오월을 그리며》를 세상에 내놓는다.

수필은 삶의 기록이며, 인간의 영혼이 언어로 증명되는 작업이기도 하다. 한 문장 안에는 작가의 체온이 배어 있고, 한 문단 안에는 삶을 견딘 시간의 무게가 깃들어 있다. 글을 쓰는 일은 살아 있는 존재의 고백이자, 자신을 확장시키는 영혼의 여행이다.

한 편의 수필이 완성되기까지는 계절의 순환처럼 인내와 기다림이 필요하다. 산들문학회 회원들은 매년 그 과정을 성실히 견뎌내며 문학의 결을 한층 깊게 다져왔다.

문학은 시간을 담는 그릇이다. 수필가들은 흘러간 시간 속에서 반짝이는 의미의 파편을 건져 올리는 고독한 작업에 매혹된 사람들이다. 이러한 글쓰기의 본질에 대해 철학자 발터 벤야민(Walter Benjamin)은 '진정한 창작이란 그 자체로 폐허의 기술'이라고 했다. 작가란, 과거의 파편인 기억과 경험들을 모아 다시금 현재의 의미로 조립해 내는 건축가와 같다는 뜻이다. 수필가들은 바로 이 폐허의 기술을 연마하는 장인들이 아닐까 싶다. 글쓰기는 일상의 낡고 평범한 이야기에 지성과 감성, 그리고 영적인 렌즈를 덧대어 자기만의 의미를 부여하는 작업이

다. 나는 이것을 '자신의 신화를 직조하는 작업'이라고 부른다.

글쓰기란 고통과 기쁨, 성찰의 시간을 내포하고 있다. 수필은 자신을 드러내는 글이지만, 결국 자신을 정리 정돈하는 작업이다. 한 문장 한 문장을 다듬어 온 세심한 손길이 동인지 《오월을 그리며》에 고스란히 스며있다. 다시 한번 산들문학회의 끈끈한 연대와 문학적 성숙을 보여준다.

좋은 작가란 많이 쓰는 사람이 아니라, 자신의 문장을 끝없이 성찰하는 사람이다. 산들문학회의 글은 그 점에서 늘 성숙해 왔다. 짧은 문장 하나에도 사색이 배어 있고, 묘사 한 줄에도 진심이 깃들어 있다. 그것이 바로 산들문학회가 세월 속에서도 흔들리지 않고 지속되어 온 힘이다.

이제 우리에게 필요한 것은 새로운 도약이다. 글을 쓰는 일은 멈춤이 아니라 끊임없는 나아감이다. 작가의 길은 언제나 고독하지만, 그 고독 속에서 한 편의 작품이 탄생한다. 우리는 이미 등단과 개인 수필집 출간이라는 훌륭한 성과를 이루어냈기에 앞으로의 행보도 기대한다.

《오월을 그리며》의 출간을 다시 한번 축하한다. 모두의 노고에 뜨거운 박수를 보낸다.

2025년 11월
지도교수 문윤정

누군가의 마음을 물들이는 글쓰기

    글을 쓴다는 것은 세상을 조금씩 물들이는 일이다. 서울교육대학교 평생교육원 여행작가반에서 만난 우리는, 글이 가진 힘을 믿는 사람들이다. 그렇게 2019년, 산들문학회가 출범했다.
    산들문학회는 엄동설한 같은 코로나19의 시기에도 동인지 출간을 멈추지 않았다. 매년 동인지를 출간하며 서로의 문장을 응원했고, 2025년에는 일곱 번째 책 《오월을 그리며》를 세상에 내놓는다.
    이 글쓰기 프로그램에 들어오기 전에 이미 등단한 이도 있지만, 나를 비롯하여 대부분의 회원은 이곳에서 작가로 자라났다. 문단에 잘 알려진 지도교수의 따스한 격려와 날카로운 지적, 문우들의 거침없는 합평, 그리고 스스로의 고독한 연마가 있었기에 가능했다.
    수업에 참석한다고 작가가 되는 것은 아니다. 자신이 쓴 작품을 교실에서 합평받고, 다시 고쳐 쓰는 과정을 거친다. 마지막으로 작품을 정성껏 다듬어 완결미를 갖춘 글을 동인지에 올린다. 이 고된 작업을 해마다 이어가며, 노력의 결실이 담긴 동인지가 한 권씩 쌓이는 것을 지켜보았다. 이런 수련의 과정은 글을 단단하게 하며, 등단이라는 관문을 통과할 수 있는 바탕이 된다.
    이번 동인지에는 이제 막 글의 길에 들어선 새 문우들도 참여하였다. 머지않아 그들 모두가 자신만의 목소리로 문단의 문을 두드릴 것

을 믿어 의심치 않는다.

  산들문학회 회원들은 문학인으로 성장해 가는 서로의 모습을 지켜보았다. 우리가 쓰는 한 줄 한 줄의 문장이 살아 있음의 증거이며, 세상과의 다리를 놓는 행위임을 깨달았다.

  우리의 목표는 단순하다. 회원 모두가 자기 이름으로 된 책 한 권을 가지는 일이다. 함께 나아간다면 회원 모두 자신의 저서를 가지게 될 것이다. 공부를 계속하지 않으면 글쓰기를 쉽게 중단하게 된다. 시간과 노력을 들여야 한편의 글이 완성될 수 있음을 써 본 사람은 안다. 이런 전통이 오랫동안 지속되어야, 글솜씨도 늘고 작품도 모인다. 회원들 개개인이 문단의 한 모퉁이를 차지하기를 기대한다.

  글쓰기 공부는 작가의 첫걸음이자, 작가의 전부라고 할 수 있다. 작가의 길은 멈춤이 없는 여정이다. 우리 모두가 매일의 삶에서 글을 떠올리고, 묵은 기억이 문장으로 피어나기를 바란다. 그 글들이 세상 어딘가에 잔잔히 스며들어 누군가의 마음을 물들이기를 소망한다.

2025년 11월
산들문학회장 황현탁

목차

산들문학회 동인지 제7집 《오월을 그리며》 출간에 부쳐　　4
- 지도교수 문윤정

누군가의 마음을 물들이는 글쓰기　　6
- 산들문학회장 황현탁

황현탁

미타암에서 거행된 용왕제 참관기　　15
생명의 위대함을 읊은 〈명랑한 반란〉　　19
만년설과 빙하의 장관(壯觀)을 보다!　　23
막걸리에 대한 기억　　27
여자의 원한은 무섭다　　31

육진영

제주도의 푸른 바다 그곳에서　　37
몽산포 자동차 야영장　　41
2박 3일 캠핑 도전, 그리고 우중 캠핑　　45
또 하나의 도전, 카누 백패킹　　49
살과의 전쟁　　54

전효택

해피 데이　　59
유일한 이모님　　64
웰다잉　　68
독일 프라이베르크대학　　71
강남 한복판에 있는 왕들의 안식처　　75

최계순

우면산, 무장애 숲길을 걷다	81
시작과 끝	85
철보다 강한 것	88
동전 두 닢, 천 원	91
여우, 르나르가 되다	94

조석환

사향문(師鄕門)을 들어서다	101
선글라스 예찬	106
전망 좋은 집	109
하늘의 무지개	113
그 길에는 이야기로 가득했다	116

피희순

오월을 그리며	123
크리스마스의 추억	126
예술도 명품 시대, 루이비통재단 미술관	130
시간을 품은 국립중앙박물관	137
인생이여 만세, 프리다 칼로 미술관	144

허혜연

내 일상의 기적 소리	153
불꽃놀이	157
펄 벅 기념관을 찾아서	160
낚시 체험	164
빈 화분을 채우며	168

김영석

잃어버린 도시와 무지개산, 페루 이야기   175
빙하 칵테일 한잔하세요   178
라스베이거스가 부른다   182
캐나다 로키의 눈꽃 왕국   186
작은 신비의 하루   190

백송이

토마토가 익을 무렵   195
소이작도의 산책자들   199
장롱 위의 꾸러미   204
맥닐공원의 여름   207
힐튼헤드아일랜드(HiltonHead Island)에 가다   212

김영희

과자 봉지   219
이중섭의 삶과 예술을 따라 걷다   221
염소가 열리는 아르간 나무   226
니 돌담 내 돌담   231
초복 삼계탕   235

김은경

어머니의 설탕 막걸리   241
욕망을 클릭하다   246
이름 붙이지 못한 감정   250

서혜영

내 심장이 먼저 안다	257
엄마는 전형적인 아줌마	261
초록에 물든 하루	265
아무도 몰라도 내가 아는 것	269
병산서원에서 유생이 되어 보다	273

홍영규

기업과 예술의 만남, 일본 미술관들 기행	279
문학의 언덕, 고독의 숲 – 일본 근대문학을 따라가는 길	285
오모리와 히로사키 - 예술과 기억이 머무는 봄의 북국	290
센다이 - 과거의 영광과 오늘의 감성, 그리고 나리타의 밤	294
구마노 고도의 순례길 - 다이몬자키에서 나치산까지	298

황보경이

환승	305
눈부신 6월이 오면	309
니는 공짜로 큰 줄 아나!	313
실망의 나비효과	317
아들의 결혼식을 지켜보며	321

황현탁

- 미타암에서 거행된 용왕제 참관기
- 생명의 위대함을 읊은 〈명랑한 반란〉
- 만년설과 빙하의 장관(壯觀)을 보다!
- 막걸리에 대한 기억
- 여자의 원한은 무섭다

작가 노트

글을 많이 쓴다. 그러나 진전은 없는 것 같다. 남들처럼 구상단계를 거치지 않고, 쓰는 데 급급한 것이 원인이 아닐까? 글쓰기가 잘 안될 때는 자신의 감정을 글로 써 보라는 얘기를 하는 사람도 있다. 나는 감정이 폭발하기보다는 통제하거나 억누르는 편에 가깝다. 감정을 있는 그대로 솔직하게 쓰라는데, 그러면 나를 오해할 수도 있을 것 같은 느낌이 든다. 어쨌든 감성적인 글쓰기 연습을 더 해야 한다. 참신한 단어의 조합을 위해 독서의 힘을 빌릴 필요가 있다. 많이 읽자.

수필가, 여행작가, 서초문인협회 회원, 산들문학회 회장
주일본한국대사관 홍보공사, 한국도박문제관리센터 원장 역임
안동시립웅부도서관 선정 이달의 지역작가(2024. 6.), 〈문학秀〉 문학상(2024. 11.)
《세상구경》, 《그곳엔 ?!이 있었다》, 《어디로든 가고 싶다》, 《일본 들춰보기》 등 다수

hlp5476@naver.com

미타암에서 거행된 용왕제 참관기

　용왕은 물과 하늘에 계신다. 용왕제(龍王祭) 하면 강이나 바다(인근)에서 열리는 것이 보통이다. 그런데 경남 양산의 천성산(千聖山) 절벽에 터전을 잡은 통도사의 말사 미타암(彌陀庵)에서 괘불조성에 즈음한 용왕제가 열렸다. 천명의 성인이 태어난 곳이란 뜻의 천성산엔 여러 절들이 자리하고 있는데, 미타암 가는 산길에도 화엄사·불광사·원적암 등 몇몇 절들이 위치하고 있다.

　신라의 고승 원효가 창건했다는 자연동굴이었던 기도도량 미타암의 석굴 사원 안에는 아미타여래입상이 있다. 여래의 두 손 모양은 오른손은 불법을 깨달은 후 가르침을 전하는 전법륜인(轉法輪印)을, 왼손은 중생에게 사랑을 베풀고 소원을 들어준다는 여원인(與願印)을 한 자세를 취하고 곧게 서 있다. 미타암이 불편한 교통편에도 불구하고 소원을 빌러 오는 신자들이 넘쳐나는 '영남 최고의 관음 기도도량'이 된 데에는 영험함이 있기 때문일 것이다.

　이번 괘불은 불화의 장인으로 지정된 인간문화재 석정스님(佛畫匠)의 제자인 불화장 이수자 연당 조해종(蓮堂 曺海鍾) 씨가 6개월에 걸쳐 조성한 것이다. 점안식은 별도로 개최되었으며 3월 16일 11시에는 따로 용왕제가 열렸는데, 불교학자 정진원 교수와 함께 방문하였다. 괘불조성 계기 용왕제는 원래 야외에서 행해야 하나, 당일 비가 내려 대웅보전 안에서 범패(梵唄: 악기연주와 바라춤) 의례로 시작되었다. 괘불 역시 야외가 아닌 대웅보전 왼쪽 벽면에 걸려 있었다.

주차장에서 미타암에 이르는 도로개설, 절벽에 종무소·요사체·공양간 등 미타암의 부속 건물들의 터전을 잡기 위해 바쳤을 노력들을 생각하니 스님과 신도들의 신심이 그대로 전해왔다. 우리 일행은 3km에 이르는 도로개설 역사(役事)의 어려움을 짐작할 수 있었다. 비나 눈이 오는 궂은 날씨에는 생명줄을 담보하여야 될 만큼 가파르고 험한 도로다. 법회 시작 시간보다 미리 올라 정 교수의 안내로 암자 주변을 둘러보았다. 스님과 불자들의 원력과 정성이 느껴지는 가람이었다.

주지스님인 동진스님과 통도사에서 동문수학했던 은해사 주지 덕조스님은 용왕제 발원법회에서 '암벽 절에서 용왕제를 올리는 것은 물 걱정을 안 하도록 해 달라는 바람'에서라고 말씀하셨다. 산에서도 물이 필요하고, 화마로부터 사찰을 보호할 수 있도록 해 달라고 천룡(天龍)에게 기도하는 것이라면서, 예전에는 화재진압을 위해 소금을 함께 묻기도 했단다. 덕조 큰 스님은 '스님을 5등급으로 나눌 수 있다'면서, 출가만 했을 뿐인 5등급에서 참선·정진에 매진하는 1등급까지로 구분할 수 있단다. 그는 신도 역시 무늬만 신도인 5등급에서 조석으로 부처님을 찾고 기도하는 1등급 신도로 나눌 수 있다고 한다. 덕조스님은 연상인 동진스님에 대해서는 시속말로 '특등, A풀(+) 스님'이라면서, 불사와 기도에 열심이고 눈가에는 언제나 웃음이 가득하다고 덕담을 던지면서 발원을 마쳤다.

지난해 연말 나는 이번 3월 산불로 전소된 의성 고운사에서 열린 장인 49재에서 스님들이 악기를 연주하고, 민간 예술단이 바라춤을 추는 범패를 지켜본 적이 있다. 이번 용왕제에서는 악기연주와 바라춤 모두 통도사 염불원 소속 스님들이 담당하였다. 좁은 대웅보전 법당 안에서 많은 신도와 관계자들이 참석한 가운데 약식으로 열렸지만, '아!, 불교의식은 이렇게 진행되는구나.'라는 것을 볼 수 있는 기회였다. 물론 소액의 보시(布施)도 준비했다.

초기 불교에서는 석가모니로부터 직접 설법을 들었을 것이고, 이후에는 제자들로부터 부처님의 가르침을 전해 들었을 것이다. 불법(佛法)이 널리 전파되면서부터는 부처님의 상징인 사리나 탑·불상들을 숭모의 대상으로 삼고 불도와 수행법이 전해졌을 것이다. 괘불(掛佛) 역시 기우제(祈雨祭)나, 예수재(豫修齋)·영산재(靈山齋)·수륙재(水陸齋) 같이 신도들이 야외에서 큰 법회나 의식을 치를 때 모시는 신앙의 대상물이었다.

괘불은 '야외에서' 의식이 진행될 때에 쓰이는 것으로, 국보인 화엄사 괘불은 12m×7.7m로 아주 크다. 의식 때 보관장소에서 옮겨 펼쳐 보여주며, 괘불대·괘불석주 등 기구가 필요하다. 괘불은 행하고자 하는 법회나 재(齋)의 성격과 의식의 종류에 따라 거기에 알맞은 내용을 봉안하는 것이 원칙이다. 영축산에는 부처님을 그린 것을, 장수와 극락정토를 비는 영산재에는 영산회상도(靈山會上圖)가 들어간 것을 사용한다. 또 외로운 영혼을 달래고 천도하는 수륙재에는 지장회상도(地藏會上圖)나 미륵불을 모시고, 매월 음력 24일 관음재일(觀音齋日)에는 관음보살을 모셔야 한다. 그러나 사찰에서는 여러 괘불을 모시지 못하고 한 점의 괘불로 여러 의식을 치르고 있다. 현존하는 조선시대 괘불 중에는 영산회상도가 가장 많고, 보살상과 여래상이 뒤를 잇고 있다.

미타암에 조성된 괘불은 3m×3.5m로 그렇게 크지는 않다. 용왕제에 맞는 내용의 인물이 들어가 있다. 조 작가는 당일 용왕제 행사에 참석하지 않았다. 4월에 열린 서울 전시회에서 그의 다른 불화작품 팔금강도도 살펴보았다. 작가의 부인은 괘불작품이 대작(大作)이고, 오랜 시간 제작하다 보니 임플란트 한 이가 다 빠져 걱정된다고 말한다. 그만큼 정성을 쏟아야 한다는 얘기다.

정 교수는 현지를 안내한 불교홍보잡지《맑은 소리 맑은 나라》김윤희 발행인더러 "불도(佛道)는 김윤희로 통함을 알게 되었다."라고 했는데, 옆에서 지켜본 나 역시, 그녀의 불교에 대한 깊은 이해와 오랜 인연이 곳곳에서 통함을 목도할 수 있었다. 통도사 시탑전으로 가 불사(佛事)나 세속 일들을 잊으려 애쓰시며, 마음 다스리기에 전념하고 계신 중산 해남 대종사를 뵙고 근황을 들었다. 절간을 떠나 빗길에 인근 톨레도(Toledo)란 카페에서 피자와 볶음밥으로 저녁 요기를 한 후 울산역에서 KTX에 몸을 실었다. 한반도에 불법(佛法)이 널리 전파되고, 모든 이들의 기원이 이루어지는 불국토가 되기를 발원(發願)한다.

《여행인문학》창간호 게재

생명의 위대함을 읊은 〈명랑한 반란〉

　시인 조갑출이 자신의 몸뚱이를 썩혀 가면서 척박한 환경에서 새로운 생명을 움 틔우는 식물 생태계의 위대함을 읊은 시가 〈명랑한 반란〉이다. 옹기 안에 무, 당근, 양파, 고구마를 넣어 두었는데, "무 얼굴 하얗게 질리고/당근도 얼굴 붉혀//엄지만큼 키 자란 양파 싹/고구마 줄기까지도/장독을 나오려 아우성이야//온 가족이 탈출을 모의라도 했나"라면서, "물 한 모금/햇빛 한 가닥 없는 옹기 안"에서 다양한 뿌리식물들이 살아남으려고 용을 썼음을 '명랑한 반란'을 일으켰다고 설파한다.
　시인은 또 등단한 시 〈날마다 낯을 씻는 골목〉에서 "청라언덕 가파른 계단 길 위/오래 묵은 한옥촌/지붕끼리 다닥다닥/이마 맞대고 있었지//…//골목길 막다른 집 안주인은 삐걱거리는 나무 대문 열고 나가 골목길 쓸곤 했어 불심 깊은 그 아낙은 넉넉잖은 살림에 다른 보시(布施)는 못해도 골목 쓰는 보시라도 하겠다고 했어 비 오는 날에도…"라고 말한다. 시의 내용은 알 듯한데, 문학이나 시를 공부한 적이 없어 운문과 산문이 섞인, 처음 보는 시 형식이라서 생경했다.
　조갑출 시인은 같은 대학교 같은 학과 동기동창의 부인이다. 한 번도 대면한 적은 없으나 같은 경상도 출신이며, 그녀가 대학교의 높은 보직교수였던 것은 알고 있다. 그런데 지난해 시인으로 등단하고 첫 시집을 출간하였다고 해 시집을 구해 읽었다. 몇 살 나이 차는 있어도 같은 시대를 살아온 친구 같은 느낌이 들었다. 시인은 자신의 평생의 업(業)과 관련해서는 시집에서 딱 한편 미국 간호학계의 석학인 Martha Rogers의 이론을 상기하면서, 〈마사 로저스의 가을〉이란 시에서 "삶은 울림의 과정/공명의 원리로 움직인다 했는데/이 가을 나는/얼마큼 울림 주며 살고 있을까/어떤 진폭과 파장 엮어"라고 지난날을 되돌아본다.

시집 《명랑한 반란》에 등장하는 할머니 정한수, 밥상 위의 조각보, 새까만 오디, 호롱불과 닥종이, 손뜨개 레이스, 종이딱지·나무 팽이·깨진 구슬, 수박 들고 가는 남자, 묵정밭 조 농사, 거름무지, 아궁이불 등의 시어나 시제(詩題)들은 시인과 내가 함께 공유하고 있는 정취들이다. 시를 읽으니 꼭 내가 나의 지난 시절을 뒤돌아보는 느낌이 들었다. 정겹기도 하고 애처롭기도 하다.

나의 대학동기들은 2022년 가을, 대학입학 50주년 홈커밍데이 행사로 학교를 방문하는 길에 그녀가 언급한 '청라언덕'을 찾았다. 그곳은 시인의 시댁이 있던 곳이지만, 재개발로 아파트가 들어서 지형이 바뀌어 버렸다. 대구 기독교 역사의 시발점이기도 한 그 언덕에는 선교사들의 주택이 있었고, 그 주택들에는 푸른 담쟁이가 무성해 훗날 푸를 청(靑), 담쟁이 라(蘿) 자를 붙여 '청라언덕'이라 불렀다. 그 주택들은 각각 선교·의료·교육/역사박물관으로 꾸며졌고, 인근에는 젊은 학생들이 3.1운동에 뛰어들었던 것을 기념하는 90계단의 3.1만세운동길, 〈빼앗긴 들에도 봄은 오는가?〉의 시인 이상화의 고택 겸 기념관,

국채보상운동 주창자인 서상돈의 고택도 있다. 또 임진왜란·정유재란 때 명나라 원군(援軍)으로 왔다가 중국의 처자식과 헤어지고 조선에 귀화하여 양잠문명을 전파한 두사충(杜師忠) 골목도 있다.

대학의 명예교수로 있는 시인 조갑출은 《명랑한 반란》에서 사랑과 연애는 거의 되뇌지 않는다. 대신 시인은 "말로는 뚝 떼어 놓고 신경 안 쓴다 했지"만, "밥이나 먹고 다니는지/손주 녀석들 똘망똘망 잘 크는지/며느리와 짜그락거리지는 않는지" 궁금해하다가, "아들은 이제 며느리의 남편이라니까"(〈철 지난 모정〉 中에서), "아이들에게도 늘 그랬지/엄마가 미안해, 입에 달고 살았지//진력으로 돌보지 못했음에도/보이지 않는 힘이 보듬어/아이들 피어났지"(〈스스로 피는 꽃〉 中에서), "아침저녁 빈 방 둘러보며 침대 쓰다듬게 돼/…/밥이나 제대로 먹고 다니는지//걱정이 스멀스멀//야무진 아이니 잘할 거야/누구 딸인데 좀~ 잘 하겠어/…/저들끼리 알콩달콩 잘 살면 그만이지 뭐"(〈젖 떼는 나날〉 中에서) 등 곳곳에서 모정이나 주부 역을 감성적인 언어가 아닌 일상의 단어들로 채우고 있다. 그녀가 말하듯, '반짝이는 시어가 아니어도, 번뜩이는 은유가 아니어도'(시인의 말 中에서) 독자인 내겐 절절한 느낌으로 다가왔다.

시인이라고 왜 세상에 대해 할 말 없겠는가! "성공하려면/좋아하는 일/하고 싶은 일하며/살아야 한다지//맞아/근데 그거 알지/하고 싶은 일하며 살 수 없는 사람/더 많다는 것/원래 꿈꾸었던 삶 아닌/대안으로 사는 삶도 성공할 수 있다는 것"(《주저앉은 너에게〉 中에서), "같은 외눈들끼리 편먹고 힘자랑해/왼 눈 보는 이들은 그들끼리/오른 눈 보는 이들도 자기네끼리/…/자기편끼리 서로 이불 되어 주며/다른 편은 치열하게 공격해"(〈외눈으로 살라 하네〉 中에서)와 같이 오늘의 한국 사회를 사실적으로 묘사한다. 또 "세상의 모든 아픔 비로 몽땅 쓸어낼 수 있다면, 몹쓸 짓하는 인간들 쓸어내어 염치 아는 세상 만들 수만 있다면, 밤낮 없이 비질한들 힘들겠냐"라고 〈날마다 낯을 씻는 골목〉에서 '더 나은 세상을 향한 바람'도 언급하고 있다.

  계엄과 내란죄 여부로 혼란한 작금의 세태가 조갑출 시인의 장독대 옹기 안 식물의 '명랑한 반란'과 같지 않은 것 같아 찜찜하다. "너나없이 하나로 어우러져/웃음 물결/율동감 있게 넘실댄다"(〈사람꽃 피다〉 中에서)는 '사람꽃이 군락으로 피어나는 사회'는 우리들에게 정녕 꿈이어야만 할까?

격월간 《서정문학》 2025년 1·2월호 게재

만년설과 빙하의 장관(壯觀)을 보다!

 아르헨티노 호수에 면해 있는 높이 70m, 폭 4.4km(뒤쪽은 1,170m)의 빙하인 페리토 모레노 빙하(Glaciar Perito Moreno) 앞을 조그만 관람선을 타고 가까이 가니 배 앞쪽으로는 물이 튀어 뱃머리로 나가 있을 수가 없다. 선장이 배를 빙하관람 모드로 운항하기 전에는 제대로 볼 수가 없다. 속도를 늦추고 뱃머리를 돌려 뱃전에 나가 빙하를 보니 바위 언덕 같은 빙하가 눈앞에 버티고 있다. 갈라져 있기도 하고, 수면과 접한 쪽에 동굴 같은 것도 나 있다. 빙하가 떨어져 나올 때는 천둥소리가 난다는데, 빙하 가까이 머무는 중 듣질 못했다. 더 오래 버텨주어야 다음 사람들도 볼 수 있을 테니 다행이다.
 빙하 한쪽에는 먼지가 쌓인 빙하가 보인다. 그곳을 다녀간 사람들이 오염시킨 것은 아닐 테고, 식물이 살지 못하는 눈 녹은 산의 흙이 바람에 날려 왔으리라. 인간이 아닌 자연의 조화일 것이다. 빙하 뒤쪽 멀리에는 해발 2,950m의 피에트로벨리산(Cerro Pietrobelli) 등 만년설이 쌓인 산봉우리들이 도열하고 있다. 눈이나 얼음을 얼마든지 공급할 테니 녹는 걸 걱정하지 말라는 것처럼. 가이드에게 물으니 여름철에는 하루에 2m 정도 녹아 들어간다고 한다. 지구 온난화를 언제까지 견딜 수 있을까? 빙하의 앞쪽 양옆 산에는 눈이 녹아버려 민둥산이다. 사람들이 발길을 하지 않는 것이 최선일 것 같은데, 나같이 비행기를 몇 번 갈아타고 방문하는 사람들이 있으니 어쩌겠는가!

　오전 7시 숙소 앞에서 여행사 전용 밴을 타고 아르헨티노 호반을 달렸다. 1시간쯤 지나 국립공원 입구에 마련된 휴게실에 들러 볼일을 본 후 빙하로 향했다. 가는 도중 안개가 오르면서 산자락에 무지개가 상당히 오랫동안 떠 있다. 시내 중심가에서 76km 떨어진 빙하까지 가는 도중에 전망대가 있고, 빙하 맞은편에는 전망 산책로가 잘 구축되어 있다. 빙하 앞 수로로 접근하는 배를 탄 시각이 11시 30분경. 유빙이 떠다니는 호숫가 척박한 땅에서도 '희망과 사랑'이란 꽃말을 가진 데이지꽃이 탐방객을 반긴다. 하얀 꽃 수술 가운데 노랑 두상화가 단풍 들어가는 이파리들 때문에 곧 사라질 것 같아 애처롭기까지 하다.

　대체로 남위 40도 네그로강 남쪽지역을 파타고니아라고 한다. 아르헨티나·칠레 지역 구분 없이 모두 그렇게 부른다. 파타고니아에 가야 가까이서 빙하를 볼 수 있어 우리 일행은 아르헨티나의 엘 칼라파테(El Calafate)로 향했다. 페리토 모레노 빙하는 남위 47.49도이고, 칠레의 토레스 델 파이네 빙하는 51.37도. '세상의 끝'(Fin del Mundo)이라는 아르헨티나의 우수아이아(Ushuaia)는 남위 54.48도로 엄청 남쪽이다. 세상의 끝 등대는 약간 더 남쪽에 위치한다. 남극이 가깝다고 해 사시사철 추운 날씨거나 동토는 아니다. 2월 하순 방문했을 때는 서울 옷을 그대로 입으면 될 정도였다. 떨지는 않았다.

　바릴로체에서 비행기로 엘 칼라파테공항에 도착하니 LG 광고가 공항 안팎에서 우리 일행들을 환영한다. 말은 할 필요도 없지만 왠지 뿌듯했다. 시내로 가는 셔틀을 놓치고 우버도 잘 잡히지 않아 늦게 택시를 잡아타고 숙소로 왔다. 시내 중심가에서 좀 멀기는 했지만 바로 앞에 대형슈퍼도 있고, 가까이에 버스터미널과 여행사, 세탁소가 있어 불편하지는 않았다. 점심을 때우고 여행사에 들러 모레노 빙하와 칠레의 토레스 델 파이네 빙하(Glaciar Torres del Paine) 탐방 예약을 마친 후 시내를 어슬렁거렸다.

세탁물을 맡기고 더 걸으니 한국에서 익히 봤던 미루나무가 녹색 옷으로 갈아입고 있다. 남반구여서 단풍 들어가는 것이 아닐까? 시내를 둘러보니 건초를 싣고 다녔던 마차, 빙하를 발견했다는 모레노와 남미 독립영웅 산 마르틴의 동상, 영국해군의 비글호(HMS Beagle)를 타고 남미탐사에 나섰던 찰스 다윈(Charles Darwin) 기념조형물도 있다. 관광객이 많이 오는지 기념품점, 식당과 호텔, 심지어 카지노까지 구색이 갖추어진 도시다. 조그맣게 스페인어, 영어, 한자, 일본어와 함께 쓰인 '열려있는'이란 한글을 발견하고 가게로 들어서니 음료를 파는 간이매점이다. 차 한 잔씩을 주문했다. 종이에 한글로 써서 붙이면 한국인 손님이 더 들게 될 것이라면서 '이 집 맛있어요'라는 글귀를 적어 줬다.

관람선을 타고 모레노 빙하를 코앞에서 보는 것보다 적재적소를 지나도록 설계된 전망 산책로에서 빙하를 보았던 것이 훨씬 더 기억에 남는다. 군데군데 설명문도 붙여놓아 가이드의 설명을 듣지 않고도 관찰할 수도 있고. 주변의 초목들은 겨울맞이를 하느라 단풍이 들었다. 일행이 같이 몰려다니면 많이 못 볼 것 같아 혼자서 계단을 쏘다니면서 정말 많은 사진을 찍었다. 산책로는 1981년 10월에 만든 것으로 동판에 기록되어 있다.

  돌아가기 전에 늦었지만 카페에 들러 음료수 한 잔씩을 주문하고 가져간 과일과 빵으로 대충 점심 요기를 했다. 나는 기념품 가게에서 모자를 하나 샀다. 숙소 도착 17시 30분. 사다 놓은 아르헨티나 소고기로 수제 스테이크를 만들어 한잔하면서 우의를 돈독히 했다. 술 취한 척하며 공동생활에서 고칠 점도 지적해 주었다. 아내들에게 걸리적거리지 않도록 해 앞날에 골칫거리 되지 않도록 하는 것이 주목적. 일흔 넘은 아내들이 남편들 때문에 사별한 사람보다 더 우울하다는 조사결과가 머리를 스친다. 모두들 구박받지 않고 잘 지내야 할 텐데.

막걸리에 대한 기억

　옛날 고향집에서는 커다란 술독에 밀주(密酒), 즉 탁주를 담가 농번기나 큰일에 대비했다. 이 탁주를 걸러 물을 섞은 것이 막걸리, 즉 막거른 술이다. 세금을 납부하면서 합법적으로 탁주를 제조하는 양조장이 십 리 밖에 있었지만, 소바리밖에 다니지 못하던 도로사정으로 술도가(都家)에서 마을까지 배달해 주지 않았다. 술이 많이 필요할 때인 모심기, 추수 등 농번기나, 장례식·결혼식·회갑연 등 의례가 닥칠 경우에는 인부가 술도가로 가 사 오거나, 배달료를 추가로 지불하고 주문해 마셨다. 배달의 편의를 위해 때로는 탁주의 원주(諸味: 일본어 모로미-もろみ가 변해 '모레미'라 통칭)를 가져와 물을 타 마시기도 했다.

　배달도 안 해주고, 살 수도 없어 웬만한 집에서는 누룩으로 술을 빚어 큰일에 대비했다. 당연히 관혼상제 부조(扶助)에도 돈 대신 탁주를 전하기도 했다. 특히 갑작스럽게 당한 장례식에는 부조로 들어온 술이 준비가 덜 된 때 들이닥친 문상객 접대에 요긴하게 쓰이기도 했다.

　어려서 이유는 몰랐지만 동리 제일 윗집에 세무서에서 밀주단속이 나왔다는 얘기가 전해지면, 그 얘기를 들은 할머니·어머니·고모들 중 처음 들은 사람은 무조건 술독을 이고 삽작을 나가 개울에 쏟고 독을 깨끗이 헹궈 돌아왔다. 집에서 담가 먹었다는 흔적을 없애 추궁당하지 않기 위해서다. 그때는 어려서 왜 그렇게 서둘렀는지 몰랐으나 커서 알고 보니, '정부 세수를 확보하기 위해 가정집에서 누룩과 술밥(고두밥)을 섞어 술을 담그는 것을 일제 강점기 이래 허용하지 않고' 있었던 것이다. 장사 목적이 아니라 집안에서 마실 술이라도 일반 가정에서는 직접 술을 제조해 먹을 수 없도록 한 법령 때문이었다.

모심기나 벼 베기 등 많은 일꾼이 필요할 때에는 술독의 술을 걸러 샘물을 타 새참으로 제공했다. 그러다 보니 밀주 단속 세리가 수시로 농산어촌을 돌아다녀 간접적으로 양조장 매출을 올려 세수를 확보하도록 했던 것이다. 집집마다 불법인 밀주를 담갔으니, 세리가 들이닥치기 전에 아까운 탁주를 버릴 수밖에 없었던 것이다.

시중에 판매되는 대중 소주의 알코올 농도가 25%에서 16% 정도로 낮아졌다. 화장실을 자주 들락거려야 하는 전립선비대증 환자인 나로서는 막걸리보다 도수가 높은 소주를 선호한다. 소주는 마시는 양이 적어 화장실에 덜 가도 되고 빨리 취기를 느낀다. 그럼에도 막걸리를 가끔씩 마시는데, 덜 취하려 마신다기보다 함께하는 분들이 막걸리를 선호하기 때문이다. 나이가 들다 보니 독주보다는 순한 막걸리를 마시는 지인들이 많아졌다.

6월 6일 현충일 친구의 안내로 양평의 지평양조장을 찾았다. 옛 기억을 더듬어 보니, 술을 거르면 생기는 찌꺼기, 경상도 사투리로 '막재기'에 사카린을 타 비벼 먹던 기억이 새롭다. 그곳에서 해 볼 수 있으면 시식해 보고 싶었다. 양조장 전담 문화해설사는 막걸리는 춘천과 천안 제2, 제3 양조장에서 생산하며, 그곳 제1양조장에서는 더 이상 술을 만들지 않는다고 한다. 막재기를 먹어보는 것은 물 건너갔다. 달

착지근한 술 막재기를 삼키니 얼마나 잘 넘어갔겠는가! 영양가는 없겠지만 알코올 기운이 조금 남아 있는 막재기로 뱃속을 채운 시절을 보낸 것이 지난 2월 초순부터 36일간의 중남미 자유여행을 버텨준 것 같다. 부실한 식사였지만 알코올 찌꺼기에 남아있던 알코올 기운 덕분에 힘을 냈듯이, 그동안 몸속에 쟁여놓았던 에너지를 불태워 견뎠을 것이다.

세상이 많이 바뀌었다. 옛날에는 다른 지역 막걸리를 맛볼 수 없었으나, 요즈음 막걸리 전문 술집에 가면 팔도 막걸리를 다 마실 수 있다. 판매지역 제한을 푼 것이다. 막걸리 맛을 구별할 수 있을 만큼 애호가도, 주당도 아니어서 따로 좋아하는 막걸리는 없다. 그저 서울에서는 ○○막걸리, 지방에 가서는 그 지역 막걸리를 주는 대로 마신다.

잊혀지지 않는 막걸리에 대한 또 다른 기억은 중고등학교 시절의 '소탁' 음주다. 어려서부터 탁주를 가까이 한 때문인지 모르나, 도회에서 자취를 하다 봄철 주말 고향에 가면 같은 또래들이 인적이 드문 골짜기에서 탁주와 소주를 혼합한 '소탁'을 마시며 늦게까지 함께 놀았다. 봄꽃으로 전을 부쳐 술안주하고 놀았다 하여 '화전(花煎)놀이'로 불렸다. 요즈음 개시(開始) 주는 '소맥' 폭탄으로 하나, 당시는 쉽게 구할 수 있고 빨리 취하는 소탁으로 '술 놀이'를 했던 것이다. 물론 두 홉들이 작은 병이 아니라 1.8리터짜리 댓 병 소주를 탁주 양동이에 부어 휘휘 저어 마시면서, 라디오로 들었던 이미자, 배호 노래를 계곡이 떠나가도록 불러젖혔다.

밤늦게 귀가해 살며시 사랑방에 들러 잠을 청하던 그 시절이 반백

년이 지났다. 술 마신 게 들켜 야단맞을까 신경 쓰였던 할아버지도, 아버지도 오래전 저세상으로 가셨다. '할아버지·아버지 그때 저 술 마신 거 아시고 계셨죠?'라고 여쭙고 싶다. 세월이 흐르고 시대가 바뀌어 그런 여유와 낭만을 반추할 때가 아님을 알면서도 그리울 때가 있다. 나이가 들었다는 얘기다. 지금도 고향에는 술 파는 가게가 없다. 동생들이 들락거려 집에 술이 떨어진 적은 없다. 할아버지·할머니, 아버지·어머니, 이번 주 토요일 어머니 기일에 뵙겠습니다. 산짐승이 좋아하는 막걸리가 아닌, 머금어도 술맛이 오래가지 않는 소주 한 잔 올리겠습니다.

서초앤솔로지 제15호(2025)《오늘을 사는 힘은》게재

여자의 원한은 무섭다

우리 속담에 "여자가 한을 품으면 오뉴월에도 서리가 내린다."라는 것이 있다. 그 뜻은 '여자가 분노하면 상상할 수 없는 일이 일어나며 큰 손해를 입는다'는 의미이리라. 주한독일문화원(Goethe-Institut Korea)으로부터 〈살롱: 뒤렌마트〉(SALON DURRENMATT)란 행사에 초대받았는데, 주한 스위스대사관 후원으로 열리는 이 행사에서는 스위스 태생의 극작가, 소설가, 드로잉 작가인 프리드리히 뒤렌마트(Friedrich Durrenmatt)의 작품을 소개하고 토론했다.

이 행사를 위해 스위스 뇌샤텔(Neuchatel)에 소재하는 뒤렌마트 뇌샤텔 센터의 관장(Ms. Madeleine Betschart)이 방한하였는데, 행사 전 비공식 모임에서 만나 초대받게 되었다. 센터창립 25주년 기념으로 열린 행사에서는 극작가로서의 뒤렌마트를 조명하는 것이 아니라, 데생작가(draughtsman)로서의 뒤렌마트와 관련된 무용 작품 〈미노타우로스-하나의 발라드〉(Minotaurus- A Ballad)를 소개하였다.

행사에 참석하겠다고 답을 보내고는 급히 국내에 그의 작품이 번역되어 있는지 확인했더니, 희곡선집, 탐정소설집 2권이 번역·출간되었다. 그의 작품 여러 편이 연극무대에 올랐다고 하는데, 금시초문이다. 희곡선집을 사 전 3막인 〈노부인의 방문〉(Der Besuch der alten

Dame)을 읽었다.

〈노부인의 방문〉 요지는 다음과 같다.

스위스 소도시 귈렌(Güllen)에서 17세의 클레리 베셔와 20세의 알프레드 일은 사랑하고 아이까지 낳았는데(아이는 1년 만에 사망), 일은 조그만 가게를 운영하는 집 딸과 결혼한다. 친자확인 소송을 하였으나 일이 증인을 매수하여 패소하고 그녀는 창녀가 된다. 높은 화대로 유명한 그리스 창녀 라이스(Lais) 정도의 고급 창녀가 된 그녀는 아르메니아 유전을 소유한 늙은 남자와 결혼(Claire Zachanassian이 됨)해 막대한 재산을 상속받는다. 그녀는 소송 당시 법정증인을 찾아 장님을 만들고 자신의 집사로 채용할 정도로 원한에 사무쳤다.

공장·회사가 문을 닫아 재정상태가 고갈된 귈렌시는 클레어 자하나시안 부인의 고향방문을 계기로 옛 연인 일을 이용, 적어도 수백만 마르크를 지원받아 지역경제를 살릴 구상을 한다. 급행열차를 탄 노부인과 그녀의 집사 일행은 무정차역인 귈렌역에서 열차의 비상제동 장치를 작동시켜 내려서는 10억 마르크 지원을 약속하며, '정의의 실현'을 조건으로 내건다. 즉, 일을 죽여주면 10억 마르크를 내겠다고 제안한다.

시장과 주민들은 "이웃사랑이 훼손될 때, 약한 자를 도우라는 계명이 무시될 때, 혼인관계가 모욕당할 때, 법정이 기만당할 때, 나이 어린 산모가 비참한 생활로 밀려날 때 등에는 피 흘림도 불사하고 행동으로 옮겨야 한다."라고 했던 사람들이지만, 옛 애인을 처단하면 돈을 주겠다는 제안은 거부한다. 그러나 막상 투표에 들어가서는 모두가 노부인의 돈을 받는 것에 동의한다. 범죄·오심·위증·악당을 묵인했던 것을 인정하고 정의의 실현에 동참한 것이다.

옛 연인과의 대화에서 노부인은 "내 돈 10억 파운드(5억은 시, 5억은 주민 개개인)로 당신을 없애서 과거를 바꾸겠어요. 그리곤 가져온 관에다 당신 시체를 넣어 카프리 저택에 능을 만들 것"이라고 한다. 노부인의 돈을 거부했던 주민들이 투표에서는 전원 찬성으로 돌아선다. 경찰 주도로 그가 절명하는데 의사는 심장마비로 사망했다고 말한다. 시장은 '기쁨에 겨워서 죽은 것'이라고 포장한다. 시장과 주민 모두들 '새로이 소생한 도시, 행운과 행복을 즐기도록 해 달라고 외친다.' 이렇게 극은 끝난다.

희곡선집에는 작가가 1980년 출판 당시에 개작한 3막이 수록되어 있는데, 원작보다 다소 짧다. 마지막 부분에 클레어 부인의 제안에 동조한, 돈 앞에 굴복한 사람들을 향한 '저항의 메시지'가 수록되어 있다. "저 벼락 맞을 늙은 여자, 정의를 외설스럽게 희화시키는 여자를 두고, 우리 눈앞에서 뻔뻔스럽게 남편을 갈아 치우는 천하에 없을 창녀이자 돈으로 우리의 영혼을 사 모으는 여자" 앞에서 살인자가 되어가는 주민들에게, 투쟁하자는 교장선생의 말이다.

또 선집에는 작가가 〈노부인의 방문〉 취리히 초연 공연 때 썼다는 메모 등이 수록되어 있다. "나의 예술은 근본적으로 예술에서 나오는 게 아니라 세상에서, 체험에서, 세상과의 씨름에서 나온다."라고 쓰여 있다. 또 작가가 초판 발행 시에는 "나는 꼭두각시가 아니라 인간을 묘사하며, 알레고리가 아니라 행동을 기술한다. 도덕을 제시하는 게 아니다."라고 썼다. 그의 희곡은 개인의 이기심에 따라 움직이는 보통 사람들의 정서를 잘 대변하고 있다는 생각이 든다.

  희곡에는 주변 사람들이 일이 총으로 자살하도록 분위기를 잡아가고 있으나, 심장마비로 사망한 것으로 발표되어 뭔가 김이 빠진 느낌이 들었다. 또 주민들은 개인들에게 분배될 돈을 예상하고 소비를 당겨서 하는데, 물건들이 전부 술, 담배, 신발, 자동차, 옷 등 소비재고, 자동차를 제외하고 전부 일의 가게에서 '외상'으로 사 가는 것으로 되어 있다. '연극'이지만 개연성이 떨어진다.

  극 중에서 연인 일 역시 자신의 잘못을 인정하고 있으며, 죽어야 해결될 것임을 알고 있으나, 자결하지 못하는 소심한 남자다. 반면 클레어는 극 중에도 남편을 세 번이나 바꾸며, 모든 것을 돈으로 해결하는 황금만능주의자이자 악독한 여자다. 교통사고·비행기추락사고로 의족·의수를 달았음에도 살아남고, 옛 연인을 죽여서라도 자기 옆에 두고야 말겠다는 '여름에도 서리를 내리게 할 정도로 원한에 사무친 여자'다. 무서운 여자다.

  청춘남녀가 사랑에 빠질 수 있지만, 헤어짐은 뒤끝을 남긴다. 아이가 있는 경우 더 심각하고 오랫동안 상처가 남는다. 사랑은 어려운 순간도 함께하는 것인데, 눈앞의 영달 때문에 다른 여자를 택해 깊은 상처를 주었다. 그의 선택은 결과적으로 자신의 목숨과 연결되었다. 여자의 원한은 무섭다.

육진영

- 제주도의 푸른 바다 그곳에서
- 몽산포 자동차 야영장
- 2박 3일 캠핑 도전, 그리고 우중 캠핑
- 또 하나의 도전, 카누 백패킹
- 살과의 전쟁

작가 노트

여행기를 쓰고자 시작했던 글쓰기 수업이 수필반으로 이어졌습니다. 같이 합평을 하며 배움을 이어가는 중입니다. 글은 한 번에 완성되지 않습니다. 쓰고 고치기를 수십 번 합니다. 탈고를 하더라도 미련이 남습니다. 항상 뭔가 부족하다고 느낍니다. 그런데도 다시 책상 앞에 앉아 뭔가를 씁니다. 언젠가는 원고지 위에서 진정한 자유를 누리는 날이 오기를 바랍니다.

《수필미학》 등단(2025)
산들문학회 회원
《Korean Film Directors: Hong Sangsoo》 영어 번역
《나, 크고 있어요》 공저

jessii309@icloud.com

제주도의 푸른 바다 그곳에서

 모처럼 여행을 가고 싶다고 아들이 말했다. 성년이 된 아들이 친구들하고 놀러 갈 법도 한데 엄마랑 간다고 한다. 이런 절호의 기회를 놓칠 수 없어 바로 계획을 세웠다.
 나흘간의 여유가 있다고 하여 바로 3박 4일 일정으로 제주도행 비행기표를 끊었다. 대중교통이 서울같이 원활하지 않은 곳이라 자동차 렌탈도 바로 진행했다. 다음은 숙소를 정해야 했다.
 한곳에 터를 잡고 주변을 돌지, 아니면 밤마다 다른 곳에서 잠을 청해야 할지 저울질하기 시작했다. 그러다 10년 전 가족과 함께 처음 찾았던 함덕해수욕장이 생각났다. 그때는 겨울이라 주변만 둘러봤지만 내가 본 해수욕장 중에 가장 아기자기하고 아름다운 곳이었다. 언젠가는 다시 이곳을 찾으리라고 생각했던 기억이 떠올랐다.
 눈이 뻑뻑해질 때까지 네이버 지도, 에어비앤비, 호텔 검색 플랫폼 등에서 묵을 곳을 찾았다. 마침내 바다 전망을 품은 한 호텔이 눈에 띄었다. 함덕해수욕장 모래사장 바로 앞이 아니고 걸어서 5분 정도에 있었지만, 왠지 모르게 끌렸다. 아마 아침 식사 포함이 아니었다면 다른 곳을 찾았을 것이다. 호텔 평점이 그다지 좋지 않았지만, 전망이 모든 걸 해결해 줄 거라 생각되었다. 그리고 나의 직감은 적중했다.
 호텔 체크인 할 때 가장 높은 8층을 배정받았다. 기대 반 설렘 반의 마음으로 객실 문을 열었다. 방 안에 들어서는 순간 푸르른 바다가 눈앞에 펼쳐졌다. 아들이 베란다로 달려가 스마트폰에 아름다움을 담으며 연거푸 "와! 정말 멋있다"를 외쳤다. 감수성이 폭발하는 순간이었다. 나 또한 대학생 때 자주 듣던 노래가 귓속에 맴돌았다.

"떠나요 둘이서~ 모든 것 훌훌 버리고~ 제주도 푸른 밤~ 그 별 아래~"

내가 그때부터 꿈꿔왔던 제주도의 환상이 실현되는 순간이었다. 요즘 들어 뉴스에 국내 관광지에서 겪은 횡포들이 보도되어 걱정했지만, 저 푸른 바다 앞에서 모든 걱정이 녹아내렸다. 이곳에서는 왠지 좋은 일만 생길 것 같았다.

걱정 없이 저녁을 먹기 위해 호텔을 나섰다. 숙소 옆 가장 가까운 밥집은 피자 가게였다. 메뉴판에 제주도 특색을 살린 흑돼지 피자와 전복크림파스타가 눈에 들어왔다. 아르바이트하는 학원에서 보너스를 줬다며 아들이 밥값을 내겠다고 했다. 화덕에서 갓 구워 나온 피자와 처음 맛보는 면 요리를 맛있게 먹고 소화도 시킬 겸 노을이 지고 난 함덕해변 길을 걸었다. 10년 전에 왔을 때하고는 사뭇 다른 분위기였다. 그사이 국제 관광 도시로 탈바꿈했다. 호텔 투숙객들은 대부분 중국어를 썼고 편의점에는 러시아어를 쓰는 백인 가족이 있었다. 동남아에서 온 듯한 여성 여행객은 머리에 두건을 두르고 있었다. 이러한 국제적인 분위기에 맞게 식당들도 다양했다.

더불어 함덕 주변에 있는 밥집들은 합리적인 가격과 친절함이 더해 다시 찾고 싶은 곳이 되었다. 함덕어촌계에서 해녀들이 직접 운영하는 '좀녀해녀촌'이 있었다. 거기에서 먹은 대표메뉴인 '해녀한상'은 전복죽, 성게보말죽, 소라물회, 성게미역국, 모듬해산물로 구성되어 두 명이 먹어도 충분했다. 바로 옆에 있는 '만월살롱'이라는 경양식집은 좋은 인상을 남겼다. 원산지 표기를 하는 만월살롱에서는 주방장의 원산지까지 친절하게 써놨다. 그는 함덕 토종이었다. 서울에서도 먹을 수 있는 흔한 돈가스와 함박스테이크였지만 바다를 바라보며 먹을 수 있는 분위기 덕분에 맛이 배가되었다.

첫날은 일찍 잠자리에 드는 듯했다. 그러나 너무 이른 시간에 눈을 붙여서 그런지 오밤중에 일어나게 됐다. 시차 적응이 필요 없는 제주도임에도 불구하고 기분이 들떠서 그런지 바이오리듬이 깨졌다. 새벽 3시에 한적한 제주도에서 무얼 할까 궁리하다 아들이 운전을 하고 싶다 했다. 면허를 취득한 지 몇 년이 지났지만 운전을 아직 어색해하니 이번 기회에 한적한 도로에서 차를 운전하는 것도 좋을 듯했다. 혹시나 하는 마음으로 아들 면허증도 렌터카에 등록해 두었다.

핸들을 잡은 아들은 조심스레 주차장을 빠져나와 호텔 주변 길을 천천히 달리기 시작했다. 주변에 사람도, 차도 없는 상태라 조수석에 앉은 나도 덜 긴장됐다. 처음엔 한 30분만 운전하고 들어가자 할 줄 알았는데 동이 틀 때까지 우리는 함덕해수욕장이 있는 조천읍의 해안도로를 달렸다. 운전이 너무 재밌다고 계속하자는 아들에게 앞으로 3일간은 계속 운전하게 해준다고 어린아이 달래듯 약속하고 방으로 돌아왔다.

새벽에 잠시 잠을 청하다 하마터면 비용을 이미 지급한 조식 쿠폰을 버릴 뻔했다. 9시 30분까지 입장을 해야 하는데 7분 전에 눈을 뜬 것이다. 눈곱만 떼고 우리는 1층에 있는 식당까지 뛰어갔다. 안도하는 웃음을 내뱉으며 우리는 접시에 음식을 담고 바다가 가장 잘 보이는 창가 자리에 앉았다. 정면만 바라볼 수 있는 높은 바 형태의 테이블이었지만 그 후로도 이틀간 우리의 아침 지정석이 되었다. 야자수 사이로 보이는 풍경이 태평양 남쪽 어디인 듯 느껴졌다.

든든히 배를 채운 아들은 바로 운전하러 나가자 했다. 목적지도 따로 정하지도 않았다. 무작정 해안도로를 달리고 싶어 했다. 한라산 쪽은 먹구름이 끼어있었지만, 다행히 우리가 다닌 제주도 북부의 조천읍과 애월읍을 잇는 도로는 맑은 하늘을 품고 있었다. 그리고 3일간 우리는 300km를 넘는 드라이브를 즐겼다.

운전하다 쉬어야 할 때는 바닷가에 있는 햄버거 가게나 카페에 들렀다. 앉은 자리마다 한 폭의 그림이 눈앞에 펼쳐졌다. 어떻게 하면 이 여유로움을 우리의 일상 속의 삶에 들일 수 있을까 고민도 해보았다. 서울에서는 찾을 수 없는 한가로움이 좋았다. 바삐 손가락을 움직이며 스마트폰을 들여다보지 않고 멍하니 먼바다를 쳐다보니 근심 걱정이 사라졌다.

아마도 이번 여행이 아들과 단둘이서 하는 처음이자 마지막일 것 같다. 곧 있으면 대학을 졸업하고, 직장을 얻어 사회생활을 하다 보면 나와 보낼 수 있는 시간도 줄어들 것이다. 그래서 이번 기회에 아들에게 좋은 추억이 될 여행을 선사하고 싶었다. 제주도의 푸른 바다를 보며 교통체증 없는 해안도로에서 운전했던 순간들이 아들에게 힐링의 순간들로 남게 될 것 같다.

몽산포 자동차 야영장

　인터넷포털에 '가봐야 할 야영장'을 검색하면 태안에 있는 몽산포 해수욕장을 추천한다. 숲속의 아늑함과 바다의 시원함을 동시에 충족해 주기 때문이다. 서해대교 건설 덕분에 태안반도가 예전보다 접근성이 편리해져 인기가 더 좋다.
　몇 번 백패킹과 캠핑하러 다닌 덕분에 이제는 주변 환경을 잘 감상할 수 있는 여유가 생겼다. 추위도 사그라지고 바람도 잠잠해진 어느 4월의 토요일, 딸과 함께 장거리 여행을 떠나기로 했다.
　20대 초반인 우리 딸은 여자 둘이 캠핑 장비를 차에 싣고 바닷가를 찾는 게 얼마나 드문 일이었는지를 잘 모를 거다. 내가 20대였다면 내비게이션도 없을 때였다. 모르는 길을 지도를 보고, 도로의 이정표를 따라가야 했지만, 이제는 스마트폰에 목적지를 찍고 안내하는 대로 찾아갈 수 있는 편리함이 있다. 격세지감을 몸소 체험한다.
　우리가 찾은 곳은 국립공원이 관리하는 태안반도 몽산포 자동차 야영장이다. 태안반도는 또 다른 일로 기억한다. 2007년 겨울, 우리 가족은 모처럼 그곳에서 여행 중이었다. 해안가에서 산책하고 저녁에 바지락칼국수를 먹으러 근처 식당을 찾았다. 즐겁게 식사하려는 우리와는 달리 주문을 받는 식당 주인의 얼굴이 어두웠다. 몇 시간 전 유조선에서 원유가 유출되는 대형 사고가 터진 것이었다. 모두가 오염된

해안선을 원상 복귀하는 데 몇 년은 걸릴 거라고 예상했다. 그러한 걱정과는 달리 수많은 자원봉사자들 덕분에 서해는 예상보다 빠르게 회복되었다. 그리고 현재, 여유와 균형 그리고 조화를 찾아가는 '슬로시티 태안'으로 탈바꿈하여 우리를 반겼다.

 국립공원공단이 운영하는 이곳 야영장은 자연휴양림과는 달리 장작을 땔 수 있어 나름 인기가 많다. 공단 예약 사이트를 수시로 들어가며 눈치작전을 펼친 끝에 주말 예약에 성공했다. 그리고 이날을 위해 2주 전부터 장작 나무 한 박스를 구매해 거실에 말리며 준비해 두었다.

 둘이 하룻밤을 잘 지내기 위한 짐이 제법 많았다. 아직은 쌀쌀한 이른 봄이라 전기장판부터 가져가야 했다. 그러려면 전기가 필요하니 연장 코드 선도 있어야 했다. 우리가 먹을 음식을 담은 보랭 가방이 제법 컸다. 이불 등이 들어간 봇짐이 4개 정도에 6인용 텐트가 SUV 트렁크 절반을 차지했다. 여기에 2리터 생수 6병도 꼭 필요했다. 캠핑족의 차가 왜 커야 하는지 제대로 알게 되었다.

 반갑게 반겨주는 야영장 직원의 안내에 따라 사이트 바로 근처에 주차하고 짐을 옮겼다. 일단 텐트부터 꺼내 설치했다. 6인용 텐트라 둘이 지내기에 너무나 충분했다. 울창한 소나무 숲속이어서 햇볕을 가려줄 그늘막이 따로 필요 없었다. 사설 야영장들은 해안선 바로 앞에 자리 잡고 있었지만, 우리는 전기 사용료를 포함한 23,000원인 이 야영장으로도 만족했다. 우리 자리에서 1분도 채 걸리지 않는 거리에 서해안이 펼쳐져 있어 잠깐만 걸으면 되니 괜찮았다.

 야영장 곳곳에 가슴까지 올라오는 전신 장화 옷이 널려있었다. 서해안의 장점인 갯벌에서 해루질을 즐기러 오는 가족이 꽤 있었다. 어두워질 때까지 조개를 캐다 들어오거나, 이른 아침부터 아이들이 갈고리를 들고 신나게 바다를 향해 뛰어가기도 했다.

그러나 우리는 장작을 때며 불멍을 하고 준비해 온 음식을 맛있게 먹는 게 더 큰 관심사였다. 화로대도 두 개를 펼쳐 하나는 장작 불멍용, 또 하나는 요리를 위한 숯 전용으로 사용했다. 숯불 위에 닭꼬치를 올리고 이소가스 스토브에는 어묵탕을 끓였다. 붉게 타오르는 장작불을 바라보니 최면에 걸린 듯 마음이 평온해졌다. 가끔 '타다닥' 소리를 낼 때는 답답한 마음 한구석이 뻥 뚫리는 것만 같았다.

배부르게 먹고 나니 밤은 깊어가고 불씨가 정리되었다. 150개가 넘는 야영장은 만실이었지만 규칙을 잘 지켜 조용히 지낼 수 있었다. 다만 고양이가 한밤중에 먹을 걸 찾으러 텐트에 들어와 잠깐의 소란이 있었다. 저녁에 먹다 남은 소시지를 아침에 먹으려고 그릇에 담아뒀는데 어떻게 귀신같이 알고 들어와 한 개를 잽싸게 훔쳐 달아났다. 다음에는 제대로 밀폐된 용기에 담아둬야겠다.

동이 트고 바로 텐트 안도 밝아져서 자연스럽게 눈이 떠졌다. 해 오름을 감상하기 위해 커피를 담은 머그잔을 들고 해변가로 나갔다. 바닷가의 해송 사이에서 내뿜는 피톤치드를 즐기며 걷다 보니 배가 출출해졌다. 전날 술을 마시지 않았지만 자연에 취한 우리를 현실로 돌아오게 해줄 순댓국으로 아침을 해결했다. 다양해진 냉동식품 덕분에 밖에서도 입맛대로 먹을 수 있어 좋다. 더 즐기고 싶었지만 이제 집으로 돌아가야 했다.

처음으로 모녀 둘이 모험을 떠나 하룻밤을 보내고 왔다. 야영장에서 고요함 속에 개인의 시간을 충분히 가졌고 차 안에서는 모처럼 서로에게 집중하며 대화를 나눌 수 있었다. 차츰차츰 가족도 캠핑의 매력에 빠져들어 간다. 벌써 다음 우리가 갈 여정은 어디로 해야 할지 생각이 분주해진다.

2박 3일 캠핑 도전, 그리고 우중 캠핑

 캠핑의 매력을 제대로 체험하기 위해서는 최소 이틀 밤은 캠핑장에서 자야 한다고들 한다. 1박 2일의 일정은 오후에 사이트에 도착해 텐트를 세운 후 저녁을 먹고, 다음 날 아침 식사 후, 정리하고 귀가한다. 쉴 새 없이 움직이다 보면 힐링이 아닌 노동이다.
 어린이날 연휴를 활용해 딸과 함께 2박 3일의 캠핑에 도전해 보기로 했다. 늘어난 하루를 믿고 좀 먼 거리에 있는 캠핑장을 선택했다. 경상북도, 상주에 있는 '감꽃마을 서울캠핑장'이다. 폐교를 활용한 서울시가 위탁운영 하는 캠핑장이라 궁금하기도 했다.
 연휴 첫날이라 고속도로 하행선은 많이 막혔다. 서울에서 상주까지 평일 때보다 두 배의 시간이 걸렸다. 해가 저물어 어둑해질 무렵 캠핑장에 도착했다. 사이트에 주차하자마자 준비해 간 부대찌개부터 끓였다.
 3일을 캠핑장에서 지내야 하니 먹거리를 많이 준비했다. 시대가 좋아져 밀키트와 냉동식품이 다양하다. 어떤 음식을 먹을지 생각하고 주문하기만 하면 된다. 이번에는 저녁 시간에 캠핑장에 도착할 걸 예상해 바로 먹을 수 있게 부대찌개로 메뉴를 정했다. 다음 날 아침엔 갈비탕을 끓여 먹기로 했다. 점심은 수육을 먹고 저녁엔 화로대에 구울 수 있는 삼겹살, 목살 그리고 항정살을 주메뉴로 정했다. 간식으로 감자전과 해물전을 준비했다. 마지막 날 떠나기 전에 얼큰 순댓국으로 마무리하기로 했다.

저녁 식사 후, 텐트를 치고 짐을 정리했다. 이 캠핑장은 사이트마다 지붕이 있어 따로 그늘막을 치는 번거로움이 없어 좋았다. 마침 이튿날은 많은 비가 올 거라는 예보가 있었다. 덕분에 마음 놓고 우중 캠핑도 경험할 수 있었다.

첫날 밤은 화로대에 장작불을 지펴 불멍을 하며 보냈다. 10시부터 매너 타임이라 조용히 보내야 하는데 이웃이 새벽 3시까지 떠들어 잠을 설치기는 했다. 그래도 아침 일찍 일어날 필요도 없어 참을 수 있었다.

오토캠핑의 묘미는 역시 끼니때마다 맛있게 식사하는 것이다. 아침에 일어나 냄비 밥 짓기에 도전했다. 인터넷에 검색해 알려준 대로 쌀이 끓어오를 때까지 열심히 저어주었다. 보글보글 거품이 올라오고 일 분 후, 불을 약으로 줄이고 뚜껑을 덮었다. 10분을 기다렸다. 어느 정도 완성된 밥을 휘저어 산을 만들고 제대로 뜸을 들이기 위해 뚜껑을 다시 덮었다. 기다리는 동안 보랭 가방에 있는 갈비탕을 꺼내 데웠다. 밥 짓기는 생각보다 쉬웠다. 그렇게 두 번째 끼니를 마치고 나니 하늘에 먹구름이 끼면서 비가 내리기 시작했다.

철수하는 캠퍼들은 빗줄기가 더 굵어지기 전에 정리하느라 분주했다. 반면 우리는 의자에 편히 앉아 주변을 구경했다. 10시 정도 캠핑장 청소가 곧 시작되니 화장실을 이용할 손님들은 미리 갔다 오라고 안내 방송이 나왔다. 한 건장한 청년 직원은 음식물 쓰레기가 있는 개수대를 치우기 시작했다. 손님들이 떠난 캠핑장의 풍경이 어떤지 구경할 수 있었다.

비가 너무 많이 내려 캠핑장 밖으로 나가는 대신 캠핑장 곳곳을 돌아다녔다. 학교 안의 캠핑장이라 건물에는 여러 시설들이 있었다. 교실들은 당구장, 탁구장, 독서실, 그리고 바둑실로 바뀌었다. 모처럼 딸이랑 바둑실에서 오목도 두고 탁구실로 이동해 운동했다. 모든 게 우리 차지였다.

점심시간이 다가와 지붕 위로 떨어지는 빗소리를 들으며 양파를 얇게 썰고 파무침을 만들었다. 도가니 수육과 함께 먹기에 좋은 궁합이었다. 아침에 지은 밥이랑 먹으니 딱이었다. 별도의 반찬이 필요 없었다. 밥을 먹고 나니 눈꺼풀이 무거워지기 시작했다. 바로 텐트 안에 들어가 침낭에 쏙 들어갔다.

지붕, 파쇄석, 그리고 데크 위로 떨어지는 빗줄기의 협주곡이 최면 효과가 있음을 경험했다. 오늘 입장하는 캠퍼들의 차량과 대화하는 소리에도 솔솔 잠이 왔다. 모든 게 백색 소음으로 들렸다. 계속 내리는 비에 여기저기 웅덩이가 생겨 사람들이 마른 길을 찾느라 우리 사이트까지 들어왔다. 우왕좌왕하는 소리에 일어났다.

하루 종일 비가 오니 공기가 쌀쌀했다. 장작불을 지필 때가 됐다. 딸아이가 장작불을 피우는 동안 이번 캠핑의 야심작을 준비했다. 양갈비에 허브 양념을 입혀 재웠다. 장작불이 숯으로 변할 즈음 석쇠에 양고기를 올려 20여 분간 구웠다.

양갈비가 익어가며 맛있는 냄새가 진동하기 시작했다. 군침이 돌기 시작한 우리는 손이 데지 않게 뼈를 잡고 고기를 뜯기 시작했다. 다음은 숯불 화로대를 만들어 그 위에 항정살을 굽기 시작했다. 센불에 돼지고기는 맛있게 익었다. 파채 무침과 김치를 곁들여 정신없이 먹었다. 비가 내리는 전경을 바라보며 따뜻한 장작불 옆에 먹는 저녁은 더없이 맛있었다.

그런데 뭔가 허전했다. 바로 김치전과 해물전을 보랭 가방에서 꺼냈다. 비 오는 날에 부침개는 필수다. 기름진 고기와 바싹 구워진 전을 먹으니, 맥주도 당연히 곁들이게 되었다. 딸과 둘이 운치 있는 밤에 다양한 메뉴를 섭취하며 밤은 깊어져 갔다.

비는 점점 더 거칠어져 지붕을 타고 데크와 파쇄석 위로 물 폭탄처럼 쏟아졌다. 저녁이 더 깊어지기 전에 비를 피하고자 몇몇 가족들은 미리 철수했다. 캠핑장은 전날 저녁처럼 붐비지 않았다. 걱정이 되기는 했지만, 새벽에 비가 그친다고 했다. 햇볕이 나면 아침에 철수할 때는 텐트도 잘 말릴 수 있을 것 같았다. 거세지는 비가 지붕 밑으로 들이쳐 데크까지 젖어 텐트 바닥 끝자락에는 물이 고였다. 다행히 텐트는 6인용이라 넓어 마른 부위를 찾아 잠을 청했다.

밤새 내내 텐트 벽을 치는 빗소리에 잠을 설쳤다. 차차 조용해지고 동이 텄다. 새의 맑은 노랫소리에 비가 그쳤음을 알았다. 우리를 둘러싸고 있는 산세도 윤곽이 뚜렷이 보였다. 여유롭게 맞이한 이른 아침, 커피 한잔을 손에 들고 동네 산책에 나섰다.

하루를 제대로 캠핑장에서 보내 보니 그 매력을 알겠다. 1박 2일의 일정보다 여유가 있었고 중간중간 제대로 쉴 수 있는 시간이 주어졌다. 그리고 무엇보다도 캠핑의 최대 매력은 맛있는 음식이다. 다음에는 어떤 메뉴를 준비할지 연구해 본다.

또 하나의 도전, 카누 백패킹

　이번 여행은 목적지까지 카누를 타고 가는 카누 백패킹이다. 여행을 떠나기 전 계획을 세우고 여정을 그려보지만 그대로 이루어진 적은 거의 없다. 예상하지 못한 변수가 생겨 실망할 때도 있지만 평생 잊지 못할 한 장면이 뇌리에 박히는 순간을 맞이할 때도 있다.

　폭우가 예보된 초여름의 어느 날이었다. 이른 토요일 아침, 부슬비가 내리기 시작한 선착장에 동료들이 모여 준비운동과 노 젓는 방법을 약식으로 배우고 카누에 몸을 실었다. 배가 뒤집히지 않게 균형을 잡으며 그날 처음 본 파트너와 호수로 나갔다. 카누의 방향을 잡아야 하는 뒤편에 자리를 잡은 나는 처음부터 고생길이 열렸다.

　호수 위로 나가고 10분도 채 되지 않아 빗줄기가 굵어졌다. 카누 내부에도 물이 슬슬 고이기 시작했다. 완전 초보들만 탄 카누 5척은 방향을 제대로 잡지 못하며 갈지자를 그리며 폭우를 뚫고 갔다. 전문가들이 탑승한 나머지 2척은 물 위에서 헤매는 우리를 인도하느라 큰 소리로 구령을 외치며 양 떼 몰이를 하듯이 소양호를 누볐다.

　우리는 강원도 양구 선착장에서 내륙의 바다로 알려진 소양호를 따라 문명과 완전히 차단된 곳을 찾아가는 중이었다. 목적지까지 동남향 방향으로 7km를 넘게 노를 저어 가야 하는 그 길은 폭우 속에 공포로 변했다. 중간에 쉬면서 나눠준 샌드위치를 먹으려 했지만, 폭우에 젖어버려 먹을 수 없었다. 심지어 발목까지 물이 차오르자 나는 종이컵으로 물을 퍼내 가며 노를 저었다. 이러다 전복되지는 않을까 하며 겁이 났다. 왜 우리가 이렇게 고생하면서 백패킹을 해야 하나라는 회의감까지 들었다.

아침 8시에 양구선착장을 출발한 지 4시간 만에 가까스로 봉화산 밑자락에 터전을 잡은 '디엠지예스팜'이라는 농원의 간이 선착장에 도착했다. 다행히 농장주가 배로 우리들의 배낭을 미리 옮겨줘 야영장까지 몸만 움직이면 됐다. 그러나 1973년에 소양댐 완공으로 고립된 후 만들어진 길이다 보니 움직이는 것도 쉽지 않았다. 비는 주룩주룩 계속 내리고, 진흙밭은 더 질척거려 비탈길을 조심스럽게 올라갔다. 가는 길에 여기저기서 낮은 목소리로 불만을 토로했다. 이럴 줄 알았으면 오는 게 아니라고… 하지만 집에 돌아가려면 다시 폭우 속에 카누를 타고 가야 하기에 일단 참아야 했다. 핸드폰도 터지지 않는 고립된 곳이기에 혼자 독단적으로 결정할 수 없기 때문이다.

배를 타기 전 이런 고난을 예상하지 않았던 터라 나는 무방비 상태였다. 우비를 입지 않아 머리에서부터 발끝까지 쫄딱 젖었다. 노를 저을 때는 몸에서 열이 났지만, 카누에서 내려 구명조끼를 벗으니, 체온이 떨어졌다. 저체온증이 오는 걸 막으라고 나눠준 비상용 은박 이불이 있어서 다행이었다. 건강 때문에 피했던 라면도 체온을 올리기 위해 두 그릇이나 해치웠다. 고맙게도 농장주가 잠시 쉬어 갈 수 있게 배려해 줘 처마 밑에 비를 피했다.

점심을 끝내고 한숨을 돌리자, 비가 그쳤다. 야영지로 돌아가 각자의 가방을 챙겨 텐트를 칠 자리를 물색했다. 자리를 잡고 마른 옷으로 갈아입으니 오전에 겪었던 고생도 슬슬 잊히는 듯했다. 우리가 텐트를 치고 모닥불을 피운 자리는 예전에 화전민들이 살았던 집터였다고 한다. 주거시설의 흔적은 사라졌지만, 왠지 모를 아늑함이 있었다. 옆에는 시냇물도 있었다. 좋은 날씨에 왔었다면 운치 있는 곳이었을 터인데 아쉬웠다.

별 탈 없이 야영지에 도착했다는 안도감을 안고 즐거운 시간을 만들어 갔다. 우리는 몇 달 전부터 계획한 여행이라 회비를 걷어 음식을 준비했다. 양념 주꾸미에 삼겹살 등이 기본으로 나갔다. 캠핑장에서 빠지면 안 될 어묵탕도 당연히 있었다. 그리고 같이 나눠 먹으려고 개인별로 준비한 음식이 곳곳에서 출현했다. 우리 모임에 주부도 섞여 있는 탓인지 생각하지도 못한 음식을 맛보았다. 라구파스타와 명란오이마요라는 요리까지 등장했다. 그곳까지 와서 명란을 프라이팬에 굽고 오이를 썰어 그 위에 일일이 올리는 정성은 대단했다. 파스타 위에 뿌릴 파마산치즈까지 챙겨 왔다. 빠지면 서운할 후식으로 여름의 별미인 수박이 나왔다.

즐겁게 시간을 보내는 듯했으나 앞서 너무 무리한 탓에 여기저기서 앓는 소리가 들렸다. 노동주로 달래보려 했지만 역부족이었다. 어쩔 수 없이 진통제를 먹고 일찌감치 잠자리에 드는 일행도 생겼다. 나 또한 근육통으로 잠을 설쳤다. 어떻게 다시 양구선착장까지 노를 저어 갈지에 대한 걱정이 앞서기도 했다.

그러나 어김없이 아침은 돌아왔고 짐을 다시 꾸렸다. 백패킹을 할 때 가장 재미없는 대목은 가방을 싸는 것이다. 한정된 공간 안에 침낭, 매트, 텐트 등등을 힘껏 쑤셔 넣어야 해서 손가락이 얼얼해진다. 아침은 요기할 정도로만 먹고 빨리 집으로 돌아가기 위해 짐을 옮겼다. 선착장으로 내려가는 길은 물이 좀 빠지긴 했지만, 여전히 진흙 길이라 미끄러웠다. 다시 챙겨 입은 구명조끼는 덜 말라 축축했고 흙이 묻어 지저분했다.

소양호 큰 물길로 다시 들어서는 것도 힘들었다. 아직 방향을 잡는 게 익숙하지 않아 직진해야 하는데 자꾸 이상한 방향으로 가서 처음엔 길이 배로 늘어나는 것처럼 느껴졌다. 그러나 이날의 여정은 전날과는 완전 딴판이었다. 구름 한 점 없는 맑은 하늘 아래의 소양호는 너무나 아름다웠다.

햇살도 적당히 따사로웠다. 서북 방향으로 가는 길이라 햇볕을 등지며 잔잔한 소양호의 물결 위에 반사되는 빛을 감상하며 나아갔다. 마치 보석이 떠다니는 것 같았다. 이런 아름다운 자연현상을 묘사하는 우리나라 단어가 있다는 게 좋았다. "윤슬"이라는 순우리말이다. 그 위에 카누를 타고 노를 저으며 내가 가고 있는 것이다. 전날에 지옥과도 같았던 이 물 위가 하루 만에 천국으로 바뀌었다. 고진감래를 몸소 체험한 것이다. 이런 아침을 맞이할 수 있다면 그 전날의 고생은 또 겪어도 괜찮을 것 같았다.

이틀째의 소양호는 편안했다. 카누를 운전하는 게 어느 정도 익숙해지기 시작했다. 쉬지 않고 노를 젓다 보니 전날에 4시간이나 걸렸던 여정이 거의 반으로 줄어 양구선착장에 도착했다. 좀 무모했던 여정을 무사히 잘 마무리했다.

어느 정도 시간이 흐르니, 이날도 잊지 못할 추억으로 남았다. 백패킹을 시작하면서 내 삶이 더 다양해진다. 새로운 도전을 할 용기도 생겼다. 카누 백패킹이라는 새로운 단어도 접해보고, 덕분에 아름다운 윤슬도 직접 목격했다. 다음엔 어떤 모험이 펼쳐질지 기대된다.

살과의 전쟁

　하루하루 나이 드는 것도 서러운데 더불어 늘어나는 뱃살 때문에 마음대로 먹지도 못한다. 사회적 통념도 그렇지만 체중이 늘수록 건강에도 해롭다고 하니 신경이 많이 쓰인다.
　한때, 스타벅스에서 달달한 프라푸치노를 즐겨 마셨지만, 혈당 관리를 하기에 마시지 않는다. 스트레스 해소에는 탄수화물만큼 좋은 것도 없는데 빵과 과자를 멀리한다. 정말 서럽다. 이제는 먹고 싶은 거는 웬만큼 다 사 먹을 여유가 생겼는데, 오래 건강하게 살려면 자제해야 할 음식들이 늘어난다.
　그래서 건강을 챙긴다고 샐러드를 열심히 먹어봤다. 한 일주일은 버틸 만했다. 살도 빠지는 것 같았다. 그러나 이내 이성을 잃고 밤중에 주방에 들어가 주섬주섬 뭔가를 찾아 먹는다. 내가 하는 살림이라 맛있는 게 어디에 있는지 잘 알기에 이성의 끈을 놓아버리는 순간 순식간에 집에 있던 간식거리가 내 뱃속으로 사라진다. 다이어트를 하면 반드시 찾아오는 요요현상은 남의 이야기가 아니었다. 살이 좀 빠졌다고 방심하는 순간 이전보다 더 체중이 늘어나기 일쑤였다.
　시도해 본 다이어트 방식도 여러 가지다. 원푸드 다이어트를 한답시고 입에서 구린내가 날 정도로 구운 달걀만 먹거나, 목이 메도 찐 고구마로 끼니를 이어간 적도 있다. 뭐, 다 소용없었다. 굶는 것도 해보고 간헐적 단식도 해봤지만 오래가지 못했다. 살을 빼기 위해 음식을 멀리하려 할수록 먹는 거에 더 집착하게 되었다. 먹고 싶은 요리는 왜 그리도 많고, 후라이드치킨의 향은 어찌나 잘 상상이 되는지 신기할 정도였다. 하다못해 잘 먹지도 않는 파김치도 먹고 싶었다.

경험을 해보니 굶는 게 능사는 아니었다. 영양분을 골고루 섭취하지 않으니 피부는 탄력을 잃고 눈은 퀭해 보였다. 더 나아가 삶의 의욕이 줄었다. 3일간 굶으며 레몬즙만 마시는 레몬디톡스를 시도했을 때는 후유증으로 면역력 저하가 와 고열에 시달린 적이 있다.

식욕을 억누르고 굶으며 치른 뱃살과의 전쟁은 처참한 패배로 이어졌다. 면역력만 떨어지고 기운이 없어 밖에 나가는 게 귀찮아졌다. 내가 이 정도밖에 안 되는가 하는 생각이 들며 자존감이 바닥을 쳤다. 그러다 지방을 없애는 데 집중하는 대신 근육을 늘리는 쪽으로 방향을 선회했다. 여태껏 땀 흘리는 게 싫어 운동을 외면했지만 더 이상 그럴 여유가 없었다. 40대 후반에서야 몸을 움직이기 시작했다.

밖에 나가 운동을 하려 시도했건만 어이없게 코로나19의 창궐로 집 안에 갇히는 신세가 되었다. 헬스장이나 단체로 모여 운동하는 시설들은 임시 휴업에 들어갔다. 살을 좀 빼겠다고 운동을 하려 했는데 이 세상이 나를 도와주지 않았다. 그렇다고 의지의 한국인이 쉽사리 포기할쏘냐.

집 안에 운동기구들을 들였다. 접이식 실내 자전거, 요가 매트, 폼롤러 등등 기본이라 생각해 갖췄다. 아령도 1kg에서 시작해, 운동을 좋아하는 아들을 위해 20kg 역기도 들였다. 식비를 줄인다는 명목하에 그 금액의 몇 배를 운동용품에 쏟아부었다.

혼자 운동하는 건 재미없었다. 다행히 유튜브가 있어 나에게 맞는 운동을 같이 따라 했다. 그때 알게 된 "땅끄부부" 채널은 아마 홈트레이닝을 하는 사람이라면 한 번쯤은 접해봤을 것 같다. 300만이 넘는 구독자들을 위해 올린 영상들은 지금까지 돌려보며 따라 한다.

단순한 운동에서 진화해 다양한 취미도 생겼다. 등산도 하고, 실내 암벽타기를 배웠다. 백패킹을 하고 1박 2일 야외에서 지내기도 한다. 여러 가지 취미 활동을 하게 되면서 팔다리에 근육이 늘었다. 주변에서 살이 빠져 보인다고 했다. 체중계로 재보면 별 차이가 없는데 이게 '눈바디'인가 하는 생각이 들었다.

살이 많이 빠진 건 아니지만 과거 나의 모습을 기억하기에 운동이 삶에 얼마나 중요한 부분을 차지하는지 안다. 운동도 운동이지만 이제는 내가 어떤 성분을 섭취하는지 신경을 쓴다. 인체에 꼭 필요한 3대 영양소인 단백질, 탄수화물 그리고 지방의 비율도 고려한다.

그렇지만 아직도 유행하는 식이요법이 보이면 한 번쯤 따라 해 본다. 정답이 없는 줄 알면서 혹시 나한테 특별한 효과가 있을지 기대한다. 친한 언니가 강력히 추천한 레시피였다. 양배추, 브로콜리, 아보카도 등을 믹서기에 넣고 간다. 싱크대 맨 구석에 처박아 둔 믹서기도 덕분에 바깥 구경을 했다.

이런저런 시도를 해보지만 살과의 전쟁은 영원히 끝나지 않을 것 같다. 이론상으로는 그냥 적당히 먹고 운동을 열심히 하면 될 것 같은데 그게 잘 안된다. 지금, 이 순간 파김치를 얹은 라면을 먹고 싶다는 유혹과 싸우고 있다.

전효택

- 해피 데이
- 유일한 이모님
- 웰다잉
- 독일 프라이베르크대학
- 강남 한복판에 있는 왕들의 안식처

작가 노트

'인생에서 성공한 사람은 교양이 있고 남을 배려할 줄 아는 사람'이라고 믿고 있다. 제자와 지인에게는 다음 '세 가지의 What'을 덕담으로 들려준다.

What is new today?
What should I do next?
What can I do for you?

건강을 유지하는 비결은 'BMW(=Bus+Metro+Walking)를 타야 한다'고 주창하고 있고, 매일 만 보 이상 걷기를 실천하고 있다.

《현대수필》 등단(2014)
서울대학교 공과대학 에너지자원공학과 명예교수
후정문학상(2021)과 서초문학상(2023) 수상
현재 《계간현대수필》 상임위원, 《한국산문》, 《리더스에세이》, 《에세이스트》, 《한국수필》, 《현대작가》, 《문학 수(秀)》, 《피천득 다시 읽기》 이사이며 서초문인협회 부회장, 한국문인협회(수필 분과) 회원이다. 지난 2018년 9월에 창간한 계간지 《여행문화》의 부주간을 5년 이상 역임하였고, 2025년 봄 창간한 《여행인문학》의 편집 책임을 맡고 있다.
산문집 《아쉬운 순간들 고마운 사람들》(2016), 《평생의 인연》(2018), 《청년 연가(緣家)》(2020), 《나의 학문, 나의 삶 2》(2020, 5인 교수 공저), 《내 인생의 푸른 시절》(2022), 《살아 있다는 의미》(2024), 《가시가 있는 꽃길》(2025) 발간

chon@snu.ac.kr

해피 데이

 카페에 모여 있던 문우들의 안타까운 시선과 걱정을 뒤로하고 식당에서 내어준 검정 슬리퍼를 신고 귀가해야 했다. 신발을 벗고 들어가는 식당에서 내 신발이 없어진 봉변은 처음이었다.
 지난 9월 초순이었다. 《한국산문》 사무실 부근 식당에서 문우들과 단체로 점심을 했다. 한 달에 한 번 첫 목요일에 두 시간 공부하는 명작읽기반 날이었다. 이 식당은 요즘 드물게 신발을 현관 신장에 올려놓고 들어가는 한정식 식당이다. 즐거운 분위기에서 나의 다섯 번째 산문집 《살아 있다는 의미》의 출간 축하를 문우들로부터 많이 받았다.
 식사를 마치고 나오며 현관 신발장에서 내 검정 운동화를 찾을 수 없었다. 동석했던 문우들도 당황해하며 내 신발에 대해 궁금해했다. 나는 문우들을 부근 카페로 먼저 가게 하고서는 식당 남자 손님들이 모두 나갈 때까지 기다려야 했다. 오후 2시경이 되어 남자 손님들이 모두 빠져나가고 나자 운동화 스타일의 신발 한 켤레가 남았다. 그 신발은 신발장에 내 신발을 올려 놓아둘 때 바로 옆에 있던 것이었다. 내 운동화는 끈이 없고 전체가 검정인데, 남은 신발은 진한 청색이고 바닥 밑창은 완전 하얀색으로 상당 기간 신은 낡은 것이었다. 신발 크기는 나와 비슷해 보였다. 색깔과 모양이 완전히 다른데도 누군가가 의도적으로 신발을 바꿔 신고 갔다고 순간적으로 직감했다.
 식당 주인은 30년 넘게 식당을 운영했지만 이런 신발 분실 사건은 처음이라며 황당해했다. 그래도 혹시 착각해서 신발을 바꿔 신고 간 손님이 뒤늦게 알고 연락이 올지도 모르니 하루를 기다려 보자고 했다. 그날 점심시간에 남자팀은 두 팀이었고 낮술을 드신 손님은 없다 했다. 하는 수 없이 식당에서 내준 검정 플라스틱 슬리퍼를 끌고 문우들이 기다리고 있는 카페로 향했다. 카페에서 기다리던 문우들은 말쑥하게 차려입은 노신사가 슬리퍼를 끌고 나타난 것에 대해 웃지도 못하고 민망한 눈빛을 보냈다. 비까지 내리는 초가을에 슬리퍼를 끌고 집으로 갈 생각을 하니 한심했다. 택시까지 잡히지 않아 지하철과 마을버스로 겨우 귀가했다. 지하철이나 집 근처에서 아는 사람을 만나지 않은 것만 해도 그나마 다행이었다. 집에서의 망신은 어쩔 수 없었다. 누구에게랄 것 없이 화가 치밀었다. 도대체 내 잘못도 아니건만 이게 무슨 망신살이란 말인가.

  밤에는 깊은 잠을 이루지 못하고 자다 깨다를 반복했다. 어딘가 가야 하는데 신발이 없어 쩔쩔매는 꿈을 꾸기도 했다. 꿈의 영향인지 아무래도 신발을 찾을 수 없을 것 같은 비관적인 예감이 들기도 했다. 다음 날 점심 전 식당에 전화로 확인하였으나 예상대로 신발이 바뀌었다는 연락은 없다 했다. 식당 주인은 어제 점심에 온 남자 손님들이 많지 않고 아는 단골손님도 있어 전화로 확인했어도 신발이 바뀐 사람이 없다고 했다. 내 검정색 운동화를 고의적으로 신고 간 사람이라면 자신의 완전범죄를 자축하며 만족하고 있을 터인데 연락할 리가 없다고 느끼고 있었다.

  나는 여전히 한 달에 한 번은 그 식당을 찾는다. 지금도 신발장에 남겨놓고 간 그 신발은 그대로 놓여 있다. 식당 주인은 일부러 그 신발을 내놓고 당사자가 보면 양심의 가책을 받으라고 그렇게 둔다 했다. 작정하고 남의 신발을 가져간 사람이 양심의 가책을 받으나 할까. 대개 이런 사람은 그리 도덕적이지도 않을 터이니 아마도 이 식당을 피해 다니리라. 원래 거짓말 잘하고 습관적으로 좀도둑질을 잘하는 사람은 이미 중독되어 있어 자신이 무슨 짓을 하고 있는지 느끼지도 못한다고 한다.

  잃어버린 초경량급 검정색 고급 운동화는 내게 한 분뿐인 처형의 선물이었다. 미국에 이민 가신 지 30년 만에 팔순 기념으로 한국에 오면서 가져온 귀한 신발이다. 처형은 우리 집에서 한 달간 머물렀다. 신발이 가볍고 내 발에 착 달라붙듯 잘 맞아서 즐겨 신었다. 운동화인데 검정 구두 모양으로 슈트나 캐주얼한 복장 어디에나 잘 어울렸다. 처형은 내가 연애 시절부터 잘 알고 있고 나를 아껴주던 분이어서 누님이 없는 나는 처형보다는 항상 누님이라고 부르길 좋아했다. 매일 만 보 걷기가 나의 일상임을 아시고는 가볍고 튼튼하며 발에 잘 붙는 고급 운동화를 미국에서 선물로 준비해 오신 것이었다.

  처형을 인천공항에서부터 모시고 올 때 일화이다. 처형이 메고 오신 작은 가방을 공항철도 의자에 놓고 내렸으나 다음 날 오전 서울역에서 가방을 무사히 찾을 수 있었다. 처형은 미국에서라면 상상도 못 할 일이라며 놀라워했다. 나는 지하철 분실물센터에 연락하면 대부분 찾을 수 있다면서 우리나라 시민들의 의식이 그만큼 높아졌다고 얼마나 자랑했던가.

몇 달이 지난 지금까지도 나는 신발을 잃어버린 사실을 인정하고 싶지 않다. 번잡한 영결식장도 아니고, 만취한 취객이 정신 줄을 놓는 야밤도 아닌 백주에 남의 신발을 버젓이 신고 사라진 누군가를 생각하면 문득 화가 치밀기도 한다.

요즘은 신발을 벗고 식당 안으로 들어가는 구조의 식당이 많지 않다. 사람들이 좌식 생활을 하지 않게 되면서 불편함을 호소했다. 식탁을 의자식으로 바꾸지 않으면 영업이 안 될 정도라고 하였다. 예전에는 실수든 고의적이든 소소한 신발 분실 사고가 빈번했지만 이제는 생활방식의 변화와 함께 옛말이 되었다. 이런 세상에 멀쩡한 신발을 잃어버렸으니 어이도 없지만 그보다 화가 더 났던 것이다.

결국 식당 주인은 도의적 책임을 지겠다며 고급 운동화 매매 가격의 절반 정도를 배상하겠다고 했다. 나는 음식으로 대접받고 싶다 하고 신사적으로 매듭지었다.

연말을 맞으며 지난 한 해를 돌아본다. 아끼던 신발을 잃어버리고 황망했던 기억 말고는 큰 어려움 없이 무난하게 지냈다. 신발을 잃어버리고 속상했던 기억이 옥에 티처럼 선명하게 남는다. 한 해 액땜을 한 셈 치고 잊어버리기로 했다. 잃어버린 신발이 여전히 아깝긴 하지만 누구한테 가서는 행복한 날을 만들어 주고 있겠지 하고 마음을 돌리기로 했다. 남의 신발이 탐이 나서 몰래 바꾸어 신고 간 사람이 매일매일 신고 다니며 실제 즐겁고 행복하긴 할까. 내게 그랬던 것처럼 내가 모르는 누군가에게도 편안함과 즐거움을 주었을 것으로 믿는다. 그러면서도 마음 한쪽에서는 남의 신발을 탐내고 감쪽같이 신고 간 사람을 원망한다. 그가 아무런 죄책감도 없이 매일 매일 신나고 즐겁게 생활한다는 상상은 하기 싫다. 이게 무슨 마음의 조화란 말인가.

　잃어버린 검정 초경량 고급 운동화는 상표 이름이 해피 데이(Happy Day, 행복한 날)이다.

한국산문(2025. 2.)

유일한 이모님

  앞으로 이모라는 호칭이 없어지리라는 위기감을 실감 나게 묘사한 글을 최근에 보았다. 이모 이외에도 삼촌, 고모 호칭도 멸종 위기 리스트에 추가해야 하리라. 그 글을 보며 나는 왜 그런 생각을 진작 못 했나 하며 나의 둔감을 탓했다.
  어린 시절 한국전쟁 때에 부모님과 함께 평양에서 부산으로 피란했다. 부산에 삼 년여를 살며 초등학교에 입학하였고, 한 학기를 마치고 서울 청량리 한옥으로 이사하며 안암동의 새 초등학교로 전학했다. 부산 시절 어릴 적 사진이 몇 장 남아 있는데, 그중에 나를 매우 예뻐해 주시던 이모님과 단둘이 찍은 작은 흑백사진이 있다. 나는 겨울옷을 입었고 이모는 치마와 저고리를 입은 모습이다. 사진 배경이 사진관에서 찍은듯하다. 나와 이모와는 나이 차가 열다섯이니 당시 스무 살 전후의 미인이셨다.
  내가 초등학교 저학년 시절 청량리 집에서의 이모 약혼식과 반도호텔에서의 결혼식과 피로연이 기억난다. 이모는 맞선을 본 남자(후에 이모부)와의 데이트 자리에 나를 데리고 갔다. 맞선 이후 이 남자와 을지로 국도극장에서의 영화 관람에까지 나를 데려간 적이 있다. 영화 내용을 잘 모르고 너무 지루하던 나는, 아마도 흑백 애정 영화였겠지만, 떼를 써서 도중에 나온 기억이 있다. 결혼식 피로연에서는 가족들의 요청으로 어린 내가 '김삿갓' 노래를 불렀다. 짓궂은 하객들의 요청으로 신랑 신부가 사과 조각 한 개를 함께 입에 물게 하여 나누어 먹게 하고서는 박수 치며 즐거워하던 분위기도 기억난다.

친척의 중매로 이모를 만난 이모부는 약혼 시절에 직업 군인으로 육군 대위였다. 키가 크고 미남형이었다. 이모는 고등학교 졸업 후 그 시대에 드물게 직장 생활을 한 신세대 여성이었다.

이모의 결혼 생활에 대해서는 어머니를 통해서 가끔 소식을 듣곤 했다. 이모는 결혼 후 보문동의 시댁으로 들어가 생활했다. 시댁에서 손위 동서와 함께 생활했고, 홀시어머님이 서울 사람으로 보통이 아니라 했다. 식사는 가족들과 따로 하여 동서와 둘이서 부엌에서 먹는다고도 했다. 1950년대 후반에서 1960년-70년대이긴 하나 이런 심한 시집살이를 시켰던 모양이다.

다음에 들려온 소식은 이모가 신체적으로 임신할 수 없다는 얘기였다. 이모부는 밖에서 아이를 낳아 데려왔고, 어느 날 아침에는 집 대문 앞에 업둥이가 놓여 있었다는 황당한 소식도 들려왔다.

그 후 이모부는 고혈압으로 쓰러져 병사하고, 이모는 딸 둘을 데리고 시댁에서 독립해 나왔다. 이모 나이 사십 대 후반일 거다. 다행히 시아주버니가 도와주어서 금호동에 자택을 마련할 수 있었고, 생활을 위해 숙박업을 하도록 도와주었다.

1980년대 초 내가 모교에 조교수로 발령을 받아 돌아오자, 이모는 금호동 동네에서 잘 아는 교인이 운영한다는 안경점에 나를 데리고 가서, '우리 박사님은 이제 금테 안경을 써야지' 하며 안경을 새로 맞춰 주었다. 이 안경은 얼마 가지 않아 안경테에 붉은 녹이 들기 시작하여 더 착용할 수 없었다. 이모에게는 이 사실을 말씀드리지 않았다.

이모는 교회에도 열심히 봉사하며 성실한 신앙인으로 사셨다. 이모는 낳지도 않은 두 딸을 열심히 키웠는데, 문제는 이들이 학생 시절부터 문제아로서 많은 고통과 어려움을 주었다. 큰딸의 결혼과 이혼, 그리고 재혼 등 복잡한 소식이 들려왔고 사위의 사업 자금을 도와주다가 이모 재산이 탕진되어 집도 없어지고 금호동을 떠나야 했다. 이모가 편찮으시다는 소식을 듣고, 둘째 딸과 함께 어렵게 사는 반지하 자택으로 위문차 방문한 기억이 있다. 나를 그렇게 반가워하며 고마워했다.

천성이 착하고 신앙심이 깊은 이모는 두 딸로 인해 마음고생이 컸고 마침내는 병까지 얻었다. 어머니는 이모에게 '조심해라. 네 자식도 아닌 아이들에게 속지 마라. 만년을 위해 집과 재산을 잘 간수해야 한다'라고 여러 차례 주의를 주었다 했다. 이모는 70대 초반에 언니인 어머니보다 먼저 작고하였으며 장례식에 아내와 함께 조문한 기억이 난다.

이모는 아무리 힘들어도 주위에 아쉬운 소리를 하지 않는 분이어서 나도 자세한 소식을 잘 모르고 있었다. 이모 관련 소식은 주로 어머니를 통해서 알았다. 이모가 어려운 시련을 겪고 계실 때 내가 적극적으로 돕지 못했음을 후회한다. 내가 자주 찾아뵙고 상의하고 주변을 정리해 드려야 했는데 말이다. 이 시기는 내가 교수 생활을 시작하며 업무가 많고 시간 여유가 없던 때이기는 했다. 앞만 보고 달리던 나의 그 시절을 지금 돌이켜 보면 후회되고 아쉬운 점도 많다. 왜 내가 좀 더 이모에게 관심을 가지고 자주 찾아보고 보살피지 못했을까 하며. 내 주변에 특히 나를 예뻐해 주시던 이모님에게 많은 관심을 가지고 도와주고 배려해야 하는 시기를 놓친 듯하여 지금도 후회로 남아 있다.

지금도 '이모!' 하고 부르면 인자한 이모님이 나를 보고 따뜻한 미소를 머금으며 웃으시는 것 같다.

한국산문(2024. 11.)

웰다잉

　최근 연로한 유명 연극배우가 자신의 가상 장례식을 했다. 그 자리에 배우로서 그녀가 평생을 살면서 인연을 맺은 각별한 지인 150여 명을 초대했다. 30대의 젊은 동료 배우도 있었다. 예고도 없이 황망하게 이 세상을 떠나면 자신을 평생 아끼고 사랑했던 지인들이 슬픔 가운데 빈소에 와서 눈물짓는 쓸쓸함 대신에, 살아 있을 때 그들과 만나 즐겁게 이별을 준비하고 싶다는 의미였을 것이다.
　초대장에는 '우리가 이 세상에 한 번 왔다 가는 길인데, 서로의 이별을 슬픔과 눈물이 아닌 축제처럼 기억되기를 바랍니다. 마지막으로 들었던 나의 목소리, 내가 좋아했던 대사, 오래된 이야기와 가벼운 농담, 우리가 그동안 살면서 함께 웃었던 순간을 안고 오세요.'라고 쓰여 있다. 장례식은 강릉 바닷가 촬영지에서 일박 이 일간 축제처럼 진행되었다.
　사람이 태어나서 부모의 지극한 보살핌을 받고 어린아이가 쑥쑥 자라는 희망찬 시절이 있다. 아이는 온갖 시련을 견디고 성년이 되어 사회와 가정에서 책임을 다하는 중년과 장년으로 변한다. 세월이 지나면 어느새 노년에 이르고 모두가 죽음이라는 문 앞에 도달하게 된다. 그 순간을 맞게 되었을 때 의연하게 받아들일 것인지 허둥지둥 부정하며 슬픔과 회한으로 미지의 세계로 끌려갈 것인지는 각자의 몫이다.
　여배우의 심정을 나는 두 가지 점에서 공감하였다. 하나는 배우라는 직업인으로서 주변 지인들의 존경을 받고 있을 만큼 믿음과 신망을 주었다는 점이다. 또 하나는 언젠가 그녀가 실제로 작고하게 되면 주위에 전혀 알리지 않고, 가족들과 조용히 인사를 나누고 임종을 맞이할 것 같았다.

대학생 때 작은할아버지 장례식이 있었다. 그 당시에는 가정집에서 대부분 3일 장으로 장례식을 치렀다. 남편이 돌아가셨는데 부인인 작은할머니는 곡(哭)을 하지 않으셨고, 특별히 어두운 표정도 짓지 않으셨다. 문상객들과 고인의 이야기를 나누면서 간간이 웃음을 짓기까지 했다. 연세가 많으셔서 천수를 다 누리셨다고 생각했는지, 위로의 말로 하는 호상(好喪)이라고 여기셨는지는 알 수 없지만, 작은할머니는 매우 강인하며 멋진 분이었다.

나의 부친은 뇌 질환으로 11년, 모친은 치매로 거의 5년 동안 병상에서 편찮은 상태로 고생하시는 모습을 장남으로 지켜보았다. 건강을 잃고 세상에서 고립되어 살아야 하는 노년의 삶이 매우 안타깝고 불행하게 여겨졌다. 기본적인 모든 걸 타인에게 의지해야 하는 환자 본인은 두말할 것도 없고, 가족들은 또 얼마나 힘든 시간이었던가.

노년에 이르러서는 건강을 위해서 나의 노력으로 할 수 있다면 최선을 다하려 하고, 마지막까지 가족들에게 피해를 주지 않기를 바라고 있다.

내가 살아 있다는 의미는 우선 걸을 수 있을 때다. 가까운 지인과 제자들과 함께 마지막으로 한 끼 식사를 즐겁게 하며 유종의 미를 거두고 싶다. 초대 손님은 가까운 지인들과 내가 학자로서 열정을 바쳤던 대학 연구실에서 만났던 제자들이다. 어림잡아도 수십 명은 될 거다. 그동안 배려하고 도와준 인연에 감사하고 싶다. 그 자리에서 내가 발간한 산문집을 나누어 주어야겠다.

  내가 죽으면 아이들에게 간단한 문자를 올리면 될 것이다. 무엇보다도 주위 사람들을 힘들게 하지 않게 하고, 나는 휴식을 취하듯 먼 여행을 떠날 수 있기를 바란다. 웰다잉(well dying)을 맞이하는 것이 나의 소망이다. 우리는 삶을 언제 어떻게 마감할지 알지 못한다. 살아 있는 동안은 건강하게 삶을 누리고 싶다.

  모교에서 정년 퇴임 후 명예교수연구동에 자리를 얻어 주중에 매일 출퇴근하고 있다. 외부에 특별한 회의나 행사가 없으면 아침 일찍 출근한다. 나이 팔순이 되면 후배 교수들에게 내 자리를 양보할 것이다. 그전에라도 연구동 오르는 숲속 오솔길 50계단을 한 번에 오르지 못하는 상태가 오면 연구실을 비워 줄 것이다. 최근에 나이 80이 되신 영문학 전공의 시인인 명예교수님 한 분이 건강하신데도 후배 교수에게 자리를 양보한다며 퇴실했다.

  나를 돌아보게 된다. 먼저 정리해야 할 일이 산처럼 쌓여 있다. 특히 만여 권에 달하는 장서가 제일 문제이다. 평생 모은 책들이지만 필요한 기관이나 개인에게 기증하고 싶다. 대학에서 정년 퇴임하며 내 전공 분야의 후임 교수에게 비교적 최신 원서들은 대부분 넘겨주었다. 남는 것들은 폐기 처분해야 할지 모르니 내가 정리해야 한다.

  누군가가 '평생 애지중지 책을 끼고 살더니, 역시 정리도 잘하고 가셨네'라는 소리를 듣게 된다면, 내게는 더 이상의 칭찬은 없을 것이다.

한국산문(2025. 9.)

독일 프라이베르크대학

다이아몬드 탐사 단기 교육을 받기 위해 독일 작센(Sachsen)주에 있는 대학도시 프라이베르크(Freiberg)를 2000년 12월 중순 일주일간 방문했다. 프라이베르크는 세계에서 가장 오래된, 1765년에 설립된 프라이베르크광업기술대학(Freiberg University of Mining and Technology)이 있었던 역사적인 광산 도시이다. 작센주 동남쪽 체코와의 경계에 있는 에르츠게비르게(Erzgebirge) 산악지역의 광산지대에서 1168년 처음으로 은이 발견된 이후, 프라이베르크는 팔백여 년에 걸쳐 금속의 채굴과 제련 야금 역사를 지닌 광산 활동 도시여서 내겐 오랜 기간 방문 호기심을 주던 도시였다.

일본의 과거 아키타(秋田)광산전문학교가 이 프라이베르크광업기술대학을 모델로 하여 1910년 건립한 관립(국립)학교이다. 일본이 독일의 교육제도를 열심히 모방하며 군사 대국으로 치닫던 시기이다. 국내에서도 일제강점기인 1939년 관립전문학교인 경성광산전문학교(경성광전)가 설립되었는데, 일본인 자제들을 대상으로 광업 전문가를 양성함이 목적이었고 조선인의 입학이 일부 허용되었다. 이 전문학교가 해방 이후 1946년 설립된 서울대학교 공과대학 채광학과(다음에 광산학과, 자원공학과로 바뀌었고 현재 에너지자원공학과)의 전신이다. 나는 이 자원공학과에서 젊은 시절을 보냈다.

대학생 시절 광상학 수업 시간에 독일 프라이베르크대학의 베르너 (A.G. Werner, 1749-1817)라는 위대한 인물을 처음 알았다. 그는 광상(경제성이 있는 광물의 집합체인 광체)의 형성이 퇴적 기원이라는 가설(Neptunism)을 18세기 후반에 주창한 근대 지질학의 공동 창시자였다. 이 이론은 당시에 영국 스코틀랜드 에든버러대학의 휴톤 (J. Hutton, 1726-1797)이 제안한 화성 기원설(Plutonism)과 함께 대단한 인기를 끌었던 양대 가설이었다. 지금 생각해 보면 광상의 형성 원인을 퇴적 기원이나 화성 기원으로 단순 설명하며 당시의 전문가들이나 추종자들의 인기를 누렸다니 우습기도 하다. 이 시기에는 지질학자가 야외에서 보는 시각이 자기 나라에 제한된 국지적인 지질학적 현상, 즉 독일의 퇴적환경과 스코틀랜드의 화성환경에 안목이 제한되었기 때문일 것이다.

내가 프라이베르크를 방문했을 때 여전히 기억나는 점은 외롭고 음울하던 분위기였다. 동서독이 1990년 10월 통일된 이후 십 년 만에 옛 동독 지역을 방문한 셈이었다. 일주일 동안 묵으며 체험한 도시의 쓸쓸함과 주민들의 무표정이 떠오른다. 마지막 날 늦은 오후 수업을 마치고 담당 교수와 참석자들 모두 송별 만찬을 하려고 찾아가던 식당이 기억난다. 대학에서 30여 분간을 가로등도 없는 어두운 길을 따라가던 기억이다. 이곳은 겨울철이면 오후 4시경 이미 어두워졌다.

학회 참석차 1994년 9월 중순 폴란드의 크라쿠프를 방문했을 때도 그랬다. 소련 공산권에서 민주주의 공화국 체제로 바뀐 지 오 년밖에 안 되었을 때였다. 크라쿠프는 옛 수도로서 유네스코 문화유산 도시이다. 13세기 중세에 조성된 중앙광장은 성마리아성당이 자리 잡은 유명한 곳임에도 그리 한산할 수가 없었고, 주민들의 무표정과 쓸쓸한 분위기가 여전히 선하다.

1982년 초여름 서베를린을 방문했었다. 당시 베를린은 미국이 관할하던 서베를린 자유 진영과 소련이 지배하던 동베를린 공산 진영의 대표적 냉전 지역이었다. 공항에서부터 총으로 무장한 군인들의 경비가 삼엄했다. 동서 베를린의 장벽에서 내가 받은 충격은 대단했다. 서베를린 장벽 옆의 전망대에서 동베를린 쪽을 바라보니 서베를린 쪽은 장벽 옆이 바로 도로와 주택인 데 비해, 동베를린 쪽은 장벽으로부터 백여 미터에 걸쳐 삼엄한 경비 초소와 철조망이었다. 공산주의 진영에서의 이동의 자유를 막는 실체를 보아서인지 그 이후로 동유럽 공산권 국가들에 대한 내 선입관은 매우 부정적이었다.

프라이베르크대학의 교수진 구성에서도 독일 통일 이전에 채용된 교수진은 영어에 서툴고 러시아어에 익숙한 러시아 유학파였다. 반면에 통일 이후 채용된 서구에서 교육받은 교수진은 영어에 능숙했다. 내가 만났던 내 전공 분야(지구화학탐사)의 동독 출신 교수는 영어로 소통이 안 되어 통역자를 두어야 했다. 그는 전공 분야의 아이디어와 연구 수준은 상당히 높은 수준이었고, 나와의 학문적 교류를 원하고 있었다.

영어권에서 교육받은 학과장 교수는 이 두 부류 교수진의 사고방식 차이를 극복하는 일이 우선 과제라 했다. 예를 들면, 교수 연구비의 확보는 교수 스스로가 노력하여야 하는데 이 동독 출신 교수진은 연구비 지원도 정부가 해 주어야 한다는 식이다. 교수 스스로 독립적으로 기업체에서 또는 유럽연합에서 경쟁적으로 연구비를 확보해야 하는 자세가 모자람을 지적하고 있었다. 사실 나부터도 이미 서구화되어 있어 교수 스스로 노력하고 경쟁하여 외부 기관에서 연구비를 확보하여야 한다는 인식에 익숙해 있다.

주말 하루 프라이베르크에서 북동쪽으로 31km 떨어진 드레스덴(Dresden)을 방문했다. 드레스덴은 제2차세계대전의 격전지였고, 아름다운 왕궁을 포함한 전 도시가 연합군의 포격으로 완전히 파괴된 도시였다. 전후에 복구된 왕궁은 미술관으로 이용되고 있었고 거의 한나절을 이 미술관에서 보냈다.

이 두 도시를 방문한 지 이미 24년 전이다. 이제는 많은 관광객이 방문하는 사랑받는 도시로 변모했다고 들었다. 활기가 넘치는 이 역사적 문화도시를 다시 한번 방문하고 싶다.

에세이스트(2025, 1-2.)

강남 한복판에 있는 왕들의 안식처

서울 강남에 지하철 선릉역과 선정릉역이 있다. 2호선 선릉역은 1980년 10월에 개통되었으니 45년이나 되었다. 선정릉역은 9호선과 수인·분당선의 환승역이다. 9호선이 2015년 3월에, 수인·분당선이 2012년 10월에 개통되었으니 이미 10년이 넘는다. 이곳은 강남 도심 한복판의 주택과 빌딩 밀집 지역에 있는 왕들의 안식처이다. 공원처럼 잘 조성된 소나무 숲과 야산이 있어 산책로로 인기가 높다.

선정릉에는 조선 9대 임금 성종(1457-1494)과 정현황후의 무덤인 선릉과 이들의 아들인 11대 임금 중종(1488-1544)이 홀로 묻힌 정릉이 있다. 선릉과 정릉을 합쳐 선정릉이라 한다. 성종이 승하하면서 1495년에 경기도 광주군 언주면 저자도리에 안장하였고, 1530년 정현왕후가 승하하자 같은 자리에 안장한 곳이 지금의 선릉이다. 중종이 1544년 승하하자 선릉 주변에 모셔 정릉이 되었다.

지난 1963년 이 일대가 서울 성동구로, 1975년에는 강남구로 분리되며 개발되었다. 이 선정릉 일대는 동서남북으로 거의 한 블록이며 문화유산 역할과 공원 역할을 하고 있다. 선정릉을 지키는 사찰이 봉은사이다.

이 두 역을 수없이 지났으면서도 금년 늦은 봄에야 처음으로 대학 동기들과 이곳을 찾았다. 친구들 대부분이 선정릉 방문이 처음이라

했다. 서울 강남에 조선조의 왕릉이 존재함에도 부근 전철역을 수시로 지나면서 지난 45년 동안 가보지 못했다. 고작 2시간이면 충분히 둘러볼 수 있는 곳인데 말이다.

선정릉 입구를 들어서면 왼쪽(서쪽) 오솔길 따라 먼저 재실에 들른다. 재실은 제례를 지내기 전 제관들이 미리 도착하여 몸과 마음을 정화하고 제례를 준비하는 곳이다. 다음에는 선릉과 정릉 관리소인 역사문화관에서 조선 왕릉의 공간 구성과 분포도, 세계유산 선릉과 정릉의 안내, 선릉과 정현왕후의 선릉 설명, 중종의 정릉 설명 등 자세한 안내와 정보를 얻는다. 이곳을 지나면 홍살문에서 정자각까지 박석이 깔린 길이 보인다. 왼쪽에 조금 높은 길이 향로(香路)이고, 제향 시에 재실에서 출발한 향과 축문을 들고 다니는 길이다. 오른쪽에 조금 낮은 길이 제향을 드리기 위해 왕이 다니는 어로(御路)이다. 정자각에서 왼쪽(서쪽)으로 보이는 왕릉이 성종 무덤이고, 오른쪽(동쪽)이 정현왕후 무덤이다.

성종은 예종이 1469년 승하하자 12세 나이로 왕위에 올라 38세에 승하했다. 정현왕후 윤씨는 1473년(성종 4년) 후궁이 되었고, 1479년 당시 왕비였던 연산군의 생모 윤씨가 폐위되자 이듬해 왕비로 책봉되었다. 중종반정 때에 왕대비의 권한으로 연산군을 폐위하고 아들 중종의 즉위를 허락했으며(1506, 중종 18세) 1530년 69세에 승하했다.

조선 전기에 태평성대를 누린 성군으로 묘사되는 성종이 한창 나이인 38세 이른 나이에 승하했음을 처음 알았다. 성종은 할머니 정희왕

후(제7대 세조의 왕비)의 추대로 즉위했다. 어머니가 세조의 맏며느리인 유명한 인수대비이다. 정희왕후는 성종이 즉위 후 20세가 될 때까지 7년간 섭정했다. 연산군의 어머니인 계비 윤씨를 폐출하고 사약을 내린 사건이 다음 왕위를 계승한 연산군의 갑자사화(1504)의 원인이 되었다.

중종의 무덤인 정릉은 선릉 동쪽에 있으며 산책할 정도의 거리에 있다. 정릉은 단릉으로서 왕비의 무덤이 없다. 중종과 함께 묻히기를 바란 문정왕후는 이곳에 묻히지 못하고 태릉에 홀로 묻혔는데, 이곳이 매년 여름이면 침수되는 저지대였다.

'정릉은 한줄기 소나기만 지나가도 정자각 앞이 질퍽거리는 물 논이나 다름없다. 장마로 물이 불어났을 때는 홍살문 근처에 배까지 띄워 보기에도 민망했다'는 기록이 실록에 있다(이규원, 2017, 『조선왕조실록』).

최근에도 장마철이면 이 지역은 물난리를 겪고 있다.

야사에서는 중종이 문정왕후와 함께 묻힘을 거부했다는 일화가 있다. 중종은 3명의 왕비와 7명의 후궁이 있었음에도 죽어서도 외로운 신세가 되었다고 전한다. 중종은 19세에 즉위하여 38년을 재위했다.

중종의 무덤인 정릉(靖陵)은 성북구 정릉동에 있는 정릉(貞陵)과 다르다. 이 능은 태조 이성계의 계비인 신덕왕후 강 씨가 안장된 곳이다.

나는 선정릉을 돌아보며 성종이나 중종보다 연산군을 더 떠올렸다. 연산군은 성종의 장자로서 1494년(18세)부터 1506년(30세)까지 13년간 통치했다. 즉위 전부터 똑똑한 왕자라고 평가되었다. 1504년 갑자사화부터 2년여간 그 포악함이 극에 달했다고 기록되어 있다. 어머니 윤씨의 왕후 폐위와 사약을 받은 억울함을 보복으로 갚은 연산군의 패악질은 성군으로서는 절대 행해서는 안 되는 행위라고 간주되었다. 왕이 제정신이 아니고 미쳐 날뛸 때 주변의 신하들이나 왕족들은 무엇을 하고 있었을까. 나는 이런 때마다 지도자 주변의 인사들이 의심스럽다. 정말로 충성을 다하는 신하라면 말리고 이성을 찾게 하여야 하지 않을까. 오히려 동조하고 부채질하며 상황을 더 극단적으로 이끌면 마지막은 모두 파멸임을 알 터인데 말이다.

  강남 한복판에 공원처럼 잘 조성된 왕들의 안식처를 둘러보는 것도 더위를 이기는 한 방법인 것 같아 권해 본다.

서울공대 웹진 2025 가을호

최계순

- 우면산, 무장애 숲길을 걷다
- 시작과 끝
- 철보다 강한 것
- 동전 두 닢, 천 원
- 여우, 르나르가 되다

작가 노트

매일 아침 10시, 차의 시동을 건다. 동시에 흐르는 감미로운 음악의 볼륨을 높이고 그 음악에 묻혀 시내 도로 위의 차들과 합류하여 서점으로 향한다. 그 때부터는 차가 막혀도 좋고, 빠르게 달려도 좋다. 나의 고객인 학생들은 수업 중이고 내 차 안은 카페가 되어 있다. 서점에 도착하면 욕심껏 세심하게 책을 골라 차 트렁크에 싣는다. 갔던 길을 돌아와 차분차분 고마운 책들을 꽂는다. 그 시간만은 앞 베란다에 놀러 온 새처럼 치열한 삶이 아니어도 좋은 시간이었다.

2015년 《한국산문》 등단
서초문협, 한국산문 회원, 산들문학회 회원
산문집 《돌담 너머의 아버지를 만나다》
동인지 《함께 가는 낯선 길》, 《종과 종소리》, 《모노톤으로 그리는 풍경》, 《나, 크고 있어요》

dome101@hanmail.net

우면산, 무장애 숲길을 걷다

 온 가족이 아이 둘을 유모차에 태우고, 걸리며, 우면산 무장애 숲길을 걷는다. 아름다운 세상을 할아버지, 할머니와 동행하며 보게 하고 싶었다.
 숲길의 첫 구간인 '동행 길'이다. 서초약수터에서 시작하여 국립국악원까지 이어지는 3km 구간으로, 벚나무 숲 속에 조성된 자연형 벚꽃놀이터, 숲속 극장, 전망데크, 우면산에 서식하는 새 이름을 확인하는 새소리 쉼터, 전통 섶다리를 본떠 만든 섶다리, 국립국악원의 연습 소리를 들을 수 있는 소리 쉼터 등이 있다. 다채로운 자연 체험 공간으로 대표적인 도심 속 힐링 명소다. 모든 구간을 계단 없는 완만한 목재 데크로 조성해 보행 약자도 불편 없이 자연을 즐기며 거닐 수 있도록 했다.
 거침없어진 온 가족의 무장애 산책길, 뿌듯한 눈으로 아기들을 보며 자연스레 우리의 지나간 삶이 떠오르며 웃음이 난다.
 어느 날 결혼을 미루던 아들이 결혼 발표를 했다. 절차대로 양가 상견례 자리가 마련되었고 그 자리에서 사돈어른들께 "우리 아들이 나라를 구했나 봅니다." 하고 좋은 며느리에 대한 진심 어린 감사 인사도 했다. 결혼 후에도 서로 존중하며 행복하게 살아가는 모습이 보기 좋았다. 그 좋은 3년의 세월이 흐르고 1년여가 흘러가고 있었다. 마음 한편에서 자연의 순리상 있어야 하는 2세, 생애 모델이 되어주는 손주에 대한 그리움이 깊어갔다. 기다림의 시간 속에서 어느 날 매일 오가던 이 우면산을 하산하며 지나간 삶에 대해 상념에 젖었었다.

우리 아들 부부의 결혼은 천주교 신자로서 하느님 앞에서 하객들을 모시고 온 가족이 함께 가족이 됨을 맹세하는 기도를 올리며 결혼식을 올렸다. 그러니 2세, 아기 또한 사사로이 우리가 결정하는 것이 아니고 하느님의 섭리가 아닐까. 그렇듯 하느님의 섭리대로 손주도 기다려야 할 것 같았다.

노심초사하며 결혼 4주년을 앞둔 어느 날 핸드폰에서 며느리가 보내는 메시지, 카카오톡 소리가 울렸다.

"어머님, 아버님, 여기 병원인데 아기집은 17mm 아기는 3mm래요~ 아직 얼떨떨하고 모든 게 신기해요."

태아의 초음파 사진 얘기를 하고 있었다. 별처럼 빛나는 신비한 낭보였다. 놀란 입을 다물지 못한 채 전화를 걸어 고맙고 축하한다는 흥분된 말들을 쏟아냈다. 그리고 아들로부터 달콤한 답장을 받았다.

"나 엄마랑 통화하는데 갑자기 눈물이 나… 부모님도 옛날에 다 이렇게 행복하고 기쁘셨겠구나~ 이런 생각까지… 절 낳아주시고 또 이렇게 길러주셔서 감사합니다! 저희도 열심히 잘 키워보겠습니다!!!"

"부모의 깊은 사랑은 소리 없이 고요하고, 자식의 깊은 마음은 눈물 속에서도 달콤하다."라는 채근담의 명언처럼 며느리의 태아 소식은 우리의 인생을 행복으로 채색했고 기도하는 기다림은 우리를 무장애로 불러 축복했다.

감사하는 세월이 지나 3mm의 새 생명이었던 첫째 연준이가 세 살이 되었다. 그리고 할머니, 할아버지의 조바심을 알았을까 기다림도 없이 형이 채 아기 티를 벗어나기도 전에 태어난 둘째 지원이가 첫돌을 맞이한다. 차례로 우리에게 와 할머니, 할아버지의 산책길에 동행하고 있다. 큰 아이는 어느새 어른들의 손을 잡지 않고도 혼자서 이 무장애 숲길을 걷는다. 숲속 극장 계단에서 좋아하는 계단 오르기, 내리기를 숨이 차도록 즐기더니 멋진 사각정자 쉼터, 새소리 쉼터에 왔다. 우면산에 살고 있는 물까치, 박새, 뱁새, 청딱따구리, 곤줄박이, 동고비, 딱새, 꿩 등의 쉼터다. 새들이 와 물가에서 목욕을 하고 휘리릭 휘리릭 날아다닌다. 큰아이는 특히 이곳 새소리 쉼터를 좋아한다. 큰 나무 위에서 여럿이 날아다니며 지저귀는 새들을 "짹짹이, 짹짹이"라 부르며 친구처럼 뛰어논다. 형과 함께 무탈하게 크고 있는 둘째도 유모차에 의젓하게 누워 씩씩한 형의 눈과 날아다니는 새와 눈을 맞추며 활짝 활짝 웃는다.

새들은 장애물이 나타나면 날개를 펴고 난다. 우리 아기들도 살면서 형에게, 동생에게 의지하며 서로 날개가 되어줄 것이다.

이 길을 걷는 많은 사람이 두 손자의 모습을 보며 본인들의 가족인 양 기뻐해 주고

"너무 귀여워서 어쩔 줄을 모르겠어요. 어쩌죠?"라며 즐겁게 웃는다. 우리 모두가 위대한 자연의 일부가 되어있다.

걷기를 마무리하며 전망목교가 멀리 보이는 남산 위 N서울타워를 보여준다. 의연하다. 국립국악원 앞에 왔다. 국립국악원 뒤편에 있는

소리쉼터에서는 국악 연습생들의 '우리 소리'를 아이들에게도 들려준다.

F. 밀러(Geoffrey F. Miller)의 말대로 아기는, 신의 섭리로 하늘에서 빛나는 별처럼, 규정된 궤도를 따라 우리에게로 와주었다. 온 가족의 큰 기쁨이고 행복이다. 이 아이들의 삶에도 무장애의 삶이 충만하기를 소원한다.

아기를 안고 있는 젊은 부부들, 나는 그들을 나라를 구하는 독립운동가라 부른다. 그리고 그런 진정한 삶을 살고 있는 우리 아들 며느리의 행복해하는 모습이 더없이 귀하고 아름답다.

시작과 끝

　오~ 완벽해!
　내가 창업하고 1년 후인 어느 날 내가 내게 했던 탄성이다. 간혹 내가 한 것들에 이렇게 탄성을 지르며 감탄했었다. 내 안의 세계에서 겉으로 표현되지 않은 미세한 부분까지 알고 있는 나 자신이기에 그렇게 즐겼다. 마음 안에서 봤던 땅속의 기운까지를 떠올리며 감탄하고 슬퍼하고 눈물이 쏟아지고 그러나 곧 그 감정은 애초부터 살얼음처럼 얇았던 것 같다. 곧 사라지고 만다.
　창립 17주년이 되는 날이다. 회사가 어려워지고 나 또한 세월이 흐르니 초심을 뒷받침 못 하겠다. 요즘 매일 출근하며
　"이제 끝내 버리리라. 인터넷상 홈페이지에 폐업을 알리고 마침표를 찍어 버리리라." 걸음걸음 다짐을 하며 하루를 시작하곤 한다. 그러나 그 다짐도 곧 사라지고 어쩔 수 없는 내 안의 무엇이 다시 움직이며 출근을 멈추지 않는다. 시작할 때의 각오는 어디 갔느냐며 호된 매를 맞는 가슴과 아직 창업할 때의 풋풋한 감동이 채 마르지 않았기에 어두운 색채는 지워지기 시작한다. 그날이 오기 전 대체 몇 번이나 오락가락할까를 반문하며 시작의 감성으로 방향 전환된다.
　집을 출발해 출근하는 길, 큰길을 건너야 하는데 횡단보도의 신호등이 하필이면 바로 내 앞에서 빨간 불로 변해버린다. 늦어진 출근길, 걸

던 길을 멈추지 않고 바로 건너갈 수 있는 녹색 불이었으면 지체하지 않아도 되고 얼마나 행운인가, 하필이면 바로 내 앞에서… 불편한 마음으로 변한다. 할 수 없어 나는 그 빨간불이 꺼지고 파란불이 켜지길 기다리며 많은 생각을 하고 있다. 잠시 멈춰있으니 드는 생각들이 있다. 바로 이런 것이 아닐까. 잠시의 멈춤을 불편이라고 생각하지만, 나를 성찰하는 값진 시간이었다. 다 좋을 수 없음이 인생임을 이미 알고 있다. 빨간불이 파란 불로 바뀌었다. 웃으며 다시 이어폰에서 들리는 쇼팽의 음악에 집중하며 걷는다. 이렇게 20여 년이 흘렀다.

20여 년 동안 좋아했던 사업을 접었다. 처음 한두 달은 즐거움들이 물 흐르듯 오고 갔다.

"열심히 일했으니 이제 쉬어라."
"열심히 일한 자여 여행을 떠나라."
"시간이 많아졌으니 이제 한가로이 글을 쓰십시오."라는 주변의 말들이 위로인지 명령인지 감미로웠다. 그러나 글 또한 머릿속에 생각은 많으나 진주알을 꿰듯 아름답게 꿰어지지가 않는다. 내 몸과 마음은 모두 오리무중이다.

그 옛날 사업 할 때 가끔씩 친구들이 "씨이오님, 씨이오님," 장난삼아 던지던 말들과 함께 즐기며 그때는 내게 오직 그 길만 있을 줄 알았었다. 내가 앞으로 가야 할 길은 어디인가.

한 시간 예정으로 아파트 피트니스센터 골프 연습장에 갔다. 친구처럼 친분이 있는 한 여성이 먼저 와 연습을 하고 있다. 자연스레 얘기가 오고 가고 골프채 한두 번 휘둘렀을 뿐인데 어느새 반 시간이 지났다. 나는 예정 시간이 반밖에 안 남은 시계를 보고 마음이 조급해지기 시작했다. 당연히 대화에 소홀해지고 부지런히 연습을 마치는 절차에 들어갔다. 오늘 그 시간 이후 딱히 중요하게 할 일이 없었다. 그런데 왜 나는 서두르는 것일까. 이십여 년의 습관이 몸에 배어 있었던 것 같다. 바쁜 일정을 체크하며 서두르는 긴장. 오늘 대화도 운동도 모두 충실하지 못했다. 총총히 텅 빈 집에 온 나는 어린 시절을 떠올렸다.

논과 밭, 초가집 사이 골목길에서 우리는 천둥벌거숭이처럼 놀았었다. 그곳에도 뜨거운 여름의 햇빛이 대청마루에 길게 엎드린 정적이 있었다. 어린 날을 보내며 그 싱그러운 자연 속에서도 학교 갈 날을 그리며 연필처럼 정적을 굴렸었는데 오늘이 그날 같다. 보이는 것은 멈춰버린 듯한 세상과 내리는 비와 대나무숲이었던 그날 그 풍경이다. 의연한 세월을 함께했는데도 이 표현할 수 없는 어려움은 무엇일까.

끝의 시작, 청춘의 태풍이 지나간 영상들을 기억하며 훗날도 함께 본다. 오랜 세월 길들여진 습관들을 존중해야겠다. 내 안의 생각들을 정리하여 글로 완성시키고 감성에서 나오는 자연스러운 글쓰기가 되도록 매달려야겠다. 내가 있는 이 자리에서 의연하게 남은 세월과 함께해야 하리라.

철보다 강한 것

　이른 아침, 가사도우미 파견센터의 사무실에 긴장한 목소리의 도우미로부터 전화가 왔다. 어제 파견된 집의 청소를 하다가 술병을 떨어뜨려 반쯤 남아있던 술이 거의 다 쏟아져 버렸다고 한다. 그 댁 사모님은 외출 중이었고 그 술병을 보니 고급술인 것 같다며 걱정을 태산같이 했다. 실수를 정직하게 말씀드리고 정중하게 사과해 보라며 전화를 끊었다.
　다음 날 아침 출근을 하니 더 큰 걱정을 안고 전화가 왔다. 그 술은 사위가 장모를 위해 선물한 특별한 장뇌삼 술이라서 똑같은 술로 가져오든지, 술값 45만 원을 변상하라는 것이었다. 그 도우미는 술을 어디서 구해야 할지도 모르겠고 비싼 술값을 마련하기는 더 어렵다는 답을 했더니 와서 일을 해 노동으로 상쇄하라고 했단다. 나는 정중하게 용서를 빌면 자비롭게 꾸지람 한 번으로 용서할 줄 알았었다.
　그 술값은 어떤 계산 방식으로 산정되었을까. 반쯤 남아있던 술, 병이 깨지지도 않았는데 다 쏟아졌다면 보관상의 문제도 있는 것 같다. 부당하다는 생각이 들어 화가 나기 시작했다. 그 주인의 말대로 노동으로 변상해야 한다면 닷새를 하루 8시간씩 일을 해야 한다. 결국 그 도우미는 다른 집의 일을 하여 그 술값은 정산하기로 했다.
　나는 양측 다 우리의 고객이지만 그 고객의 처사가 정당하지 못하다는 생각이 들었다. 성실했던 그 도우미를 돕고 싶은 생각이 일기 시작했다. 그 사모님께 도우미의 어려운 가정형편을 설명하고 양측이 조금씩 양보해 중간선에서 결정해 주기를 부탁드렸다. 그러나 오히려 도우미 편을 든다며 더욱 흥분했다.

나는 생각을 바꿨다. 그리고 조용히 위험한 약속을 했다.

"말씀하신 대로 45만 원을 우리 사무실에서 변상해 드리겠습니다. 그러나 그냥 변상할 수는 없고 정말 그 술이 장뇌삼 술인지, 45만 원의 가치가 있는 술인지 성분검사를 의뢰하고, 그 결과에 따라 변상해도 되겠습니까?"

나는 그렇게 물었다. 그리고 그 분석을 의뢰하는 비용도 내가 부담하겠노라고 망설임 없이 약속했다. 그 필요한 분량의 술을 제공해 주시기를 정중하게 요청하며 의연하게 전화를 끊었다.

의협심에 불타 그 사모님과 대결 구도에 있을 때는 생각조차 나지 않은 것들이 전화를 끊고 나서는 서서히 현실로 다가왔다. 나의 이해타산이 밀려오기 시작했다. 미리 자세한 분석도 없이 분명 그 술은 순도 100퍼센트의 장뇌삼주가 아닐 것이라는 확신, 분명히 이 싸움에서 내가 이길 것이라는 쪽으로 나를 몰고 간 것이다.

그녀의 목소리가 떨리며 한발 물러설 것이라고 확신했으나 기우였다. 전화 한 통으로 변상액 45만 원과 그 술의 검사 비용까지를 내가 부담해야 하는 상황으로 몰고 갔다. 그곳에 가서 약속대로 실험용 술을 가져와야 하는 수고까지 해야 하는 불상사가 생길 수도 있다는 걱정이 되기 시작했다. 일은 이미 시작되었고 감수해야 했다.

"사위가 준 귀한 것" 돈으로 따질 수 없는 가치, 그것이 머릿속을 맴돌며 후회가 서서히 밀려왔다. 나의 현실성이 그녀의 소중한 사위 사랑을 폄하하지는 않았을까. 밀려오는 생각에 머릿속이 어지러웠다.

그러나 의외의 전화가 왔다. 그 주인은 온유해졌고 가만히 생각해 보니 무리한 요구를 한 것 같다며 한발 물러선다. 그날 하루 일한 것으로 끝낸다고 한다. 나도 흔쾌히 감사를 표시하며 매듭이 지어졌다. 도우미의 정중하고도 진심 어린 사과의 모습이 불러다 준 선한 결과였다.

나는 이 기쁨에 감사하며 그저 열심히 최선을 다하기 위해 오늘도 출근을 했다. 철보다 강한 것이 사람의 마음이지만 때로는 솜사탕처럼 부드럽기도 하다. 서로 조금씩 물러선 용서와 배려, 이런 마음이 세상을 조금 더 단단하게 그리고 더 따뜻하게 만든다.

동전 두 닢, 천 원

  사람과 사람을 연결하는 가사도우미 파견 사무실에 기존 고객에게서 전화가 왔다. 혼자 살고 있는 남성인데 집 청소해 줄 도우미를 부탁한다고.
  한국 전통 음식은 안 해도 되니 평이 좋은 중국교포를 섭외해 보냈다. 업무상 마무리를 했으니 완결 짓고 있는데 화난 목소리의 전화가 왔다.
  "당신이 파견한 도우미가 청소를 하고 갔는데 집에 와 보니 돈을 훔쳐 갔다."라며 흥분을 한다. 평소 그 도우미를 잘 알기에 절대 그런 일은 없었을 것이라 확신하며 그 의견에 동의하지 않았다. 종종 도우미가 일하고 퇴근한 후 집안의 물건들이 잠시 보이지 않을 때 도우미 짓이라고 우기는 고객들이 있기 때문이다. 그러나 보통 사건이 아니다. 얼마를 어디서 어떻게 가져갔는지 물었다. 지금 그게 중요하냐며 그 행위에 대한 책임을 어떻게 할 것인지 묻는다. 나는 그럴 리가 없으니 차분하게 다시 한번 찾아보시라고 다독이며 여전히 무시하고 싶은 처사로 응대했다.
  얼굴이 보이지 않는 전화기 저편에서 나의 태도를 간파한 것 같다. "고객이 도난 신고를 하면 수긍을 하고 대책을 말해야지 오히려 고객을 의심한다."라고 더욱 흥분하며 화를 냈다. 미심쩍기는 하지만 큰일

났다. 도우미의 도난사고는 사건 중 최고인데 어떻게 해야 하나. 그 댁에 파견되었던 도우미에게 전화해 물었다. 아니라고 한다. 다행이었다. 집주인의 각본이라 확정 짓고 나 또한 얼굴을 붉히며 허둥지둥 결론을 내렸다.

"확증이 있으면 경찰에 신고하십시오." 그 고객은 사과는커녕 경찰 운운하며 신고까지 하라는 나의 적반하장에 더욱 분노했다. 나도 무고한 사람을 의심하는 그에게 더 높이 화를 냈다.

그 남성댁에 파견된 도우미는 도둑이 아닌 것이었다. 그러나 나의 실수였다. 잠시 후 도우미한테서 전화가 왔다.

"사실은 신발장 위에 500원짜리 동전이 굴러다녀 배도 고프고 가는 길에 가볍게 빵 하나 사려고 두 개 집어 왔습니다. 정말 잘못했습니다. 어떻게 해야 할까요?"

잠시 후 애초에 의뢰했던 고객이 웃으며 전화가 왔다.

"실장님 왜 그러셨어요. 제 동생은 잘못했다 사과만 받으면 마음이 풀렸을 텐데 그게 안 되니 화가 났던 것입니다."

빵 하나. 수습은 빠를수록 좋다. 나와 그 도우미는 그 남성 고객에게 진심으로 사과했고 다행히 진심이 통했는지 쉽게 수습이 됐다.

자신에게 충실했을 뿐인 그 남성 고객은 법률 전문가였다. 집 안에 설치한 CCTV 영상을 보고 심증이 아닌 확증으로 천 원의 행방을 확인했던 것이었다.

비록 버려진 듯한 동전 두 닢 천 원, 이것을 아무 스스럼없이 주머니에 넣고 집을 나와 빵 한 개를 사서 먹은 그녀에게 나도 똑같이 돌을 던질 수는 없었다.

나는 《레미제라블》의 주인공 장발장의 19년 징역살이를 떠올린다. 빵 하나로 가혹한 형벌을 받은 장발장과 반대편에서 악인처럼 보였던 자베르 경감 그리고 은식기를 훔친 자에게 은촛대까지 내어주는 미리엘 주교의 감동이 떠오른다.

고향에 아직 어린 초등학생 아들을 두고 그 아들의 학비를 벌고자 중국 연변에서 한국으로 건너와 일을 하고 있는 도우미. 잘못했다며 사죄를 하고 또 한다.

과연 나는 어떻게 해야 할까.

같은 어머니로서 아들을 위해 뒤도 돌아보지 않고 꿋꿋이 일만 하는 모습에 "그럴 수도 있지." 하며 부드럽게 그저 위로만 해야 할지. 비록 사소한 500원 동전 두 개일지라도 법을 지켜야 한다며 화를 내는 법률전문가의 준법정신에 박수를 보내야 할지 무거운 마음만 있다.

불합리와 부도덕한 것은 막아야 하고 어떤 사소한 것이라도 규정을 지켜야 하는 것이 올바른 행위여야 함을 다짐한다.

여우, 르나르가 되다

  가사도우미 파견센터는 도우미들을 가정집에 파견하여 가사 일을 하게 하고 급여를 받을 수 있도록 중개하는 곳이다. 그 도우미는 여성들이고 국내인과 외국인이 있다.
  나는 가정과 도우미를 중계하는 사무실, 센터의 책임자로 양측으로부터 많은 연락을 주고받으며 일을 한다. 종종 문제가 발생한다.
  어느 오후 도우미에게서 상기된 목소리로 전화가 왔다. 한 달 전부터 어떤 주택에 파견되어 일하고 있었는데, 일이 중단되어 다른 집으로 출근을 하고 있었다. 그만두며 그동안 일한 1개월 임금은 즉석에서 처리되어야 함에도 이체 약속만 받고 일을 끝낸 상태였다. 그런데 한 달이 훨씬 지난 지금까지도 주지 않으며 통화도 문자도 안 된다고 울먹인다.
  대궐같이 큰 집이어서 지원자가 없었다. 그러나 자녀들의 학비를 조달해야 했던 이 도우미가 흔쾌히 담당했었다. 고객들로부터 칭찬을 자주 듣던 도우미다. 그런 그에게 아직도 임금을 주지 않고 애를 태우고 있는 것이었다. 오랫동안 센터 일을 해왔으나 이렇게 임금이 체불된 적은 없었다. 그 사람의 어처구니없음에 화가 났고 도우미의 애타는 마음과 인내심과 작아진 자긍심이 내 마음을 젖게 했다. 홀로 일을 할 수밖에 없는 이 여성이 애잔했다.

"걱정하지 마세요. 저희가 꼭 받아들이겠습니다." 힘차게 위로를 하고 내 마음 안에 각오를 품는다. 실행에 옮기기 위해 체불 상태인 고객에게 먼저 전화를 했다. 역시 우리의 대표 전화도 받지 않았다. 바빠서 그럴 수 있으니 잠시 기다렸다 다시 해보지만 마찬가지다. 다른 번호로 해보고 핸드폰으로도 해보지만 허사였다. 돈을 받아 줘야 하는 센터의 책임이 있고 이미 약속도 했으니 꼭 받아줘야 한다. 묘안이 떠올랐다.

전화조차 받지 않으니 많은 사람들이 기다리는 택배기사, 명칭만 잠시 빌리기로 했다. 연락 두절 된 고객께 그가 모르고 있는 번호, 내 핸드폰으로 문자메일을 보냈다.

"택배기사입니다. 물건을 어디에 두고 갈까요? 전화 부탁합니다."

간단명료한 문자를 보내고 내 폰에 연락처를 입력했다. 거짓 문자를 보낸 것이다. 그리고 노심초사하며 기다렸다. 잠시 후 핸드폰이 울리더니 그 연락처가 붕 붕 붕 떴다. 급히 받았으나 나의 목소리를 확인하고 센터 전화인 것을 눈치를 챈 듯 끊어버렸다. 임금을 지불하지 않은 채 잊기를 기다릴 생각인 것 같다.

거주지 주소는 알고 있으니 집으로 찾아가서 받아줘야 할 것 같다. 마지막 한 방법, 다시 문자를 보냈다. 이제 정식으로 형식을 갖춰서 보냈다.

"○○ 센터 실장입니다. 귀하께서 ***씨에게 지불해야 할 체불임금이 **만 원입니다. 계속 거부하시면 도우미가 아침 출근길에 댁으로 방문하여 [임금 체불 **만 원] 현수막 들고 서 있겠다고 합니다. 참고하시기 바랍니다."

정중하게 친절한 듯 체면을 건드리는 문자를 보냈다. 화들짝 놀라 답이 올 걸로 예상했다. 그러나 이렇게 했음에도 묵묵부답이다. 도우미가 실제로 현수막을 들고 서 있어야 할 상황이 벌어지고 있음을 예고했다. 설마 거기까지는 예상하지 않았으나 실행에 옮겨야 할 것 같다.

그리고 그다음 방법으로 대응하기 위해 마음의 준비를 했다. 그사이 혹시 도우미에게 연락이 왔는지 확인해 보고 싶으나 도우미는 근무시간이다. 계속 애만 태우며 퇴근을 했다.

어떤 방법으로 어떻게 처리해야 할지 머리만 복잡하다. 다음 날도 온통 그 생각으로 출근해 문을 열고 있는데 전화벨이 울렸다. 급히 받은 전화 속의 주인공은 잠시 세상이 율동하는 듯한 화사한 목소리다. 그 도우미다. 그동안의 무거운 고민들이 기우였다고 말한다. 통장에 전액 고스란히 입금됐다며 천하를 얻은 듯 유쾌하게 웃는다. 나도 그 기쁨에 동참했다.

그녀는 중학생 아들과 초등학생 딸을 두고 왔다. 할머니에게 맡기고 학비를 벌기 위해 성실하게 일했었다. 그녀가 얼마나 힘든 어머니로 살고 있는지 알고 있기에 어떤 방법을 동원해서라도 받아주고 싶었다.

〈여우 르나르〉는 중세 프랑스 고전문학으로 성인 우화소설이다. 주인공 여우는 어려운 상황에 항상 영리한 계략을 준비하는 교활하고 유쾌한 동물이다. 간교한 지혜를 동원해서 위기를 모면한다. 르나르의 세계는 가볍고 유쾌하다.

  내가 르나르처럼 잔꾀를 부린 것 같다. 거짓 문자까지 사용한 방법, 마음이 무겁다. 그러나 나도 그 도우미와 함께 통쾌하고 기뻤다. 르나르는 강력한 조언자며 지혜로운 조언자라는 의미를 담고 있으니 잠시 이 기쁨을 즐겨도 되리라.

조석환

- 사향문(師鄉門)을 들어서다
- 선글라스 예찬
- 전망 좋은 집
- 하늘의 무지개
- 그 길에는 이야기로 가득했다

작가 노트

지난 일들에 대한 추억하는 시간이 늘어난다. 나이 탓일까? 지나온 길을 더 듬어 보면서 추억하는 일도 때로는 가슴이 저미기도 하고 눈물샘이 터지기도 한다. 눈물이 메마른 삶보다야 눈물을 머금은 삶이 아름답지 않은가? 그래도 현재 살아 있고, 앞으로 살아야 할 날들을 계수하는 것이 더 지혜롭다는 생각이 든다. 인생의 이야기는 만남의 이야기이다. 현재와 앞으로의 나의 삶의 여정에서 만나는 사람, 자연, 역사, 일상과 하늘과의 만남의 이야기들을 좀 더 진지하고 진솔하게 써 보고 싶다.

2020년 《수필 문학》 등단
자서전적 에세이집 《조금만 더 가면》
마을 어르신 자서전 《내 마음의 정원》

jshpastor@hanmail.com

사향문(師鄕門)을 들어서다

　서울교대 정문인 사향문(師鄕門)을 지나면 캠퍼스로 들어선다. 사향공원, 사향노루, 사향광장, 사향체육관, 사향문화관 등 교사들의 고향이라는 뜻으로 지은 사향(師鄕)이 풍기는 느낌이 아련하다. 교육대학, 교사, 사향, 참 많은 이야기가 세월을 뛰어넘어 다가온다. 그 이야기 속에서 많은 얼굴들이 떠오르고 그리움으로 가슴이 저며온다.
　사향문을 지나 캠퍼스로 걸어오는데 풀을 벤 자리에서 나는 풀 내음이 진동한다. 나무들과 꽃들의 싱그러운 향기가 반긴다. 캠퍼스에 가득한 생기가 온몸과 마음으로 스며든다. 하늘을 바라보며 자유의 공기를 마음껏 호흡한다. 캠퍼스를 거닐면 마음에서 솟아나는 자유와 환희와 기쁨이 있다. 그리움이 있다. 그냥 기분이 좋아지고 상쾌하다. 오랜만에 누리는 호사다. 벤치에 앉아서 캠퍼스의 풍경을 바라보며 그 속에서 노니는 젊은이들을 바라보는데, 갑자기 내 마음이 슬픔에 잠긴다. 먼 길을 떠난 친구 때문이다.
　그 친구도 이 캠퍼스를 거닐었을 것이다. 교사연수를 받기 위해 저 사향문을 드나들었을 것이다. 이 캠퍼스를 많이도 걸었을 것이다. 내가 보고 있는 사향 공원과 사슴조각과 달팽이 조각상도 보았을 것이다. 교사에서 교감으로, 교장으로, 장학사로 40여 년을 지나오면서 이 길을 많이도 드나들었을 것이다. 그의 집이 서초동이었으니 어쩌면 이곳에서 산책하다가 내가 앉은 이 벤치에도 앉았을 것이다.

　우리는 고등학교 3년 동안 한 반이었다. 성적으로 보면 언제나 경쟁 관계이기도 했지만 가장 가까운 단짝이었다. 한 주간 내내 학교에서 만났다. 토요일 오후부터 주일 저녁까지 우리는 같은 교회에서 학생회 활동을 하면서 만났다. 함께 예배도 드리고 성가대원으로 섬겼다. 성탄절의 추억과 여름 수련회의 추억도 쌓여있다. 남녀 고등학생으로 구성된 샤론합창단 단원이 되어 나는 테너로 그는 베이스로 활동했다. 우리는 사천 공군비행단과 교도소로 위문 공연도 다녔다. 지리산 등반도 하고 남강댐 수몰 지구에서 빈집에 들어가 캠핑도 했다. 그렇게 우리는 일주일 내내 같이 지냈다. 아니 거의 3년 내내 함께 지냈다.

　고등학교 3학년 2학기에 내가 구로공단으로 실습을 오는 동안 우리는 잠시 떨어져 있었다. 그는 그해 진주교육대학에 들어갔다. 나도 구로공단에서의 생활이 적성이 맞지 않아서 다시 공부하여 다음 해 진주교육대학에 들어갔다. 벚꽃이 화려하게 수놓은 캠퍼스에서 우리는 다시 만났다. 얼마나 아름다웠던가? 얼마나 가슴이 뛰었던가? 우리는 내일에 대한 희망을 이야기했다. 우리는 같은 동아리 활동을 했다. 매주 한 번씩 모여 그의 지휘로 합창연습을 했다. 그가 편곡한 〈푸른하늘 은하수〉와 〈뜸부기〉로 이어지는 동요 메들리는 오랫동안 학교 안에서 회자되곤 했다. 농촌 봉사활동도 했다. 동아리 회원들과 함께 여행도 하고 그 당시 유행하던 야간산행도 했다.

　그는 나보다 1년 먼저 교육대학을 졸업한 후 서울로 발령을 받았고, 나는 다음 해 통영에서 떨어진 작은 섬마을로 발령이 났다. 그리고 오랫동안 우리는 멀리 떨어져 있었다. 나는 그 섬마을에서 하나님의 부르심을 받았다. 나는 신학대학교에 들어가 목회자 훈련을 받고, 목회자로 사역을 하는 동안 내가 살아왔던 모든 세상과 단절되었다. 그가 내 마음에 남아있었지만 우리는 오랜 세월 잊고 지냈다.

   그 친구와의 새로운 만남도 참 우연이다. 교대 동창 가운데 한 사람이 우리 동네로 식사를 하러 왔다가 돌아가는 길에 길가에 세워진 교회 안내판에 적힌 내 이름을 보고 혹시나 하고 교회에 들어오게 되었다. 그 일로 인해 지난 30년간 잊고 살았던 옛친구들과 다시 만나게 되었다. 내가 진주교대 재경동문회에 참석하게 된 것은 순전히 그를 만나기 위해서였다. 그러나 그는 그 당시 서울시 교육장 직분을 맡아 무척 바쁘게 지내고 있었고 동문회에도 참석하지 않았다. 잔뜩 기대했는데 만나지 못해 실망스러웠다.

   내가 참석한 두 번째 동문회에서 우린 만났다. 우리는 시간 가는 줄 모르고 지난 세월을 이야기하면서 30년을 뛰어넘어 다시 옛 우정을 회복했다. 나는 그의 지나온 세월이 궁금했고 그는 나의 지나온 세월을 궁금해했다. 그는 교회에서 성가대 지휘자로 섬겼고 반주자로 활동하던 있던 아내와 결혼했다. 교회의 장로로 세움을 받아 열심히 교회를 섬기고 있었다. 그 후에 우리는 자녀들 결혼식에도 서로 참석하여 축하도 하면서 그렇게 옛 우정을 이어갔다. 그와 함께한 이야기가 가득한 나의 자서전과 기독 공보에 실린 나의 작은 기사 하나하나에도 관심을 가지고 리뷰를 해 주었다. 은퇴하면 우리가 학생 시절에 다니던 교회와 신앙수련회를 갔던 장소들을 돌아보며 추억여행을 하기로 했다.

　코로나가 거의 지나갈 때쯤, 어느 날 핸드폰을 열어보니 그의 발신 표시가 적혀 있었다. '가까운 곳에 식사하러 왔다가 가면서 전화했구나' 하며 전화를 한다고 하면서 잊어버렸다. 그리고 며칠 후 부고를 알리는 문자가 왔다. 그의 부모님의 부고이려니 하며 살펴보다가 갑자기 숨이 멎었다. 분명히 영정사진에는 그가 웃고 있었다. 장례식장으로 달려가서 가족들을 만났다. 코로나 후유증으로 급속하게 폐렴과 패혈증으로 진행되었고 손쓸 사이도 없이 떠났다는 것이다. 그는 병상에서 아내에게 부탁하여 나에게 마지막으로 전화를 걸었는데 통화가 안 됐다고 했다. 그리고 혼수상태에 빠졌고 소천했다는 것이다. 그 말을 전해 들으며 내 마음이 무너졌다. 장로퇴임식 한 달을 남겨놓은 시점이었다. 장례식이 끝난 후, 그의 아들이 전화가 와서 아버지의 청년 시절의 사진이 있으면 보내 달라고 해서 교육대학 입학식 후에 둘이 찍은 사진을 보내줬다.

　오늘도 사향문을 들어서면서 새로운 기운을 느낀다. 여름 기운이 완연하다. 꽃과 나무는 점점 더 푸르러 가고 향기를 내뿜는다. 드리워진 나무 아래 앉아있노라면 오월의 햇살과 그 사이로 불어오는 바람에 흔들리는 나뭇잎의 속삭임이 들려온다. 그 속삭임과 함께 청춘의 열정이 내 가슴에서 깨어난다. 나는 아직도 청춘을 노래하고 싶다. 여행작가반에서 지나온 삶의 여행길을 더듬어 보면서 그리고 다시 먼 여행을 준비하면서 나는 가슴이 뛴다. 오늘따라 하늘이 참 맑다. 그 친구의 눈빛만큼이나 맑고 청명하다. 그 친구와 캠퍼스에서 마주 앉아 이야기를 나누지 못하는 것이 못내 아쉽다. 다시 만나는 날에는 캠퍼스보다 더 아름다운 곳에서 더 많은 이야기를 나누게 될 것이다. 그날을 기약하며 하늘을 보고 손을 흔들어주고 가벼운 발걸음으로 강의실로 걸어간다.

선글라스 예찬

　나는 선글라스에 대한 편견을 가지고 있었다. 선글라스를 쓴 사람을 볼 때면 건방지고 거만하고 잘난 체한다고 생각했다. 선글라스를 색안경으로 번역한 오해로 인해 문자 그대로 색안경을 쓰고 사람을 판단했다. 물론 이러한 편견 뒤에는 감추어진 부러움이 있었다. 그 사실을 색안경이라는 이름으로 매도함으로 마음의 위로를 얻고 나와는 상관없는 존재라고 생각했다. 그리고 내 삶에서 선글라스는 지워졌다.
　그런데 그 선글라스가 다시 내 마음을 사로잡은 것은 순전히 톰 크루즈 덕분이다. 잘생긴 외모에 선글라스를 쓰고 오토바이를 타고 질주하는 영화 속의 한 장면이 내 뇌리에 새겨졌다. 톰 크루즈, 선글라스, 오토바이가 눈앞에서 아련했다. 오토바이의 질주 본능과 선글라스의 멋있고 짜릿한 느낌이 온몸을 감싸안았다. 그러나 그것도 잠시 꿈을 꾸는 것으로 만족해야 했다. 결국은 색안경이기 때문이다.
　아내가 백내장 수술을 하자고 해서 병원에 갔다. 안내하시는 분의 설명을 듣고 이어서 아주 복잡한 과정으로 검사가 이루어졌다. 담당 의사는 백내장이 이미 진행되었다면서 수술을 권했다. "눈의 렌즈를 인공렌즈로 갈아 끼우는 수술입니다. 수술은 고통도 없고 피 한 방울 흘리지 않으며 15분이면 됩니다. 수술 후에는 안경도 쓸 필요가 없습니다." 선생님의 말씀에 수술에 동의하는 마음이 일어났지만, 수술에 대한 두려움으로 망설여졌다. 더구나 백내장 초기증상이라고 하니 다음에 해도 되겠다는 생각이 들었다. 의사의 말씀이 이어졌다. "이 수술 후에 꼭 유의해야 할 사항이 있습니다. 외출할 때면 반드시 선글라스를 쓰고 나가셔야 합니다." 선글라스! 선글라스를 반드시 써야 한다! 이 말이 내 뇌에 꽂혔다. 나는 이 말에 무장해제가 되었고 수술에 동의했다. 아내는 내 곁에서 승리의 미소를 짓고 있었다.

 안경점에는 수백 가지의 선글라스가 있었지만, 마음에 드는 것이 없었다. 마음에 드는 것이 있었지만 터무니없이 비쌌다. 좀 더 알아본 뒤에 천천히 사자는 아내의 말을 따라 집으로 오는데, 부풀어 올랐던 기대가 사라졌다.

 어느 날 TV를 보다가 나도 모르게 숨을 죽였다. TV에서는 멋진 모델들이 선글라스를 쓰고 선전하고 있었다. 바로 저거다. 그 모델에 내 모습이 투영되면서 이 절호의 기회를 놓치지 않으려고 다급하게 아내를 찾았으나 없었다. 쇼호스트의 '곧 품절이 된다'는 말에 더 조바심이 났다. 전화번호를 적고 사진도 찍었다. 아내가 돌아오기까지가 일각이 여삼추였다. 나는 TV 방송에서 쇼핑하는 것을 달가워하지 않는 아내의 핀잔을 각오하고 사진과 전화번호를 내밀었다. 나의 간절한 눈빛과 값이 저렴하다는 이유로 설득에 성공했다. 나는 마침내 나이키 문양이 멋지게 새겨진 선글라스를 가지게 되었다.

 선글라스에 대한 조금 더 알고 싶어서 인터넷에서 '햇살 속의 방패'라는 글을 읽었다. "강한 자외선(UV) 노출은 눈에 여러 가지 문제를 일으킬 수 있는데, 백내장, 황반변성, 그리고 피부암의 위험을 증가시

킵니다. 선글라스는 100% UV 차단 기능을 제공하여 이러한 위험으로부터 눈을 보호하며, 눈부심을 줄여주어 시각적 편안함을 제공합니다. 또한, 다양한 스타일과 색상으로 제공되는 선글라스는 패션을 완성합니다." "선글라스는 패션을 완성한다."라는 글이 내 마음에 들어왔다.

　햇살이 밝은 날을 기다렸다. 그동안 잘 입지 않았던 청바지를 꺼내 입고, 셔츠의 단추도 두 개 정도 풀었다. 그리고 나이키 마크가 멋지게 새겨진 선글라스를 쓰고 거울 앞에 섰다. 톰 크루즈의 미소를 지어보았다. 나도 모르게 외쳤다. "와! 멋있다. 섹시하다." 짜릿한 전율이 스쳐 지나갔다. 나의 몸과 마음이 예전과 다르게 자유롭게 움직인다. 거울 속에는 내가 아닌 전혀 다른 사람이 서 있었다. 나는 선글라스를 쓰고 태양을 향해 나갔다. 태양을 응시하며 미소를 짓는다. 그 찬란한 빛을 온몸으로 품는다. 새로운 세상이 나를 기다리고 있었다.

　나에게 있어 선글라스는 자유다. 세상을 온전히 내 생각대로 바라보고 선택할 수 있는 자유다. 선글라스는 담대함이다. 부담스러운 시선으로부터 담대해진다. 여성들의 눈빛조차도 자연스럽게 바라볼 수 있다. 미소까지 지으면서. 선글라스는 나의 보호자다. 햇볕으로부터의 보호뿐만 아니라 사람들의 시선과 나에게 다가오는 모든 상황으로부터 보호자다. 선글라스는 나의 스마트한 패션이다. 특별한 이유도 없이 자존감이 상승한다. 선글라스는 나를 자유롭게 하고 담대함을 마음을 주며 새로운 패션이 되었다. 선글라스는 나의 힘이다!

전망 좋은 집

  인천 송도, 내가 낯선 이곳에 자리를 잡은 것은 우연한 만남과 따뜻한 손길 덕분이다. 은퇴를 앞두고 머물 곳을 찾아보았다. 나에게는 준비된 것이 별로 없었다. 거기에다 부동산값은 치솟고 있었고 여건들이 녹록하지 않았다. 어느 날 나의 영적 멘토이신 은사님께 인사를 드리려고 그분이 계신 송도로 갔다. 그곳에서 부동산을 하는 한 사람을 만났다. 그분의 깊은 배려로 생각지도 않은 이곳에서 새로운 삶의 여정이 시작되었다.

  우리 집은 전망이 좋은 집이다. 창밖에는 땅과 바다와 하늘이 이어져 있다. 은퇴 후에 내게 주어진 아담한 안식처이다. 나의 인생 2막의 새로운 삶의 이야기가 펼쳐지는 곳이다.

  어둠이 채 가시기도 전, 인천대교를 건너오는 차량 행렬의 불빛이 장관을 이룬다. 이른 새벽, 인천공항에 도착한 비행기에서 내린 이들의 발걸음들이다. 빨간 불빛을 따라 줄을 이어 달려오는 걸음들이 아름답다. 세상을 향해 마음껏 날개를 펼치다가 이제 안식처로 돌아오는 불빛이다. 다른 한쪽 길에는 세상을 향해 날개를 펼치려고 꿈을 안고 공항으로 달려가는 불빛이다. 서로 다른 소원을 품은 마음들이 교차하면서 인천대교는 불빛으로 가득하다. 창가에 서서 여행의 아쉬움과 추억을 안고 돌아오는 이들과 새로운 꿈을 꾸며 달려가는 저들에게 평안의 복을 빈다.

  아침 햇살을 맞이한다. 거대한 아파트 벽 사이로 수줍은 새색시처럼 잠시 보이는 햇살이다. 그 햇살이 너무 고와서 아침을 기다린다. 두 팔을 벌리고 눈이 부신 햇살을 맞으면 저절로 환한 미소가 띄워진다. 위로부터 선물로 받은 오늘 하루가 주위를 환하게 하는 미소를 선물하는 날이기를 기도한다. 그리고 새날을 향한 기지개를 켠다.

  오전에는 창가에 앉아 커피를 마신다. 우리 집 거실은 커피 맛을 음미하기에 좋다. 창문 너머로 바다에 떠 있는 배들을 바라본다. 먼바다를 돌아 들어오는 배들을 바라보며 추억을 떠올려 본다. 교사로서 첫 발령지였던 섬마을의 아련한 추억들과 젊은 시절의 풋풋한 사랑이 주마등처럼 스쳐 지나간다. 섬만큼이나 크고 화려한 크루즈 여객선이 가까이 다가온다. 가끔 크루즈 배를 타고 세상을 항해하는 꿈을 꾼다. 인천항으로 오고 가는 배들을 바라보며 저들의 안전과 평안을 기도한다.

  오후에는 햇살이 온 집에 가득하다. 눈이 부셔서 바라볼 수 없을 만큼 아름다운 햇살이 가득하다. 이때쯤이면 햇살은 바다 가운데도 가득하다. 보석처럼 반짝이는 윤슬을 바라본다. 햇살에 반짝이는 잔물결이 눈이 시리도록 아름답다. 우리 집 거실은 멍때리기 좋은 곳이다. 따뜻한 햇살에 포근히 안겨서 몸과 마음의 쉼을 갖는다. 그러다 보면 유레카, 새로운 관점이나 아이디어가 떠오른다. 멍때리며 나를 성찰하고 그때마다 내게 주신 소원을 따라 기도한다.

  저녁이 오면 온 하늘에 황혼이 깃든다. 그 황혼빛 속으로 비행기들이 인천공항으로 날아든다. 그 비행기를 헤아려 본다. 비행기를 헤아리다가 나는 또 하나의 추억에 잠긴다. 처음 비행기를 탔을 때의 두려움과 설렘을 회상한다. 하늘에서 바라본 세상은 또 다른 세상이었다. 하얀 구름 위로 사뿐히 뛰어내리고 싶었던 순간이 생각난다. 비행기 창문을 통해 조각달과 이야기하며 지루한 밤 비행을 달랬던 날들이 떠오른다. 저 비행기로 오가는 사람들의 꿈과 희망과 사랑을 생각해 본다. 그리고 저들의 꿈을 응원하며 안전과 평안을 기도한다.

나는 노을을 기다린다. 구름이 한가롭게 떠 있는 날에는 노을도 아름답다. 나는 노을의 빛깔에 조끔씩 물들며 황홀하고도 신비한 꿈을 꾼다. 오랫동안 노을과 석양의 장엄함을 아쉬움으로 지켜본다. 이제는 황혼의 때에 이른 내 인생의 남은 여정도 헤아려 본다. "누가 황혼이 인생의 끝이라고 했나. 뜨거운 가슴이 아직도 끓고 있고, 못다 이룬 사랑은 그리움이 되어 가슴 여린데. 찬란한 빛을 활화산처럼 솟구치며 떠오르는 너도 아름답지만, 삶의 끈을 한 아름 품고 쓴웃음 지으며 산을 넘는 네가 더 아름답다." 카톡으로 전해온 글을 읽어본다. 석양이 더 아름다운 삶을 소원으로 품고 기도한다.

어둠이 사방으로 다가온다. 팔미도의 등대가 깜빡거리기 시작한다. 우리나라 최초의 등대요, 인천상륙 작전의 길잡이가 되었던 등대이다. 깜빡이는 등대 불빛 너머로 참 많은 추억이 지나간다. 그러나 추억 속에 잠겨 있기에는 아직도 할 일이 남아있다. 나는 등대의 불빛을 바라보며 창가에서 두 손을 든다. 하늘과 땅과 바다로 이어지는 송도, 이곳에서 살게 하신 하늘의 뜻을 이루기 위해 나는 두 손을 든다. 하루의 은총에 감사하고 땅과 바다와 하늘에 평안이 가득하기를 기도한다. 그렇게 또 하루가 지나간다. 전망 좋은 집에서 커피를 마시며 인생 2막의 꿈과 사랑의 이야기를 나누고 싶다. 어디 그런 분 없어요!

하늘의 무지개

    오늘은 내가 손자를 보기로 한 날이다. 오후 3시. 레인보우 유치원 앞에서 손자를 기다리고 있었다. 도하가 걸어오다가 손을 흔드는 나를 보고 웃으면서 큰 소리를 말한다. "어? 내가 할비를 좋아하지 않기로 작정했는데 할비가 왔잖아." 그리고는 가방을 벗어 나에게 던진다.
    "할비, 오늘 정말 최고로 멋진 것이 있어, 찾아봐." "어디에?" "가방 안에 있어." "집에 가서 보면 안 될까?" "아니, 여기서 봐야지." "사람들이 많이 있잖아." "그래도 봐야 해." 가방을 열어보니 피카소가 놀라워할 그림이 있었다. "오늘 그린 그림이니?" "응." "도하가 그림을 잘 그렸구나." 해맑은 웃음으로 만족스러워하는 표정이 귀엽다. 나는 그 미소 속에서 위대한 한 화가를 보았다.
    "할비, 간식은?" "엄마가 준비한 간식을 가지고 왔는데 집에 가서 먹자." "안돼, 여기서 먹고 가야지." "길에서 간식을 먹어?" "그래, 여기서 먹어야 해." 하며 또 떼를 쓴다. "그럼 저쪽 공원에 가서 먹자." 빼빼로 한 봉지를 단숨에 먹어 치웠다.
    "나는 산에 올라가는 것을 좋아해, 할비, 나 봐." 작은 언덕 위로 낑낑거리며 올라간다. 제법 진지하게 온 힘을 다해 올라가더니 또 조잘거린다. "할비, 봤어. 나 산에 잘 올라가지?" 상기된 얼굴로 바라본다. "응, 대단한데 우리 도하." 나는 그곳에서 위대한 한 산악인을 보았다.

"그런데 할비, 저거 쓰레기 아냐?" 하면서 과자 봉지를 줍는다. "그래, 쓰레기야." "선생님이 쓰레기를 버리면 자연이 아파한다고 했어." 그리고 연신 사방을 두리번거리며 쓰레기를 찾는다. "이젠 쓰레기 그만 줍고 집에 가자. 학원에도 가야지." "아니, 자연이 아프면 안 되잖아." "그럼 안 되지." "그러니까 쓰레기를 주워야지." 그러면서 사방으로 찾아다닌다. 다음에 유치원 선생님을 만나면 쓰레기 줍는 이야기를 조금만 해달라고 해야겠다. 솔방울을 가지고 오더니 묻는다. "이것도 쓰레기야." "아니, 그건 쓰레기가 아니야." "저 소나무에서 떨어진 솔방울인데 자연이야. 그 자리에 그냥 두면 돼." "자연아, 안녕." 하면서 휙 던진다. 나는 그곳에서 '자연으로 돌아가라'는 위대한 사상가 루소를 보았다.

날씨가 너무 좋다. 돌을 주워 배수를 위해 만들어 놓은 철판 위에 던진다. 소리가 난다. 그 소리가 재미있는지 던지고 또 던진다. 나뭇가지를 주워다가 작은 구멍에다 넣고 또 넣으면서 열심히, 아주 진지하게 잘 논다. 오랜만에 자기 주도적인 놀이에 빠져 있다. 학원에 가야 할 시간이 되었다. 서둘러 가야 하는데 말을 듣지 않는다. 억지로 안고 가려다가 그만두기로 했다. 5살 꼬마가 스스로 찾아낸 놀이에 빠져 있는 모습을 깨뜨리고 싶지 않았다. 이미 학원 시간은 지나가고 있었다.

며느리 얼굴이 떠올랐다. 원장님이 며느리에게 전화할 것이고 그러면 며느리의 문책성(?) 전화가 올 것이다. 미리 선수를 쳐야 한다. 잘 놀고 있는 손자의 모습을 찍어서 가족 카톡방에다 올려놓았다. 그리고 한 줄 메모를 적었다. "위대한 과학자의 열정을 도하에게서 보다."

집으로 돌아오는 길, 작은 호수 위에 햇살이 반짝이고 있었다. "도하야, 저 물속에서 반짝이는 것이 뭘까?" 한참을 바라보더니 한마디 툭 던지며 지나간다. "응, 저건 별이 물속에서 놀고 있는 거야." 나는 또 그날 한 위대한 문학가를 보았다.

손자를 보면서 나는 꿈을 본다. 손자의 꿈을 보면서 오랫동안 잃어버린 나의 꿈을 본다. 눈이 시리도록 푸르른 하늘로 나의 꿈이 날아오른다. 워즈워드의 '무지개'를 읊조리면서 손자의 손을 꼭 잡고 공원길을 걸었다. "하늘의 무지개 바라보면 내 마음 뛰노라. 나 어려서도 그러했고 어른 된 지금도 그러하고 나 늙어서도 여전히 그러할 것이네. 만약 그러하지 아니하다면 신이시여 지금이라도 나의 목숨 거둬 가소서. 어린이는 어른의 아버지, 나의 생애 하루하루 타고난 그대로 경건한 마음 이어지기를 빌고 바라네."

'가슴 뛰는 삶을 살아라.' 늘 혼자서 되뇌는 말이다. 감각을 잃어버린 날들이 오랫동안 이어지고 있다는 생각에 괜스레 슬퍼진다. 나이 탓만은 아닐 것이다. 가슴 뛰는 일을 하자. 그것이 내가 이 세상에 온 이유이자 목적이다. 나의 나 된 삶을 사는 것이다. 나를 찾아가는 삶이다. 내가 누구인가를 알아가는 삶이다. 내 눈을 반짝이게 하고 내 가슴을 뛰게 하는 무지개를 찾아서 길을 떠나야 하겠다. 생각만 했는데도 벌써 가슴이 뛰기 시작한다.

그 길에는 이야기로 가득했다

'해파랑길'은 오륙도 해맞이공원에서 통일전망대까지 이어져 있으며 이 길은 동해의 푸른 바다와 산을 길동무 삼아 걷는 트레킹 코스다. '해파랑길'은 총 10개 구간 50개 코스를 가지고 있으며 거리는 총 770km이다. 이번 여름휴가 기간에 해파랑길 32, 33, 34, 35코스를 걸었다. 덕산해변-상맹방해변-죽서루-삼척해변-추암해변-동해역-한섬해변-묵호역-묵호등대공원-망상해변-웃재-옥계시장-옥계해변-금진항-심곡항-정동진역에 이르는 총 68km이다.

  그 길을 걸으면서 참 많은 사람을 만났다. 그 길을 걷는 젊은 부부를 만났다. 대견스럽고 반가웠다. 자전거를 타고 이 길을 달리는 사람들을 만났다. 손을 흔들어주며 인사를 했다. "반갑습니다." "올라."(스페인 인사) 그러면 금방 반가운 미소와 함께 격려하는 몸짓이 다가온다. 같은 길을 걸어가는 사람들의 만남은 또 다른 큰 기쁨이다. 바르셀로나 올림픽에서 금메달을 받았던 황영조 선수도 만났다. 그가 달렸던 그 길을 걸으며 황영조 선수의 땀 냄새와 그 땀을 씻어준 시원한 바람도 만났다.

  옛사람들도 만났다. 이사부의 사자 공원에서 울릉도와 독도를 지킨 이사부를 만났다. 인사를 하고 돌아 나오다가 다시 돌아보면서 "고맙습니다." 하고 큰 인사를 드렸다. 헌화로에서 삼국유사에 나오는 절세

미인 수로부인을 만났다. 바위 꼭대기의 진달래를 꺾어 수로부인에게 바쳤던 노인도 만났다. 용왕에게 납치된 수로부인을 구하기 위해 〈해가〉를 지어 부르던 사람들도 만나 함께 불러보았다.

"거북아 거북아 수로를 내놓아라
 남의 아내 앗은 죄 얼마나 큰가
 네 만약 어기고 바치지 않으면
 그물로 잡아서 구워 먹으리라"

땀을 흘리며 옥계 시장으로 넘어가는 '웃재' 고개를 넘었다. 구름과 소나무와 하늘이 어울려진 고갯마루에서 만난 솔바람은 정말 시원하고 상쾌했다. 그 고갯마루에서 나무에 걸터앉아 이 길을 걸었던 옛사람들도 만났다. 옥계 시장으로 가는 상인들의 이 고갯길을 넘나들던 고단한 발걸음과 그들의 이야기도 들었다.

멀리 보이는 동해의 파란 바다와 하얀 백사장, 함박웃음을 날리며 달려와 백사장을 쓰다듬는 파도와 그곳에서 노닐고 있는 아이들도 만났다. 늦은 여름, 산과 구름으로 어우러진 한 폭의 그림 같은 하늘을 만났다. 그 속을 노니는 하얀 구름도 만났다. 나는 그 구름 속으로 올라가 거닐면서 〈넬라 판타지아〉(Nella fantasia)를 흥얼거렸다.

어느 시골 동네를 지나다가 약천 남구만 선생님도 만나 뵈었다. 반가웠다. 여기도 계셨구나! 남해 절해의 고도에 귀향살이 한 줄로만 알았었는데, 여기에도 선생님의 발자취가 있었다. 반가운 마음에 선생의 유허비에 새겨진 시를 읊었다.

"동창이 밝았느냐 노고지리 우지진다
소치는 아이는 상기 아니 일었느냐
재 너머 사래 긴 밭을 언제 갈려 하나니"

남구만 선생님 기념관에서 돌아서면 '재 너머 사래 긴 밭'이 보인다. 그 밭에서 오랜만에 담배 농사를 짓는 할아버지를 만났다. 할아버지와 이야기를 하면서 담배 농사를 지으시며 학비를 마련하시던 아버지 생각이 났다. 오랜만에 아버지 생각으로 가슴이 뭉클했다. 담배밭에서 일하면서 담배 냄새와 벌레 잡는 일로 인해 무척 힘들어했던 어린 시절이 떠올랐다. 그렇게 그 옛날의 '나'도 만났다. 열녀문이 우뚝 세워진 집, 아직도 소슬 대문과 그 안쪽으로 기와집이 옛 풍채를 간직한 채 고고하게 서 있다. 삼척 김씨 열녀문이다. 그 집에서 고독한 삶을 살았던 이름 모를 여인도 만났다. 괜스레 가슴이 아려온다.

그 길에서 짙게 들려오는 풀벌레 소리에 고향을 만났다. 뜨거운 햇살과 싱그러운 향기와 익어가는 풀과 꽃도 만났다. 그 작은 풀과 꽃이 저마다 열매를 맺어가는 거룩한 몸놀림을 보았다. 대견스럽기도 하고 눈물겹기도 했다. 이 가뭄에도 조잘대며 흐르는 물소리도 들었다. 벼가 심긴 논으로 흘러 들어가는 물소리를 듣노라면 기분이 상쾌해진다. 그 위에서 메뚜기와 고추잠자리가 춤을 춘다.

모두 다 생명을 노래하고 있었다. 나도 생명을 노래했다. 하늘에서 내려준 생명을 노래했다. 우리에게 생명을 주시려고 자기 생명을 버리시기까지 하셨던 그 사랑을 노래했다. 생명의 열매를 맺기 위해서 거룩한 헌신을 다짐했다. 언제 다시 만나 하늘의 생명 이야기와 사랑의 이야기를 나누어야 하겠다. 길을 걸으면서 참 많은 이들을 만났다. 그 길에는 하늘의 소리와 땅의 이야기들로 가득했다.

피희순

- 오월을 그리며
- 크리스마스의 추억
- 예술도 명품 시대, 루이비통재단 미술관
- 시간을 품은 국립중앙박물관
- 인생이여 만세, 프리다 칼로 미술관

작가 노트

삶은 언제나 속도를 요구하지만,
나는 그 반대편에서 '느림'의 가치를 발견하고자 한다.
천천히 걷는다는 것은 단순히 속도의 문제가 아니라,
세상을 깊이 이해하고 나 자신을 되돌아보는 시간이다.
여행은 내게 또 하나의 사유다.
그 길 위에서 나는 자주 멈추고, 묻고, 바라본다.
바삐 살아오면서 지나쳐버린 것들 속에 진짜 삶이 숨어 있다는 것을
이제는 조금 알 것 같다.
느림은 무력함이 아니라, 더 깊이 살아내기 위한 여정이다.
오늘도 나는 천천히 걷는다.

《수필과 비평》 등단 (2020), 산들문학회 회원, 수필과비평작가회의 회원, (사)한국사진작가협회 정회원
산문집《시간의 정원》,《어머니의 유일한 노래》,《함께 가는 낯선 길》,《종과 종소리》,《모노톤으로 그리는 풍경》,《나, 크고 있어요》(공저)
사진전〈후지필름 포토페스타 '천 개의 꿈'〉작가 선정(2023, 2025),〈부산국제사진제 자유전〉(2021, 2023, 부산 F1963 석천홀),〈전주국제사진제〉(2021, 전주 서학아트스페이스)
초대전〈빛을 기억하다〉(2019, 개인전, 서울교대 샘미술관) 외 다수

hspipi123@gmail.com

오월을 그리며

오월은 그리움이다. 그리움을 녹여 연초록으로 칠하면 그 위로 하나둘 올라오는 묵은 기억들이 있다. 오월이면 나는 어릴 적 고향 집으로 달려간다. 어머니는 잠든 어린 딸의 머리맡에 에나멜가죽으로 된 빨간 구두 한 켤레를 조용히 놓고 나가셨다. 빨간 구두는 볼그레하게 상기된 내 얼굴이 비칠 정도로 반짝반짝 광이 났다.

가족의 생일을 어머니는 단 한 번도 놓친 적이 없다. 아침에 눈을 뜨면 상다리가 휘어질 정도로 좋아하는 음식으로 생일상이 차려져 있다. 나는 뜨거운 하얀 쌀밥과 미역국을 유난히 좋아한다. 한껏 솟아오른 하얀 고봉밥이 생일날만큼은 어디 가서도 꿀리지 말라며 단단히 기를 세워 주었다. 집에서 대접받는 사람이 밖에 나가서도 대우받는다는 어머니의 지론은 지금까지 내 삶의 교훈이 되었다.

그런 어머니가 어느 날 내 곁을 떠났다. 떠난다는 한마디 말도 없이 아침이슬처럼 사라져 버렸다.

아이들이 초등학교 들어가기 전, 30대 후반의 나는 자주 양재천 둑방길을 찾곤 했다. 갑자기 어머니를 잃은 충격과 모성이 무엇인지도 모른 채 껴안은 두 아이의 서툰 엄마라는 자리가 내겐 언제나 버거운 일상이었다. 친정 엄마가 아기를 봐준다는 직장 동료들이 그저 부러웠다. 몸이 아프면 누구보다 먼저 달려와 "엄마 손이 약손"이라며 배를 어루만져 주고, 작은 일에도 놀라 마음이 다칠세라 가슴을 쓸어내려 주던 어머니다. 어머니의 숨결은 존재만으로도 위안이고, 세상의 모든 바람을 막아주는 든든한 거목이라는 걸 어머니를 잃고 나서야 비로소 알게 되었다.

그런 나에게 푸른 가로수길은 늘 변하지 않는 푸르름으로 나를 안아주었다. 내 마음이 햇살 받아 반짝이는 날은 이 길도 지금처럼 오월의 초록으로 빛났고, 울적한 날은 이 길에도 비가 내렸다.

비 오는 날은 비 오는 대로, 눈 오는 날은 눈이 오는 대로 나와 함께 걸어준 이 길을 나는 오랜 연인처럼 사랑한다. 겨울을 나느라 바짝 마른 나뭇가지에 솜털 같은 새순이 돋고, 어린잎들이 세상에 눈을 뜨면 비로소 오월은 생기를 되찾는다. 새로운 시작을 알리는 작은 몸짓이다.

하늘을 향해 꼿꼿이 늘어선 가로수들은 힘들어도 쓰러지지 말라며 언제나 너른 등을 내주었다. 스쳐 가는 바람에도 일렁이는 작은 가지들은 하루에 열두 번도 더 바뀌는 팔랑개비 같은 내 마음을 다독이며, 줏대 있게 살아가도록 품어 주었다.

눈에 보이지 않으니 '죽음'이라고 할 뿐, 어머니는 아직도 먼 여행을 떠났는지 술래가 찾지 못하도록 꼭꼭 숨어버렸는지 알 수 없다. 어딘가에 계시다가 금방이라도 문을 열고 들어올 것만 같다. 무엇이 그리 급해 일말의 기미도 없이 떠나셨는지 소리쳐 따져 보기도 했다. 내 어머니라면 그리할 수 없으리라 믿었다.

가장 소중한 것을 빼앗겨 버린 분하고 억울한 마음에 다시는 어머니를 보지 않겠노라 목 놓아 소리쳤다. 그 원망이 너무 깊었을까. 그 이후로 나는 어머니를 한 번도 보지 못했다. 그리움으로 연연해하는 자식이 애처로워 이승에서의 희미한 흔적까지도 지우려 하신 걸까. 현실에 발을 디디고 힘차게 살아가라는 무언의 응원이었을까. 꿈에서라도, 단 한 번만이라도 볼 수 있기를 간절히 청하고 기도했으나 어머니는 끝내 모습을 보여주지 않았다.

  오월이 되면 어머니가 더욱 보고 싶어진다. 자식 욕심이 유난하여 자식을 위해서라면 엄동설한 치성도 마다하지 않았다. 찬 바람이 살을 에는 추운 겨울밤, 어머니는 목욕재계하고 정화수 앞에 앉았다. 칼바람에 머리가 아려오고 촛불이 바람에 쓰러졌다 다시 일어나기를 반복한다. 정성이 하늘에 닿기를 바라는 간절함으로 합장한 어머니의 두 손은 얼음장 같은 밤공기를 고요히 가르듯 조금도 흔들리지 않았다.

  어느 자식 하나도 빠뜨리지 않았을 것이다. 아픈 막내를 위한 기도는 누구보다도 애절하고 더 깊었을 것이다. 옆에서 지켜보는 내 가슴에도 추운 겨울바람의 뜨거운 염원이 한기를 타고 전해져 왔다.

크리스마스의 추억

형형색색의 불빛이 세상을 환하게 밝히는 12월이 되면 마음 한구석에 잠자고 있던 설렘이 다시 깨어난다. 나의 호기심은 마치 크리스마스 전구처럼 반짝거리며 꺼졌다 다시 켜지기를 반복한다.

뉴욕시는 해마다 11월 초가 되면 록펠러센터 크리스마스트리 점등식 일정을 발표한다. 점등식은 주로 11월 말에서 12월 초에 행해지는데, 미국 전 지역에 생중계될 정도로 뉴욕의 가장 큰 연중행사. 록펠러센터 크리스마스트리는 1월 초까지 전 세계 사람들 가슴에 영롱한 희망의 빛을 비추다가 크리스마스 시즌이 끝나면 해비타트에 기증되어 사랑의 집짓기에 사용된다고 한다.

몇 년 전 일이다. 크리스마스 점등식에 사용될 거대한 나무가 정해지고 뉴욕으로 옮겨진다는 소식에 갑자기 심장이 요동쳤다. 그 의미 있는 희생에 찬사라도 보내며 역사적인 점등식 행사에 동참하고 싶었다. 호기심으로 가득한 열망이 추위로 움츠렸던 몸을 일으켜 세웠다. 티켓을 끊고 바로 뉴욕행 비행기에 올랐다.

1931년, 미국의 대공황 시기에 록펠러센터 공사 현장에 작은 크리스마스트리 하나가 세워졌다. 이탈리아에서 온 이민 노동자들이 껌 종이와 와이어 전선으로 크리스마스트리를 장식했다. 지금처럼 화려한 빛은 아니지만, 껌 종이에 반사되어 나온 작은 빛은 어두운 현실 속에서 살아가고 있는 고된 노동자들에게 작은 위안이 되었다. 2년 후, 록펠러센터가 완공되고 껌 종이로 시작한 크리스마스트리는 지금까지 해마다 그 자리에 세워지면서 뉴욕의 크리스마스 상징이 되었다.

점등식 행사 시간이 저녁 7시임을 확인하고 여유 있게 숙소를 나섰다. 가는 길에 뉴욕에서 크리스마스 옥외 장식으로 가장 유명한 삭스 백화점의 대형 크리스마스 장식도 구경했다. 압도적인 규모와 화려함에 그만 넋을 잃고 말았다. 백화점 외부 벽면 전체를 보석과 전구로 장식하고 웅장한 음악과 함께 화려하게 바뀌는 장면들은 순식간에 우리를 꿈과 환상의 세계로 이끌었다.

행사를 시작하기에는 아직 시간이 충분히 남아 있음에도 입장 대기 줄은 어마하게 길었다. 줄이 점점 더 빠르게 길어지고 있음을 확인하고 서둘러 대열에 합류했다. 비 예보가 있어 빗방울이 하나둘 떨어지기 시작했지만, 그 누구도 아랑곳하지 않았다. 하늘은 점점 회색빛으로 내려앉고 마침내 사람들은 준비해 온 우산을 꺼내 들기 시작했다. 끝이 보이지 않을 정도로 줄은 점점 길어졌다.

몇 시간 만에 드디어 입장을 시작했다. 입구에서 검색 요원은 일일이 가방을 열어 소지품을 확인한 뒤, 내가 쓰고 있던 우산을 가리키며 달라는 시늉을 했다. 안전을 위해 우산은 행사장 안으로 가지고 들어갈 수 없었다. 실내 행사도 아니고 비는 점점 심해지고 밤 추위가 엄습해 오는데 우산까지 빼앗기고 나니 화가 났다. 동의를 구하듯 주위를 돌아보았지만, 그 누구도 불평 한마디 없었고 오히려 그런 내가 괜스레 멋쩍고 어색하게 느껴졌다. 검색 요원은 우산을 받아 옆에 수북이 쌓인 우산 더미 위로 던졌다. 나올 때 다시 찾으리라는 희망은 그렇게 던져진 우산과 함께 아쉬움만 남기고 사라졌다.

밤이 되면서 비는 점점 세차게 내리고 펄럭이는 만국기는 형체를 알아볼 수 없을 정도로 미친 듯이 춤을 추었다. 사람들은 비를 맞으면서도 설렘과 흥분으로 상기된 표정이었다. 서로 어깨동무하고 노래를 부르며 축제 분위기에 흠뻑 젖었다. 그들의 열기가 비를 타고 온몸으로 전류가 흐르듯 내게도 짜릿하게 전해왔다.

역사적인 순간을 멋진 사진으로 남기기 위해 아침부터 부산스럽게 손질하고 나온 머리는 비를 맞아 폭삭 주저앉고 심지어 물이 뚝뚝 떨어지고 있었다. 추위를 대비해 따뜻하게 입고 나온 외투도 비에 젖어 양옆으로 물동이 하나씩을 짊어진 듯 점점 무거워졌다.

연예인들의 축하공연이 시작되면서 분위기는 절정에 달았다. 여과 없이 얼굴로 세차게 뿌려지는 빗줄기와 화려한 음악 소리가 절묘하게 리듬을 맞추면서 거대한 도시를 뒤흔들었다. 마치 힘든 노동을 마치고 마시는 위스키 한 잔의 짜릿함에 몸을 맡기듯 그들은 열광했다. 그 순간은 마치 과거 이민 노동자들이 겪은 외로움과 애환을 어루만지듯 온유함도 느껴졌다.

카운트다운이 시작되자, 모두의 시선이 나무를 향했다. 록펠러센터의 크리스마스트리는 80년 이상 된 노르웨이 가문비나무를 사용한다. 그 해는 뉴욕 베스털에서 온 높이 25m, 무게 12톤의 거대한 나무가 중앙에 세워졌다. 그 위에 총 8km에 달하는 전선으로 연결된 5만 개의 전구가 장식되고, 300만 개의 스와로브스키 크리스털로 만들어진 커다란 별이 맨 꼭대기에 자리 잡고 있었다.

'10, 9, 8, 7…' 흥분된 분위기에 나도 그 순간을 온몸으로 느끼며 목청껏 숫자를 외치기 시작했다. 마침내 카운트다운의 마지막 숫자와 함께 5만 개의 전구가 폭발하듯 동시에 불을 밝히고 휘황찬란한 빛이 나무를 휘감았다. 이어 300만 개의 보석으로 된 최상단의 대형 별 장식에 불이 밝혀지는 순간, 사람들은 벅차오르는 감동에 환호성을 터뜨리며 열광했다.

사람들은 한 해 동안 가슴에 품고 살았던 고독과 힘든 여정, 그리고 살아남기 위한 투쟁의 일상을 마치 붉은 용암이 폭발하듯 자신의 감정을 그대로 토해내는 듯했다. 이 거대한 도시에서 살아남기 위해 혼신의 힘을 다해 살아가는 그들에게 하루쯤은 이런 날도 있어야지라고 생각하니, 우월함과 자신감으로 무장한 그들의 웃음 뒤에 웅크리고 있던 외로움과 고됨이 빗속에서 희미하게 보이기 시작했다.

점등식이 끝나고 사람들은 빠르게 흩어졌지만, 나는 한동안 그 자리를 뜨지 못했다. 록펠러센터 크리스마스트리는 단순히 화려한 장식을 넘어 어려움 속에서도 희망을 잃지 않았던 사람들의 이야기를 담고, 세대를 이어오면서 전 세계 사람들에게 희망과 위로의 상징이 되었다.

화려한 트리 앞에 서니 문득 우리 곁에 있으나 보지 못하고 외면하고 살았던 이웃의 모습이 거세지는 빗줄기와 함께 더욱 선명하게 떠올랐다. 비에 흠뻑 젖었던 그날의 크리스마스 점등식은 깊은 여운을 남기며 잊을 수 없는 기억으로 남았다.

가장 높은 곳에서 반짝이는 크리스털 별 장식이 뉴욕의 어두운 밤하늘을 더욱 빛나게 밝혔다.

예술도 명품 시대, 루이비통재단 미술관

　이름만으로도 여자들의 마음을 흔드는 루이비통(Louis Vuitton). 이번엔 샹젤리제의 화려한 쇼윈도가 아니라, 파리 변두리의 푸른 숲 속으로 나를 이끌었다.

　파리 중심부에서 차로 20~30분쯤 벗어나면, 바람과 햇살, 나뭇잎의 숨결이 어우러진 불로뉴 숲이 펼쳐진다. 면적이 뉴욕 센트럴파크의 두 배가 넘는 이 거대한 숲은, 파리의 동쪽 끝에 있는 뱅센 숲과 함께 도시를 숨 쉬게 하는 거대한 산소 공장과도 같아 '파리의 푸른 허파'라고 부른다.

　고흐를 비롯한 많은 인상파 화가들이 사랑하고 그림으로도 남긴 이 숲은 예술가들에게 풍경 이상의 무언가를 전한다. 에두아르 마네의 대표작이자 문제작, 19세기 파리 사회를 들끓게 했던 〈풀밭 위의 점심〉의 배경이기도 하다.

　그 불로뉴 숲 속에 시간을 거슬러 항해하듯 거대한 유리 배 한 척이 떠 있다. 바람을 머금은 유리 돛은 출항을 기다리듯 하늘을 향해 솟아 있다. 수천 장의 유리 패널은 각기 다른 방향으로 빛을 굴절시키며 꽃 잎처럼 부드럽게 포개져 마치 명품 실크 드레스가 바람에 춤을 추듯 우아하다. 건축물이 이토록 우아할 수 있다면 그것은 아마도 실루엣을 아는 디자이너의 손길 때문일 것이다.

도시와 자연, 예술과 시간 사이를 유영하는 독특하고 아름다운 루이비통재단 미술관은 프랭크 게리(Frank Gehry)의 작품이다. 그는 스페인의 쇠락한 산업도시 빌바오를 세계적인 예술의 중심지로 바꿔놓은 빌바오 구겐하임 미술관을 설계한 것으로도 유명하다.

루이비통재단 미술관은 세계 최대 명품 그룹인 LVMH(루이비통 모네 헤네시)의 베르나르 아르노 회장에 의해 설립되어 2014년에 개관하였다. 아르노 회장은 세계 최고 부자 반열에 오르는 프랑스 최고의 갑부로 미술 수집가이기도 하다. 그는 '자본은 예술의 적이 아니라, 연료가 될 수 있다.' '내가 가진 것은 언젠가 사라지겠지만, 예술은 다음 세대와 공유되어야 한다.'라는 철학을 가지고 루이비통재단 미술관을 설립하였다. 그에게 예술에 대한 사랑은 투자가 아니라 사명에 가까웠다.

루이비통재단 미술관의 전시는 한두 작가에게 집중하는 대규모 기획 전시 위주로, 작가와 주제에 따라 전시실은 완전히 새롭게 구성된다. 대표 전시로는 2016년 루이비통재단 미술관 건물을 작가 특유의 색으로 완전히 바꿔버린 다니엘 뷔렌의 〈빛의 관측소〉를 비롯하여, 2022년 모네와 조안 미첼전, 2023년의 마크 로스코 회고전 등이 있다.

빛의 바다를 건너듯 전시장 안으로 들어갔다. 높은 층고와 유리 벽 사이로 들어오는 빛의 흐름은 투명했다. 11개의 서로 다른 전시실은 각기 다른 높이와 시선으로 연결되어 미로처럼 이어졌다. 마치 바다를 항해하듯 길을 잃기도 하고, 되돌아 나오기도 했지만, 덕분에 지나친 작품을 다시 마주할 수 있어 처음보다 더 깊이, 더 천천히 작품 속으로 스며들었다.

오늘의 항해지는 데이비드 호크니(1937~). 그가 평생에 걸쳐 탐험한 빛과 색, 시선과 감정의 여정이다. <데이비드 호크니 25> 전시는 호크니가 1955년부터 2025년까지 무려 70여 년에 걸쳐 작업한 400점이 넘는 작품과 시선의 변화를 한 자리에서 볼 수 있다. 죽기 전에 꼭 보아야 할 전시라 해도 과언이 아닐 만큼, 데이비드 호크니의 일생을 아우르는 대규모 회고전이다. 캘리포니아의 햇살 가득한 수영장, 영국 요크셔의 안개 낀 시골길, 아이패드로 그려낸 노르망디의 계절까지, 그의 끝없는 창작의 여정이 펼쳐진다.

호크니의 수영장 시리즈 중 가장 유명한 <예술가의 초상> 앞에 섰다. 가로 300cm, 세로 210cm의 대작으로 실제 수영장에 서 있는 듯한 몰입감을 준다. 수영장 밖에서 말끔한 정장 차림의 남자가 고요히 물속을 내려다보고 있다. 그리고 그 아래, 맑은 수면 너머로 한 남자가 헤엄치고 있다. 그저 바라볼 뿐 둘 사이에는 아무 말도 없다. 그들이 나누는 미묘한 감정이 어떠할지 나도 정장 차림의 남자와 같은 포즈로 작품 앞에 서서 수영장을 내려다보았다.

수영장 바닥에 비친 빛의 일렁임은 정지된 화면에 환영을 불어넣는다. 청량한 색채 뒤에 감춰진 두 인물 사이의 불안과 긴장은 잔잔한 파동처럼 번져 나오고, 그 은밀한 떨림은 묘하게 작품 앞에 선 나의 감정까지도 조용히 흔들어 놓는다.

<예술가의 초상>은 1972년, 데이비드 호크니가 35세 때 연인 피터 슐레진저와의 이별 후에 그린 작품이다. 호크니의 불안한 심리와 슬픔, 상실감이 고스란히 담겨 있다. 수영장 밖에 서 있는 남성은 실제로

호크니의 연인이었던 피터 슐레진저로, 그는 한동안 호크니의 뮤즈이자 모델로 여러 작품에 등장한다.

호크니는 20대 초반, 영국 유학 시절에 자신이 동성애자임을 알고 성정체성에 대한 심리적 혼란기를 겪었다. 그러나 사회적으로 용납되지 않는 그 시기에 그는 작품을 통해 자신의 불안과 욕망, 사랑, 분노, 자유 등을 표출하였다.

두 소년이 서로 껴안고 입맞춤하고 있는 〈우리 달라붙은 두 소년〉은 동성 간의 사랑에 대한 호크니의 감정을 잘 드러낸 대표 작품이다. 그는 작품 속에 영어 알파벳 이니셜을 숫자로 암호화해 은밀하게 자신의 성정체성을 새겨 넣었다. 그것은 억압된 사회에서 그 자신을 지키는 방패이자, 또 다른 세계로 향하는 탈출구였다.

2019년에서 2023년까지 호크니는 노르망디에 머물며 노르망디의 사계를 담았다. 노르망디는 프랑스 북서부에 위치한 아름다운 지역으로 특유의 흐릿하면서도 부드러운 햇살은 예술가들에게 깊은 영감을 주었다. 클로드 모네가 생의 마지막 40여 년을 보내며 수련 연작과 빛의 회화를 완성한 지베르니 정원이 있는 곳으로도 유명하다.

전시실 사방 전면을 노르망디의 풍경으로 빈틈없이 가득 채웠다. 노르망디는 그에게 회복의 공간이자 자연과 만나는 명상의 시간이었다. 자연을 가까이하면서 더 여유롭고, 부드러운 서정성이 작품에 잘 드러나 마치 신비로운 자연의 모퉁이에 서 있는 듯했다.

코로나 팬데믹으로 세상이 봉쇄되었을 때, 인간의 시간은 멈췄어도 자연은 멈추지 않고 제 갈 길을 갔음을 우리는 기억한다. 호크니는

"나는 여기서 매일 봄이 오는 걸 목격했다. 어제 없던 잎이 오늘 나 있고, 어제 잠자던 나무가 오늘 깨어났다."라고 했다. 세상은 두려움으로 닫혔지만 봄은 어김없이 찾아오고, 어두운 시기가 지나면 반드시 햇살 가득한 밝은 날이 온다는 희망적인 메시지를 전했다. 모두에게 위로가 되었다. 미술관 건물 외관에 크게 쓰여진 '기억해, 봄은 취소되지 않아. (Do remember they can't cancel the spring.)'라는 메시지의 의미를 다시 되뇌어 본다.

호크니는 자화상을 비롯한 인물화와 꽃 그림도 많이 그렸다. 줄무늬 스웨터를 입고 밝게 웃고 있는 호크니 할아버지의 모습도 보인다. 옆집 할아버지같이 친근하게 느껴진다. 인자하고 편안한 표정 속에서 젊은 날의 고뇌를 더는 찾아볼 수 없었다.

미술관 꼭대기 층에 있는 갤러리 10은 '호크니, 무대를 그리다. (Hokeney paints the stage.)'라는 부제의 전시실이다. 호크니는 오페라와 발레 등 공연 예술을 위한 무대 미술에도 참여했는데 그가 그린 무대 배경 드로잉과 장면이 애니메이션처럼 스크린에 투영되었다. 볼프강 아마데우스 모차르트의 〈마술피리〉 퍼레이드가 지나가는가 하면, 청색과 붉은색의 강렬한 대비가 인상적인 푸치니의 오페라 〈투란도트〉의 무대도 보인다. 밤의 여왕이 등장하는 장면에서는 검은색과 푸른색의 강렬한 대비로 위협적이면서도 신비로운 공간을 연출했다. 푸른 밤하늘에 빛나는 별은 전시장을 가득 채워 관람객들을 환상의 세계로 이끌었다.

청색을 유난히 잘 표현했다는 샤갈과 색채의 마술사라 불리는 앙리

마티스가 생각났다. 그들은 색채를 통해서 현실을 설명하기보다 내면의 감정을 표현하고자 했다. 파리 오페라 가르니에의 화려한 천장화를 그린 샤갈도, 색으로 삶의 기쁨과 즐거움을 탐구한 마티스도 모두 호크니와 같이 색을 사랑한 화가들이다.

옥상 야외 테라스로 올라갔다. 테라스 위로 스치는 바람은 청량하고 달콤했다. 야외 테라스는 또 하나의 전시장이다. 멀리 에펠탑이 보이고, 라데팡스 지역의 높은 빌딩들이 고전적인 파리 시내와는 전혀 다른 느낌으로 다가왔다. 어느새 미술관 외벽의 유리 패널들은 깊은 숲의 그림자를 품은 채, 붉은 노을빛으로 서서히 물들어 가고 있었다.

예술은 언제나 부와 떼려야 뗄 수 없는 관계에 놓여 있다. 16세기 르네상스 시대, 이탈리아의 메디치 가문과 프랑스 왕실은 유럽에서 가장 강력한 예술 후원자였고 그들의 지원 아래 수많은 걸작이 탄생했다. 특히 메디치 가문은 미켈란젤로를 후원하여 시스티나 대성당의 천장화와 같은 불멸의 예술 작품을 세상에 남겼다.

오늘날, 예술을 후원하고 이끄는 힘은 왕실이 아닌 명품 브랜드다. 그 중에서도 루이비통재단 미술관은 가장 고요하고도 우아한 메세나의 산물로, 현대 자본이 어떻게 예술과 손을 맞잡을 수 있는지를 보여준다.

패션은 늘 새로워야 하고, 예술은 때로 낡아야 진짜가 된다. 명품이란 결국 '시간을 들여 바라보게 만드는 힘'이다. 일회성이 아닌 시대와 유행을 초월한 클래식함과 그 속에 담긴 장인의 고집, 브랜드의 철학, 이러한 것들이 오랜 시간 켜켜이 쌓여 이루어 낸 바늘과 실의 이야기다.

우리는 스토리에 감동하고 오랜 시간 지켜낸 장인의 손길을 귀하게 여긴다. 그것이 오늘날 우리가 말하는 진정한 명품의 의미가 아닐까. 그런 의미에서 루이비통재단 미술관은 브랜드가 만들어 낸 가장 아름다운 패션 오브제이다.

자본과 예술, 후원과 창작이 만나는 그 자리에서 우리는 또 다른 르네상스를 꿈꾼다.

시간을 품은 국립중앙박물관

　세계 인기 미술관 순위에서 국립중앙박물관이 6위에 올랐다. 아시아 미술관 중에서는 가장 높은 순위이다. 영국에 본부를 둔 세계적인 미술 전문 매체인 아트뉴스페이퍼는 미술과 관련된 사회 전반의 이슈와 시장 동향 등을 다루면서 매년 관람객 수를 기준으로 인기 순위를 발표한다.

　2023년 기준 가장 많은 관람객 수를 기록한 미술관으로는 프랑스 루브르 박물관으로 886만 명이 방문했다고 한다. 그다음으로 바티칸 박물관, 영국 대영박물관, 메트로폴리탄 미술관, 런던의 테이트모던이 2~5위를 차지했다.

　국립중앙박물관의 관람객 수는 418만 명을 넘었다. 뉴욕의 모마(MOMA)와 구겐하임, 그리고 스페인의 프라도와 이탈리아 우피치와 같은 유럽의 막강한 미술관들을 제치고 여섯 번째로 많은 관람객이 방문한 미술관이 되었다. 이는 단순한 숫자가 아니라, 우리 문화유산이 전 세계적으로 얼마나 주목받고 있는지 보여주는 성과로 놀라움과 함께 깊은 감동을 느끼게 하였다.

　해외 미술관을 돌아보며 그곳의 유명 소장품들에 감탄하고 부러워했던 기억이 떠오른다. 웅장한 건축, 뛰어난 전시 연출, 그리고 그 안에 깃든 역사와 스토리에 매료되었던 순간들을 잊을 수 없다. 그러나 정작 가장 가까이에 있는 우리 국립중앙박물관에 대해서는 다소 등한시했던 것도 사실이다. 그동안의 무관심에 부끄러운 마음이 들었다.

  국립중앙박물관은 우리나라의 역사와 문화유산을 보존하고 전시하는 박물관으로, 그 역사는 1909년 경복궁에 개관한 제실박물관에서 시작된다. 1945년에는 조선 총독부 박물관을 인수하여 국립박물관을 개관하였고, 1972년에는 경복궁 북서쪽의 옛 전각 터에 전용관을 신축하여 지금의 명칭인 국립중앙박물관으로 개명하여 새로 개관하였다. 이후 2005년에 옛 미군기지 터였던 용산으로 신축 이전하여 현재에 이르고 있다.

  국립중앙박물관의 외관은 간결하고도 단순하다. 절제된 건축 양식은 복잡하지 않으면서도 웅장한 기운을 발산한다. 현대적인 건축 양식에 '거울못'이라는 연못과 정자를 박물관 앞에 배치하여 한국 전통 건축의 아름다움도 품고 있다. 중앙박물관 건물이 거울처럼 물에 비친다고 하여 '거울못'이라고 부른다. 이름에서 느껴지는 여유와 운치가 옛 선인들의 모습을 보는 듯하다.

  본관은 동관과 서관으로 나누어져 있으며 전시 공간은 3개 층으로 이루어져 있다. 동관과 서관 사이에 넓고 높은 계단이 보인다. 이 계단은 2층과 3층을 연결하는 주요 동선으로 마치 고대와 현대가 만나는 지점처럼 거대한 존재감을 자랑한다. 계단을 올라가거나 아래에서 위로 시선을 돌리면, 계단과 지붕 사이로 남산타워를 배경으로 멋진 장면이 펼쳐진다. 사진가들이 즐겨 찾는 명소이니 놓치지 말고 멋진 인증사진도 남겨보자.

박물관은 선사시대부터 현대에 이르는 방대한 국내 유물을 소장하고 있다. 선사·고대관에는 구석기에서 신석기, 청동기, 고구려, 백제, 신라, 발해에 이르는 유물이 전시되어 있다. 중·근세관에서는 고려와 조선, 대한제국의 유물과 자료를 통해 당시의 일상과 역사를 엿볼 수 있다.

인류가 한반도에 살기 시작한 것은 70만 년 전으로 거슬러 올라간다. 한반도의 1천 곳이 넘는 곳에서 구석기 유적이 발견되었다. 각 지역에서 출토된 구석기시대의 유물은 한반도에서 인류의 시작을 알리며 점점 진화되어 가는 모습을 보여준다. 칼, 도끼, 토기 등 실생활에 꼭 필요한 도구들은 신석기와 청동기 시대를 거치면서 점점 정교해지고 화려해진다. 각각의 시대상을 보여주는 유물들을 역사의 흐름에 따라 한 자리에서 보는 것이 매우 흥미롭다.

상설 전시실에는 국내 유물뿐만 아니라 외국의 유물들도 많이 있다. 세계문화관에서는 중국과 일본, 중앙아시아와 인도·동남아시아, 고대 그리스·로마 등 세계 여러 나라들의 유물이 전시되어 있다.

특히 새로 신설된 그리스·로마관에서는 오스트리아 빈미술사박물관의 소장품 126점의 작품이 2027년 5월까지 대여, 4년간 전시된다. 전시 제목은 〈그리스가 로마에게, 로마가 그리스에게〉이다. 고대 그리스와 로마의 신화와 문화를 중심으로, 떼려야 뗄 수 없는 두 문화를 한꺼번에 볼 수 있는 흔치 않은 전시다. 특별전으로 봐도 아깝지 않은 그리스·로마전을 무료 상설전시로 볼 수 있는 좋은 기회다.

미술관의 특별전은 그 미술관의 꽃이다. 국립중앙박물관의 특별전

중에서 2022년 개막하여 2023년 초까지 전시되었던 〈합스부르크 600년, 매혹의 걸작들〉과 2023년, 영국 내셔널갤러리 소장 명화를 국내 최초로 공개한 〈거장의 시선, 사람을 향하다〉와 같은 기획전시는 많은 관람객 수를 기록한 전시로 유명하다.

지금은 〈비엔나 1900, 꿈꾸는 예술가들〉과 〈푸른 세상을 빚다, 고려 상형청자〉가 전시되고 있다. 구스타프 클림트와 에곤 실레 등의 작품을 전시한 〈비엔나 1900, 꿈꾸는 예술가들〉은 오스트리아 레오폴트미술관의 소장품으로 회화, 드로잉, 포스터, 사진, 공예품 등 191점이 전시된다. 19세기 말 비엔나에서 변화를 꿈꿨던 예술가들의 작품을 멀리 오스트리아까지 가지 않고도 감상할 수 있다.

국립중앙박물관의 이러한 노력으로 우리 박물관이 세계적인 미술관의 반열에 당당히 올라서게 된 계기가 되지 않았나 생각해 본다.

국립중앙박물관에서 가장 인기 있는 특별한 곳을 찾았다. 2층에 있는 '사유의 방'에서 받은 충격과 심장으로 전해오는 전율은 아직도 잊을 수 없다. '두루 헤아리며, 깊은 생각에 잠기는 시간'이라는 문구가 입구에서 관람객을 맞이하고 있다. 바로 사유의 시작이다.

마치 오래된 시간 속으로 들어가는 듯한 어두운 통로를 지나 갑자기 마주한 붉은 빛에 정신이 혼미해졌다. 텅 빈 공간은 붉은 황토벽에서 뿜어져 나오는 신비로운 빛으로 숨이 멎을 듯 경이로웠다.

소극장 정도의 넓은 공간에 단 두 점의 반가사유상만이 조용히 자리하고 있다. 그 어떤 장치도 설명서도 없다. 관람객들의 조용한 움직임과 깊은 침묵만이 공간을 가득 채웠다. 유리관으로 보호되지 않은 채,

고스란히 드러난 두 불상의 형상은 더욱 생생하게 다가왔고, 말로 표현하기 어려운 깊은 에너지와 신비로움을 뿜어내고 있었다.

금동반가사유상은 삼국시대 6세기 후반에서 7세기 전반에 만들어진 것으로 추정된다. 화려하고 섬세한 외형에서 그 시대의 금속 주조 기술이 현대의 기술을 능가할 정도로 매우 뛰어남을 알 수 있다.

반가사유상은 한쪽 다리를 풀고 앉은 반가부좌의 자세로, 한 손을 살짝 뺨에 대고 깊은 사유에 잠겨 있는 형상이다. 보는 이로 하여금 '무슨 생각을 저리도 깊이 하고 있을까'라는 질문을 저절로 던지게 만든다. 그 순간, 이곳은 단순히 과거의 유물을 감상하는 공간이 아니라, 유물과 공간이 하나가 되어 만들어 내는 사유의 장(場)으로 변한다. 우리는 반가사유상을 통해 시간과 공간을 초월하는 깊은 명상 속으로 초대받았다.

3층 도자공예실에서 만난 달항아리는 또 다른 사색의 시간을 안겨 주었다. 도자공예실은 조선시대를 대표하는 분청사기와 백자, 그리고 고려청자를 전시하고 있다. 전시실에는 백자 달항아리를 직접 만져볼 수 있는 촉각 전시와 달항아리 하나만을 위한 단독 전시 공간이 마련되어 있다.

달항아리 뒤로 세 개의 민화가 영상으로 비친다. 순결하고 고귀한 달항아리의 아름다움에 영상미까지 더하였다. 눈 내리는 설경을 배경으로 전시된 달항아리는 순백의 하얀 빛으로 더욱 빛났다.

달항아리의 원래 명칭은 '백자대호(白瓷大壺)'다. 한국의 대표적인 화가이자 미술사학자인 김환기는 도자기의 형태가 마치 보름달처럼 둥글고 풍성하며, 고요하고 우아한 아름다움을 지녔다 하여 달항아리라는 정감 어린 이름을 지어주었다. 백자대호라는 다소 권위적이고 딱딱한 느낌에서 친근하고 서민적인 이미지로 더 우리 곁으로 다가왔다.

달항아리는 물레질로 한 번에 뽑아 올리기에는 너무 커서 사발 모양 두 개를 위아래로 붙여 만들었다. 손에 물을 묻혀 붙인 흔적을 문질러 지웠지만 살짝 일그러진 모양은 그대로 두었다. 이음새도 그대로 보이고 좌우대칭이 약간 어긋났지만, 덕분에 저절로 이루어진 듯한 멋이 살아났다. 화려한 광채가 없는 무광무색(無光無色)의 순수함이 수더분하지만 맑고 소박하다. 아름다운 만큼 그 속 또한 깊고 넉넉하다.

달항아리는 보는 이의 마음을 담아내는, 한국 도자의 얼굴이자 우리 민족의 정신을 대변하는 상징이다. 둥글고 하얀 모습 그 자체로 한국적인 미를 고스란히 담아내며, 그 안에서 스스로 자신의 내면을 들여다보게 하였다.

박물관에는 디지털 실감 영상관이라는 곳이 여러 군데 있다. 문화유산을 소재로 웅장한 파노라마 영상과 가상현실(VR)을 실제로 체험할 수 있는 재미있는 곳으로 우리 문화유산을 좀 더 쉽고 친근하게 다가가게 하였다.

디지털 실감 영상관1에서는 겸재 정선이 그린 〈신묘년풍악도첩〉을 바탕으로 한 금강산 사계 절경과 조선 후기 궁중 화원 이인문이 그린 〈강산무진도〉를 입체적으로 재구성하여, 너비 60m, 높이 5m의 초대형 파노라마 스크린으로 상영한다. 마치 화폭 속 신비로운 세계로 시간 여행을 떠나는 듯한 황홀한 경험에 저절로 빠져든다. 작품을 감상하면서 시각적 즐거움과 넓은 전시장을 옮겨 다니느라 지친 몸을 편안한 의자에 앉아 잠시 쉬어 갈 수 있는 여유를 즐기려 많은 관람객들이 찾는 곳이다.

국립중앙박물관을 돌아보며, 문화유산이 지닌 깊이와 가치를 다시 한번 되새기게 되었다. 뛰어난 역사와 문화유산에는 민족의 정서와 지혜가 담겨 있으며, 우리가 걸어온 시간의 흔적을 고스란히 담고 있다.

세계 인기 미술관 6위라는 이번 순위 발표는 그동안 무심하게 지나쳤던 국립중앙박물관의 진정한 가치를 되돌아보게 했다. 우리 땅에서 태어나고 지켜진 수많은 문화유산들이 과거에 머물지 않고 수천 년이 지나도록 여전히 그 속에서 살아 숨 쉬고 있음을 실감하게 되었다.

인생이여 만세, 프리다 칼로 미술관

  오늘은 심장이 아플 것 같다. 멕시코시티에서 차로 약 30분 거리에 있는 코요아칸에 도착했다. 이 작은 마을은 프리다 칼로(Frida Kahlo)의 생가이자 미술관이 있는 곳이다. 예약제로 운영되는 이곳은 입장 시간이 정해져 있지만, 이른 아침부터 많은 사람들이 줄을 지어 서 있었다.

  거리는 스페인 식민지 시대의 잔재로 보이는 화려한 건축물들과 감각적인 카페와 기념품 가게들로 매력적이고 활기찬 분위기가 물씬 풍겼다. 짙은 화장에 남성적인 콧수염, 날개를 펼친 갈매기 모양의 검은 눈썹이 인상적인 프리다 칼로. 이 거리의 공기만으로도 그녀의 삶으로 빠져들었다.

  '푸른 집(Casa Azul)'이라고 부르는 프리다 칼로의 집은 눈이 시리도록 선명한 푸른색으로 칠해져 있다. 푸른 벽은 강렬한 붉은 색 테두리와 초록색 창살로 대비를 이뤄 마치 그녀의 고통과 열정으로 가득 찬 내면세계를 들여다보는 듯했다.

  푸른 집은 예쁜 정원을 품고 있다. 크지는 않았지만, 초록 잎들이 무성한 정원에는 남편 디에고와 함께했던 사진들이 여기저기 놓여 있다. 내부 전시실에는 그녀의 작업실, 침실과 주방이 그대로 보존되어 있다. 복도에는 창살로 된 창문이 유난히 눈에 많이 띄었다. 차가운 창살 사이로 들어오는 부드러운 빛은 슬프게도 따뜻했다. 프리다의 열정으로 가득한 이 공간에서 평생 자신을 창살에 가둔 듯 고통 속에서 살았을 그녀의 아픔이 온몸으로 스며드는 듯했다.

프리다 칼로는 1907년에 독일인 아버지와 스페인계 어머니 사이에서 네 자매 중 셋째딸로 태어났다. '프리다'라는 이름은 독일어로 '평화'를 뜻한다. 프리다는 6살 때 척수성 소아마비에 걸려 어릴 때부터 병마에 시달려야 했다. 오른쪽 다리는 만성적으로 짧고 약해 점점 가늘어졌다. 다리를 심하게 절었지만, 친구들의 놀림에도 불구하고 특유의 명랑한 성격으로 밝게 자랐다. 어릴 적부터 영리했던 그녀는 멕시코 국립예비학교에 입학하여 의사로서의 꿈도 품고 있었다.

그런 그녀에게 또 한 번의 불행이 닥쳤다. 18살이 되던 해, 학교 버스를 타고 하교하는 길에 전차와 충돌하는 대형 교통사고로 심각한 부상을 입었다. 이 사고로 프리다는 왼쪽 다리 11곳이 골절되고 오른발이 탈골되었으며 척추, 골반 등이 부러져 평생 하반신 마비로 살아가야만 했다. 자동차의 강철봉이 그녀의 척추와 골반을 관통하여 허벅지까지 빠져나왔다고 하니 얼마나 끔찍한 사고였을지 짐작하고도 남는다. 일생 동안 7번의 척추 수술을 포함하여 총 32번의 수술을 받았다. 그녀가 수술 후 사용했던 의족과 철제 의료용 코르셋, 그리고 각종 의료 장비들은 그날의 사고와 그녀가 겪었을 고통을 고스란히 드러내고 있었다.

프리다는 오랫동안 병실 침대에 누워 병마와 싸워야 했다. 그런 프리다에게 어머니는 천정에 거울을 달아주었다. 프리다는 거울에 비친 자신의 몸을 보면서 산산조각 난 육신과 상처 난 마음을 그림으로 표현하기 시작했다. 섬뜩할 만큼 독창적인 그녀의 창의력은 자신을 바라보는 깊은 성찰에서 우러나오는 듯했다.

그림은 프리다에게 삶의 은신처이자, 마음을 치유하는 특별한 매개체가 되었다. 내면의 고통과 그 고통을 인내하며 두터워진 깊은 상처의 딱지가 그녀의 예술을 더욱 풍부하게 만들었다. 그녀의 작품은 각기 다른 아픔을 고스란히 담아내어 보는 내내 깊은 생각에 잠기게 하였다. 다음은 프리다가 그림에 얼마나 강한 애착을 가지고 있었는지 알 수 있는 말이다.

나는 아픈 것이 아니라 부서진 것이다. 하지만 내가 그림을 그릴 수 있는 한 살아 있음이 행복하다. 그림을 그리는 것은 나의 아픔을 치유하는 유일한 방법이다. 그 속에서 나는 나 자신을 찾는다.

전시실에는 프리다가 즐겨 입었던 멕시코 전통 의상인 테우아나 드레스가 다양하게 전시되어 있다. 원색의 화려한 색감과 정교한 자수가 새겨진 드레스는 그녀의 열정과 정체성을 이야기하는 듯했다. 프리다는 여러 작품 속에서 이러한 멕시코 전통 원시 문화의 색채를 그대로 담아냈다.

스승이자 남편인 리베라 디에고와의 만남은 그녀에게 운명처럼 다가왔다. 디에고는 멕시코의 벽화 화가로 이미 국민적 영웅으로 추앙받고 있었고 프리다에게는 닿을 수 없는 동경의 대상이었다. 프리다는 그의 사랑을 얻기 위해 그림을 그리기 시작했고, 22살에 21살 연상인 디에고와 결혼했다.

그러나 결혼 후 디에고의 끊임없는 외도, 세 차례의 유산과 불임은 그녀에게 깊은 정신적 고통과 상처를 남겼다. 여동생과의 외도는 참을 수 없는 최악의 낭떠러지로 그녀를 몰아넣었고 결국 이혼으로 이어졌다. 프리다는 고통받는 자신의 마음을 이렇게 표현했다.

> 일생 동안 나는 심각한 사고를 두 번 당했다. 하나는 18살 때 나를 부스러뜨린 전차이고 두 번째 사고는 바로 디에고다. 두 사고를 비교하면 디에고가 더 끔찍했다.

프리다의 대표작으로 가장 유명한 〈두 명의 프리다〉를 보고 싶었다. 1939년, 이혼하던 해에 그린 것으로 육체적, 심리적으로 겪은 자신의 극단적인 고통을 상징적으로 표현한 작품이다. 프리다의 작품 중에서 가장 큰 대형 작품이다. 〈두 명의 프리다〉 원본은 멕시코 현대 미술관에 소장되어 있지만 이곳에 전시된 작은 사본만으로도 그녀의 복잡한 심적 갈등을 느낄 수 있었다.

금방이라도 폭풍우가 몰아칠 듯한 짙은 먹구름을 배경으로 두 명의 프리다가 손을 잡고 있다. 그 둘의 심장은 붉은 혈관으로 서로 연결되어 있다. 전통 의상인 테우아나 드레스를 입고 있는 프리다의 손에는 디에고의 사진이 들려있어 여전히 디에고를 향한 사랑을 보여준다. 유럽식 드레스를 입은 프리다의 잘린 혈관에서 흘러내리는 피는 하얀 치마폭을 적셔 꽃잎처럼 번지고 그녀의 심장은 상처투성이로 망가져 있다.

〈두 명의 프리다〉는 그녀 내면에 잠재된 서로 다른 이중적 자아를 나타내고 자신의 정체성과 정신적 고통을 표현하고 있다. 고통으로 병들어 있는 깊은 내면의 정서를 끌어올려 자신만의 독특하고도 강렬한 예술적 감각으로 표현하였다. 무표정하게 앉아 있는 두 명의 프리다가 애처롭고도 서늘하게 다가왔다.

프리다의 작품은 자신의 삶과 개인적 경험뿐만 아니라 멕시코 문화, 정치적 신념, 그리고 신체적 고통까지 복합적인 감정들을 표현한 자전적 회화이다. 일생 동안 200여 점의 작품을 남겼는데 그중 약 55점이 자화상이다. 전신 보조기를 하고 온몸에 못이 박힌 자신의 육체를 그린 〈부러진 기둥〉, 유산의 아픔을 표현한 〈떠 있는 침대〉와 〈프리다와 제왕절개 수술〉 등이 있다. 삶과 죽음, 그리고 상실감에 대한 무의식적 내면을 묘사한 〈물이 내게 주는 것들〉에서는 고통받는 그녀의 강한 절규가 들리는 듯했다.

자신이 겪은 심리적 고통과 출산, 유산을 주제로 형이상학적으로 표현한 이러한 작품은 매우 성적이면서도 기괴한 표현이 많아 처음에는 대하기가 섬뜩했다. 그러나 그녀는 자신의 내적 고통을 과감하게 드러냄으로써, 한편으로는 인간의 고통과 생명의 본질을 직시하게 했다. 그녀의 작품 앞에 서니 강렬한 충격과 동시에 깊이 사유하게 하는 또 다른 힘이 오랫동안 그 자리에 머물게 했다.

프리다의 작품은 미국과 유럽에서 초현실주의 작품으로 높이 평가

받았다. 20세기 초현실주의를 대표하는 프랑스의 시인이자 미술 이론가인 앙드레 브르통은 그녀의 작품에 깊은 관심을 가졌다. 변기를 예술 작품으로 내놓아 우리를 놀라게 한 마르셀 뒤샹과 함께 그녀를 초현실주의 작가로 높이 인정하고 프리다의 작품 전시회가 열리도록 많은 도움을 주었다.

 푸른 집에 전시된 여러 작품 가운데서 붉은 수박이 눈에 띄었다. 핏빛과도 같은 강렬한 색으로 눈길을 사로잡는 수박 그림은 그녀가 죽기 직전에 그린 마지막 작품이라고 한다. '인생이여 만세'로 번역되는 '비바 라 비다(VIVA LA VIDA)'라는 글씨가 가장 붉은 수박의 속살에 선명하게 새겨져 있다.

 수박은 멕시코 사람들이 가장 좋아하는 과일 중 하나이다. 프리다 칼로는 자신의 죽음을 예견이라도 하듯 생의 마지막 순간에 〈비바 라 비다〉를 남겼다. 7개의 수박은 각기 다른 모양으로 잘려 서로 다른 빛깔과 모습으로 속살을 드러내고 있다. 죽음을 예견한 작품이라고 보기에는 생에 대한 애착이 너무도 선명하다.

 신체적인 장애와 한 인간으로서 마주한 극한의 고통을 극복하고 강인한 정신력으로 자신만의 예술세계를 펼친 프리다 칼로. 고통 속에서도 마지막까지 '인생이여 만세'라고 외친 그녀는 이 시대를 살아가는 우리들에게 무엇을 전하고자 했을까. 어떠한 고통과 역경 속에서도 희망을 놓지 말고, 인생은 여전히 살아갈 가치가 있는 것이라고, 포기하지 말기를, 또 한 번의 용기를 더 내보라고 말하는 그녀의 목소리가 마음 한편에서 잔잔히 울려 퍼졌다.

〈비바 라 비다〉와 함께, 일기장에 '이 외출이 행복하기를, 그리고 다시는 돌아오지 않기를'이라고 마지막 심경을 남기고 그녀는 고된 삶에 마침표를 찍었다. 짧은 47세의 생을 고통과 씨름하면서도 굴하지 않고 열정적으로 살다 간 프리다 칼로는 오늘날 20세기 멕시코 예술과 강인한 여성의 상징이 되었다.

푸른 집에서 느낀 묵직한 감정들이 쉽게 사라지지 않았다. 햇살이 따사로운 그녀의 푸른 정원에서 해맑게 웃고 있는 젊은 프리다를 떠올렸다. 절망과 고통으로 지배된 삶을 예술로 승화시킨 프리다 칼로는 끊임없이 탐구하고 투쟁하며 사랑과 희망을 전하는 나비가 되고 싶었던 것은 아닐까.

한 마리 나비가 찬란한 날갯짓으로 마치 그녀의 삶을 다시 채색하듯 자유롭게 날아오른다. 그 모습은 마치 프리다의 새로운 시작을 알리듯 벅차게 다가왔다. 이제는 고통이 사라진 이 정원에서 그녀의 영혼이 진정한 평화를 찾기를 간절히 바라본다.

허혜연

- 내 일상의 기적 소리
- 불꽃놀이
- 펄 벅 기념관을 찾아서
- 낚시 체험
- 빈 화분을 채우며

작가 노트

등단한 지 수년이 지났지만 항상 초보처럼 헤매고 있다. 일만 시간의 법칙이라도 따르면 좋으련만 원고청탁의 마감일 되어야 작가가 되어본다. 나에게 수필 쓰기는 지나간 시절에 대한 회상 같다. 지난날의 이상과 현실의 괴리를 잇는 위무이기도 하다. 과거와 현재 그리고 미래를 이어주는 징검다리도 된다. 유년의 동화를 간직한 사람은 복잡한 현재도 알 수 없는 미래도 아름답게 그릴 수 있다. 좋은 사람들과 수필로 동화를 그리며 살고 싶다.

2020년 《수필과 비평》 등단
산들문학회, 수필과비평작가회의 회원
《시간의 정원》 공저 외

sunshine4475@daum.net

내 일상의 기적 소리

 잔잔한 것에 마음이 요동칠 때가 있다. TV 교양 프로에서 우연히 라우릿스 안데르센 링의 명화 〈철도 역무원〉을 보는 순간이 그랬다. 화폭 속엔 휘어지는 철길 따라 증기를 뿜으며 기차가 들어오고 있었다. 정복을 입은 역무원은 기차를 바라보며 곧은 자세로 서 있었다. 애잔해 보이는 굽은 어깨엔 연륜이 묻어났다. 긴 그림자가 여기저기 드리워져 오후의 나른함도 전해졌다.
 어찌 보면 철길과 기차, 역무원이 있는 단순한 구성의 그림이었다. 인생의 가을을 만나는 지금, 기다리던 기차의 기적 소리를 들은 것처럼 현실감이 들었다. 역무원의 뒷모습을 보면서 상념이 몰려왔다. 그는 매일 떠나고 돌아오는 기차를 기다리는 일상은 지루함도 있었겠다. 나도 어제와 다를 바 없는 일상에 지칠 때가 있었다. 우리는 한결같은 일이지만 자리를 지키는 일은 대단한 것이다.
 그도 반복되는 일상을 기차에 실어 보내고 싶은 때가 있었을까. 자신마저 기차를 타고 어디론가 떠나고 싶은 마음이 컸을 것 같다. 이어진 철도를 보며 쉼 없이 달려야 하는 인생의 시간을 보았을까. 그의 어깨에는 가장의 무게가 있다. 이런 그림을 그린 화가가 궁금해졌다.
 라우릿스 안데르센 링(1854~1933)은 뉴질랜드 남부의 링이라는 마을에서 태어났다. 덴마크의 아카데미에 입학했지만 그의 이상과는 맞지 않아 여러 곳을 전전하는 시행착오 끝에 자신의 화풍에 눈을 떴다. 오랫동안 인정을 받지 못하다가 1900년 파리 세계 박람회에서 동메달을 수상하여 점차 알려지게 되었다. 덴마크의 사실주의와 상징주의 선두 주자로 자리매김도 했다.

그의 그림은 일상생활을 스냅사진처럼 사실적으로 담았다. 〈근처의 길〉, 〈추수〉와 〈교회 가는 길〉은 우리 부근의 어디쯤은 있을 것 같은 풍경이다. 〈창문 밖을 바라보는 어린 소녀〉와 수상작인 〈6월 안에서〉는 청춘의 꿈같은 아련한 그리움을 전하는데 그의 이상과 아름다움이 묻어난다. 주변의 풍경과 가까운 사람을 모델로 그렸다는데 서정적인 그림도 많은 것 같다. 이런 감성을 소유한 그를 사람들이 좋아하지 않을 수 있을까.

예나 지금이나 유명 인사와 작가들의 연애사는 세간의 가십거리로 등장하는데 라우릿스도 다르지 않았다. 그의 연애사는 친구인 소설가 헤리크가 소설로 발표해 그와 결별하는 일도 있었다. 비밀로 간직하고 싶었던 연애사가 친구로 인해 세간에 알려졌으니 배신감도 컸으리라.

철도를 소재로 한 다른 작품은 〈기차를 기다리며〉도 있다. 이 작품도 차단기가 내려진 역사에서 기차가 지나가기를 기다리는 남자가 있다. 그 모습은 퇴근을 하는 분위기다. 자전거에 살짝 기댄 그의 매무새나 표정에서 고단한 일상이 전해온다. 의외로 밝은 일상의 그림도 있다. 신문을 보는 그의 아내를 그린 〈아침 식사〉가 그렇다. 지금 보아도 세련된 주방 장식장과 창으로 보이는 정원이 부드러운 빛을 담고 있어 더 아름답다. 식탁의 식기들과 소품의 배치가 눈길을 끈다.

시대를 넘어 작품을 감상하고자 하는 사람들의 욕구로 전시회도 많다. 그의 원작을 보고 싶었으나 아쉽게도 지나갔다. 작년에 서울 마이아트뮤지엄에서 열린 스웨덴국립미술관 컬렉션 〈새벽부터 황혼까지〉에 그의 작품도 있었다니 안타까운 마음이다. 다녀온 지인이 도록을 보여주며 "너무 좋았다"라고 하여 더 아쉽다. 전시회마다 가서 볼 수는 없지만 내가 보고 싶은 작가의 작품으로 이제 라우릿스를 손꼽는다. 어딘가에서 만날 그의 작품을 기대한다.

어릴 적, 부모님과 기차를 타고 할머니 댁에 갔다. 출발을 알리는 기적에는 두 손으로 귀를 막았지만, 기차 여행이라는 즐거운 소리로 남아있다. 지금의 기차와 비교할 수 없이 느렸지만 너무 빨리 도착한다고 생각할 정도였다. 차창으로 스치듯 지나가는 시골 풍경과 기차에서 먹었던 간식, 그리고 어딘가로 떠나기 위해 잠시 머물렀던 역사는 향수로 남았다. 라울릿스의 그림이 그때의 감성도 불러왔다. 기적 소리와 기차의 '칙칙폭폭'은 살아 움직이며 역동하는 소리였다.

한 점 그림 속의 메시지는 힘이 있다. 시절을 넘나드는 삶의 애환을 담은 그림은 사람들을 위로하며 희망을 주기에 부족함이 없다. 기차를 타고 어디론가 향하는 꿈은 낭만을 넘어 잃어버린 꿈을 향한 욕망이기도 하다. 지금 내가 처해있는 상황에서 잠시 벗어나 다른 곳을 향하려는 일탈이기도 하다. 철길이 있는 그림은 나에게 그런 의미였다.

"심오한 깊이의 잔잔한 물처럼 그의 작품은 우리 삶의 본질적 아름다움을 보여준다." 그가 숨지자 덴마크 작가 페테르 헤르츠가 남긴 말이다. 손봉기 저자의 《미술관을 빌려드립니다》 북유럽 편을 펼쳤다.

한 줄의 글이 주는 감동처럼 그림도 시대를 넘어 삶의 본질을 전하고 있다. 이 시대를 사는 우리는 훗날에 무엇으로 마음을 전할까. 라우릿스 안데르센 링의 〈철도 역무원〉은 내 일상의 나른함을 깨우는 기적이었다.
 일상에서 주는 작은 감동들은 내 일상의 기적이다. 독서를 하다 좋은 문장 한 줄에서 찾은 설렘이, 엘리베이터에서 만난 아이의 밝은 웃음이, 음악이 그림이 사람이 풍광이, 낯선 곳으로 향하는 설레는 여행이 기적과 함께 시작되는 것이다.

불꽃놀이

　불기둥이 솟았다. 해와 달과 별, 구름만의 세상이었던 하늘에 어둠이 내리자 도전장이 접수되었다. 천지가 진동하며 섬광이 번쩍이더니 불꽃이 피어올랐다. 거대한 우주 공간에 숨 막히는 접전이 시작되었다. 사람들의 탄성과 함께 형형색색의 별들이 하늘로 솟구치고 쏟아졌다. 중국과 폴란드가 참여한 서울불꽃축제였다.
　유년에 살았던 진주에도 불꽃놀이는 있었다. 국경일이었는지 무슨 행사마다 밤하늘에 수놓던 불꽃은 환상의 세계였다. '펑' '펑' 폭죽 터지는 소리가 들리면 우리는 저녁을 먹다가도 뛰쳐나가 공중에서 터지는 불꽃을 보며 함성을 질렀다.
　보름에 쥐불놀이만 보았던 내게 공짜로 펼쳐지는 불꽃 쇼는 신세계였다. 그때의 불꽃은 그저 공중에서 '펑' 소리와 함께 동그랗게 퍼졌다가 허무하게 사라졌지만 인공위성만큼 대단했다. 우리는 알 수 없는 미지의 세계를 향해 환호했다. 모든 소리는 순식간에 흘러 시간의 메아리가 되었다.
　여의도 불꽃축제는 오래지만 지하철을 타고 가다 본 이후 현장은 처음이었다. 불꽃은 레이저쇼와 함께 참가국의 음악과 내레이션이 어우러져 환상적이었다. 불꽃만의 세상이었다. 한강 변을 공유하던 달과 별, 새들조차도 보이지 않았다. 불 꺼진 아파트의 베란다나 고층빌딩의 창문은 구경하는 사람들의 실루엣이 선명했다.

 우리는 제대로 볼 자리를 찾지 못했는데 끝이 날까 마음 졸였다. 축제의 현장에서 함께 걷는 것만으로도 즐거워서 별 얘기 아니어도 웃었다. 각자의 휴대폰을 높이 들고 하늘에 퍼지는 불꽃을 따라 걸었다. 그 무리가 별이 되어 은하수처럼 흘렀다. 우리도 걷다가 불꽃이 터지면 그들과 함께 탄성을 날렸다. 알 수 없는 전율이 흘렀다. 행복한 시간은 빠르게 지나갔다. 우리는 더 나은 자리를 찾아 헤매던 길을 멈추었다. 겨우 카페의 한 자리를 차지했을 때, 심장이 울리고 땅이 진동했다. 굉음과 함께 번개를 타고 불꽃이 연속으로 터졌다. 하늘을 보고 있어도 어디가 땅이고 하늘인지 혼돈이 왔다. 지구의 모든 꽃들을 모았을까. 여기가 땅이라는 걸 알리듯이 꽃이 떨어졌다. 피날레였다.

 이란 영화 〈천사의 미소〉는 앞을 볼 수 없는 모하메드가 주인공이다. 그를 둘러싼 가족의 사랑과 갈등이 애잔하다. 아이러니하게도 영화의 풍광은 눈이 부시게 아름다워서 먹먹했다. 모하메드를 사랑했던 할머니와 여동생이 꽃을 꺾으며 행복했던 영상이 떠올랐다. 그 초원의 수많은 꽃들이 회오리바람을 타고 쏟아졌다.

 인생의 파노라마처럼 수많은 불꽃은 한강 주변을 따라 퍼졌다가 재가 되어 사위어갔다. 여름날 산속의 운무가 개인 듯 혼돈이 걷힌 하늘에 별들이 먼지를 털며 나타났다. 한바탕 불꽃 전쟁이었다.

 생성되고 사라지는 것이 불꽃뿐일까. 인간도 태어나고 사라진다. 《성경》은 인생은 사라지는 새벽이슬 같다고 했다. 불꽃처럼 잠시 머물다 사라질 우리가 너무 많은 기대와 욕심으로 시간을 보내고 있는 건 아닐까.

불꽃놀이는 마음과 마음을 이어주는 축제이기도 했다. 누군가는 감동으로 울컥하기도 했고, 새로운 꿈에 도전하며 감사하기도 했다. 반짝하고 사라지는 불꽃축제를 위해 준비하는 과정이 지난했으리라. 불꽃놀이는 하늘을 도화지 삼아 그린 그림이고 한 편의 드라마였다. 보이는 곳이나 보이지 않는 곳에서 일한 분들의 흘린 땀과 꿈이 불꽃으로 타올랐다.

어린 시절 미지의 세계를 동경하던 마음은 어쩌면 저 불꽃 같은 걸까. 관람객 모두가 언젠가 나의 날에 저 불꽃 중의 하나가 되어 꽃을 피우는 꿈을 안고 축제를 즐겼을 것이다. 그들도 어린 시절 불꽃을 보며 가졌던 희망이나 꿈, 감동을 찾지는 않았을까.

사람들이 물결처럼 밀려 나오기 시작했다. 무수한 빛깔의 별들이 쏟아지던 밤하늘은 적요해지고 가을바람이 불어와 우리의 옷깃을 여미게 했다. 바람은 도전의 흔적들을 분주히 지웠다. 불꽃축제 끝의 자욱한 먼지가 걷혀가며 놀라 숨죽였던 새들도 날아올랐다.

하늘을 향한 인간의 도전은 아름다운 추억을 남기고 끝이 났다. 돌아가는 사람들의 얼굴엔 행복한 미소가 번졌다. 오던 길에 보았던 관광버스에 줄지어 들어가는 외국인들의 모습이 차창 너머로 보였다. 그들의 얼굴이 빛나는 것은 불꽃의 여운 때문일까. 고향의 불꽃축제를 떠올리며 두고 온 가족을 그렸겠다. 이국의 축제가 그들에겐 어떤 의미로 기억될지 궁금하다.

돌아가는 사람들의 등 뒤로 하현달이 미소로 어루만진다. 한 무리의 사람들이 떨어진 별의 조각들을 줍고 있다. 사람들의 잃어버린 꿈을 줍는 것일까. 나는 되도록 아주 천천히 걸음을 옮겼다.

펄 벅 기념관을 찾아서

주말 이른 아침에 카메라를 들고 부천에 있는 '펄벅기념관'을 향했다. 부천역에서 표지판을 찾으며 기념관으로 가는 길은 어쩐지 설렌다. 아파트와 빌라가 오밀조밀 모여 있는 길을 따라갔다. 골목과 나무 사이로 보이는 빛이 좋다. 기념관은 생각보다 소박하다. 아담한 기념관 주변에 산과 밭도 보인다. 그 속에서 그녀의 흔적들이 살아 숨 쉬는 듯하다.

《대지》의 작가 펄 벅은 퓰리처상과 노벨문학상을 받은 미국의 첫 번째 여류 작가다. 그녀는 미국에서 태어났지만 돌도 되지 않은 유아기 때에 선교사인 아버지를 따라 중국으로 갔다. 미국은 태어난 곳이지만 타향처럼 대학 시절 머물다 중국으로 돌아간다. 중국인 유모에게서 말을 배우며 전해 들은 이야기나 체험한 일들이 소설의 모티브가 되었다.

기념관 실내로 들어섰다. 미국 펄벅재단이나 개인이 기증했다는 유품과 저서들이 보인다. 그녀를 형상화한 이미지들은 테마별로 정리되어 있다. 아름다웠던 젊은 날의 사진도 눈길이 간다. 그중에 가장 관심이 가는 것은 그녀가 입었던 붉은 투피스와 가방, 타자기다.

붉은 투피스는 중국을 마음의 고향으로 여겼을 그녀의 심장처럼 보인다. 카메라 앵글을 맞춘다. 붉은 투피스를 입고 우아한 미소를 짓는

펄 벅이 그려진다. 그녀는 중국과 미국을 오가는 '정신적 혼혈아'라고 고백하기도 했다. 펄 벅은 고향에 머물지 못하고 물 위에 떠 있는 부초처럼 그녀만의 대지를 찾아 어디론가 떠난다. 그 모든 삶의 여정들이 창작으로 이어져 밤을 하얗게 지새우며 타자기를 두드린다.

 한국은 전쟁고아를 돌보는 다문화사회사업을 위해 여덟 번 다녀갔다. 한국에 그녀의 기념관이 있는 이유다. 많은 건물 중 기념관만 남았지만, 지금도 그녀를 기리는 의미로 다문화 체험과 학술대회 글쓰기 등 다양한 행사를 벌이고 있다. 그녀가 머무는 곳마다 새 이름들이 있다. 미국 이름이 'Pearl S. Buck'인 그녀의 중국 이름은 '싸이전주(賽珍珠)'이고 한국을 방문했을 때 스스로 지은 이름 '박진주(朴眞珠)'로 한국에 대한 애정을 나타낸다.

 몇 개의 이름만큼 그녀의 인생도 녹록지 않다. 어린 시절에 펄 벅의 아버지는 애정이 부족하고 가정일에 소홀했다. 아버지를 원망하는 마음이 커서일까. 어머니가 힘들어하는 걸 보며 자란 그녀는 아버지를 닮은 첫 번째 남편과 이혼했다. 아이러니하게도 그녀의 남편도 아버지와 다르지 않았기 때문이다. 지적 장애를 가진 딸을 거두었다.

 두 번째 남편과는 사별하고 온전히 가장으로 살아야 했다. 장애를 가진 딸을 돌보며 사회사업과 문학의 길을 걸었다. 아이들을 안고 있는 사진 앞에 멈췄다. 미소 짓는 얼굴에서 사랑과 연민이 느껴진다. 그녀의 유품들조차 희로애락의 굴곡진 세월이 빚어낸 결정체처럼 보인다.

 기념관을 나서니 작은 공원 벤치에 할머니 두 분이 이야기꽃을 피우며 앉았다. 한편에는 기념관을 등지고 펄 벅의 흉상이 작은 공원을 넘어 산을 바라보고 있다. 그녀는 산을 보며 무슨 상념에 젖은 것일까?

기념관을 다녀와서 처음처럼 펄 벅의 《대지》를 읽었다. 학창 시절 읽고 오랜 시간이 지났다. 가난한 농부 왕룽 일가의 일대기를 그린 내용이다. 많은 내용들이 기억 속에 가물거리지만 오란의 우직함은 처음이나 지금이나 변함없다.

오란은 굶주림에 황가네로 팔려와 모진 고난의 시간을 지나 왕룽과 결혼한다. 결혼을 해도 그녀의 일상은 고난의 연속이다. 부엌일과 밭일, 아이까지 홀로 낳고 흉년이 들었을 땐 소도 잡고 구걸도 한다.

오란도 집 안에서 한가하지 않았다. 그녀는 혼자 힘으로 멍석들을 대들보에 단단히 묶었고, 들판에서 흙을 퍼다가 물에 개어 집들을 수리했고, 아궁이도 새로 만들고 빗물에 쓸려 파인 방바닥에 구멍들도 메웠다.

오란은 황가네 있을 때와 다른 점은 종이 아니라 왕룽의 아이를 낳은 주체적 자긍심이 있다. 오란의 삶의 여정, 한 걸음 한 걸음에 사유가 있다. 펄 벅은 자신의 작품 어느 인물을 통해서라도 자기가 등장한다고 했다.

작품 속에 오란은 가난한 농부의 아내로서, 여러 자녀를 둔 어머니로서 끊임없이 움직인다. 부지런하며 우직하고 희생하는 삶이다. 그녀는 약하면서 강하다. 오란에게서 작가의 마음을 읽었다.

"전 아들을 내 품에 안고서가 아니면 그 집을 찾아가지 않겠어요, 저는 아들에게 빨간 저고리를 입히고 빨간 꽃무늬를 박은 바지를 입히고 머리에는 앞에다 작은 금동 불상을 수놓은 모자를 씌우고 발에는 호랑이 얼굴을 장식한 신발을 신기겠어요." (중략) 그는 지금까지 그녀가 이렇게 많은 얘기를 하는 것을 한 번도 들어본 적이 없었다.

학창 시절 처음 읽은 《대지》는 어린 감성의 이해였다. 오란이 처한 고통이나 아픔보다 외모와 이미지에서 오는 상황이 당연시되었고 측은하게만 보였다. 지금은 오란이라는 한 여자의 일생을 나의 삶과 비교하며 그녀의 강인함에 매료된다. 작가의 인생도 녹록지 않았기 때문에 이런 작품을 탄생시키지 않았을까. 나도 무언가 할 수 있을지 다양한 그림을 그려보며 남겨진 시간에 희망을 건다.

펄 벅의 생애와 업적을 보면서 그럼에도 불구하고 많은 일을 해낸 그녀에게 갈채를 보낸다. 가까운 날에 기념관을 다시 찾아 사색이라는 이름으로 산책이라도 할까 보다.

낚시 체험

생애 첫 바다낚시를 했다. 흔들리는 배 위에서 낚싯줄을 내리고 오로지 손끝에 전해오는 느낌에 집중했다. 찌릿한 느낌이 올 거라는 경험자의 말만 믿고 뚫어지게 바라보았지만 무소식이었다. 녀석들도 생초보인 나를 알아보는지 모를 일이었다. 초조한 마음도 앞섰다. 이러다 한 마리도 못 잡고 가는 건 아니겠지.

섬 여행 패키지에 바다낚시도 포함되어 있었다. 배를 타고 처음 해보는 낚시에 설렘보다 두려움이 앞섰다. 낚시할 기회가 있었지만 번거롭고 지루하고 위험한 일로 치부하며 참여하지 않았다. 시간이 흐르니 한 번쯤은 해 볼 일로 바뀌었다. 세월을 낚는 것이 낚시꾼이라 했던가. 무념무상으로 출렁이는 바다를 보며 물멍을 하는 것으로 만족하겠다고 위무하는 시간이 되어갔다. 드디어 한편에서 환호성이 들렸다. 첫 승전 소식이었다. 돌아보니 손바닥 크기의 우럭이 낚싯줄 끝에서 파닥거렸다. "물고기가 잡히긴 하는구나. 저 사람은 경험자니까." 나는 다시 내 낚싯줄에 집중했다.

낚시 하면 떠오르는 영화 장면은 〈흐르는 강물처럼〉의 브래드 피트의 플라이 낚시다. 명장면이 많았지만 흐르는 강에서 공중으로 던진 낚싯줄이 펼치는 묘기가 압권이었다. 언젠가 한번 가보고 싶은 강가와 브래드 피트의 모양새는 아니더라도 지금 드넓은 바다에서 연의 실타래를 풀듯 내린 낚싯줄은 허공을 휘젓는 듯했다. 연처럼 바다에 띄운 낚싯대에 물결만 넘실거렸다.

미끼는 미꾸라지와 갯지렁이였다. 양 끝의 낚싯바늘에 살아있는 갯지렁이와 미꾸라지를 꿴다. 초보자에게는 경험자가 미끼를 꿰어 주었다. 몇 번을 반복하다 잡는 재미에 스스로 할 수 있는 사람은 함지에서 헤엄치는 미꾸라지를 잡아 낚싯바늘에 꿰었다. 나는 갯지렁이도 그렇고 살아있는 미꾸라지를 잡는 것도 어려운 일이라 잠시 쉬었다. 미끼를 던져야 원하는 것을 얻을 수 있는데 나는 거기까지였다. 아니면 펠 용기가 필요했다.

배의 엔진 소리가 물고기를 유인하기라도 했을까. 파도와는 다른 결의 미세한 파고가 손으로 전해졌다. 이건가 보다 하고 생각하며 빠르게 낚싯줄을 감아올렸다. 낚싯줄이 다 올라왔는데 미끼는 사라지고 없었다. 다시 미끼를 꿰어 일정한 높이로 낚싯대를 들어 오르내리기를 반복했다. 갑자기 줄이 팽팽했다. 줄에 비해 너무 큰 놈이 걸렸나. 줄이 끊어질 것 같아 주위에 도움을 청하여 당겨 올리니 추도 미끼도 사라지고 줄만 남았다.

선장은 우리가 낚싯줄을 몇 번 드리운 뒤 배를 옮겼다. 유목민들이 더 나은 곳을 찾아 이동하는 것처럼 물고기가 있는 곳으로 옮기는 모양이었다. 복불복으로 자리를 옮겨서 많이 잡은 사람도 있고 한 마리도 못 잡은 사람도 있었다. 낚싯줄이 춤을 추며 미꾸라지와 갯지렁이가 움직일 때 고기들은 먹이 사냥을 했다.

두 번째 옮긴 자리에서 나는 생애 첫 번째 낚시에 성공했다. 선주는

'깡다리'라고 했다. 새끼 조기였다. 작은 생선처럼 조용히 자축했다. 물에서 이탈한 데다 낯선 환경에 놀란 녀석은 작은 몸으로 혼신을 다해 파닥거렸다. 놀란 물고기를 보니 측은했다. 동무들과 유영하던 녀석은 어쩌다 초보 낚시꾼의 미끼에 걸렸는지.

다른 사람들도 광어 우럭과 이름 모를 작은 물고기를 연이어 잡아 올렸다. 바다의 포식자와 그 상위 포식자 피식자의 삼파전이 치열하다. 아무것도 없던 어망에 잡힌 물고기로 조금씩 채워져 가니 들뜬 마음에 더 열심히 낚싯줄을 움직였다. 미끼에 걸린 고기들은 잡힌 사실도 잊었는지 물이 있는 어망에서 활발히 움직였다. 녀석들을 보면서 사기를 당하고 그들을 두둔하던 피해자들이 생각났다. 어느 날 저녁 뉴스에 효를 빙자해 사기를 친 일당이 잡혀가는데 그들은 친절했다고 안타까워하던 어르신들이 안타까웠다.

또 배고픈 고기가 초보 손에 잡혀 파닥거렸다. 내 옆 사람은 두 마리가 한꺼번에 올라와 자신과 주변을 놀라게 했다. 시차를 둔 다른 쪽에서도 두 마리가 걸려 올라오다 한 마리는 힘찬 저항의 몸짓으로 바늘을 벗어나 바다로 돌아갔다. 시간이 지남에 우리는 보이지 않는 경쟁심을 팔에 실었다. 광어 우럭을 낚다가 작은 생선은 잡혀도 이제 함성도 없고 시들해졌다.

나에게 어느 눈먼 고기가 잡힐까 했는데 세 마리나 잡았다. 첫 낚시치고 괜찮은 수확이었다. 전문가라도 한 마리도 못 잡을 수도 있다는데 첫 낚시에 내 분수를 넘어 잡은 것 같다. 커다란 먹이사슬의 세계는 인간세계와 같아 누군가는 이득을 보고 누군가는 손해를 본다. 삶에도 낚시질은 있다. 어느 때에 좋은 시절과 사람을 만나는 일도 그렇다.

낚시의 미끼는 포식자의 기호를 알아야 낚인다. 저마다 파고드는 미끼가 있다. 내가 걸려든 최고의 미끼는 결혼이었다. 그도 나도 낚시의 초보자였다. 너른 바다를 무대로 누비던 물고기가 초보 낚시꾼의 미끼에 잡힌 것이 안쓰러워 보이면서 애틋했다. 그래도 두 번째 낚시가 기다려진다.

빈 화분을 채우며

비움이 필요할 땐 베란다에 머무는 시간이 길어졌다. 그곳에서 자라는 식물을 보기 위해서다. 인도고무나무와 콩고, 레인보우처럼 큰 식물을 중심으로 나무와 꽃을 닮은 다육이가 있다. 오랜 시간 나와 함께한 그것들을 보는 일은 행복한 일이다. 작은 그릇에서 식물이 넘치게 자라는 것은 경이로운 우주와 같다. 아파트로 온 그들은 나의 손길을 기다렸다. 내가 물과 공기와 햇빛을 마음 가는 대로 결정해 전해 주었다. 자연이 아닌 이곳에서는 어쩔 수 없는 일이다.

화초를 좋아하지만 초기엔 생태에 맞는 환경을 조성하지 못해 병이 들거나 갈무리를 못 해 겨울을 넘기지 못했다. 빈 화분이 늘어 가는 걸 보면서 안타까웠다. 그럴 때면 남은 식물들을 잘 관리하자고 다짐했다. 남은 것들은 제때 물을 주지 않아 잎이 마르거나 생각날 때 턱없이 물을 많이 주어도 끈질기게 살아남아 제대로 모양새를 갖췄다. 얼마 전 친정에서 가져온 화분 몇 개가 더해졌다. 빈티지한 화분 옆으로 토분 몇 개와 자기로 된 작은 화분이 올망졸망하게 어울렸다. 친정에서 온 것은 황금 가시 선인장을 제외하면 나머진 비어있다.

친정에는 부모님만 계신다. 철새들처럼 모두가 떠난 빈 둥지를 지키는 일은 부모님 몫이다. 친정 엄마는 무릎 수술을 거듭해 다리가 불편해도 소일거리로 텃밭을 가꾸신다. 그것은 또 다른 행복이라 말한다.

잠시 다니러 간 우리가 돌아오는 날엔 무언가 남기고 갈까 분주히 챙겼다. 미리 거두어 둔 것 외에 필요에 따라 가져가라며 채소들이 있는 곳을 일러주며 재촉하셨다. 그곳을 떠나면 생각이 나는 품목이 있어 아쉬운 생각에 박스에 쟁이어 둔다. 부모님은 그것에 행복을 느끼며 텃밭을 비우고 채우신다.

 키운 작물을 거두는 일도 쉬운 일은 아니다. 나는 바구니를 들고 텃밭으로 나섰다. 텃밭머리에 비를 맞은 선인장이 보였다. 이슬이 맺힌 황금 가시가 아침햇살에 빛나고 있었다. 이전엔 실내에 있던 것인데 어째서 여기 있을까 의아해 둘러보았다. 크고 작은 빈 화분들이 옹기점처럼 진열되어 있었다. 우리는 기념일이나 이사, 계절 따라 즉흥적으로 들여놓은 화분을 감당하기 힘들면 친정에 가져다 놓았다. 부모님은 우리들의 빈자리를 메우는 것처럼 화분을 거두어들였다. 화초들은 부모님 손길에 잘 자라기도 하고, 수명을 다한 식물은 정리되어 빈 화분으로 남아있었다. 각각의 사연을 가진 것들이다. 마음이 가는 화분 몇 개를 골랐다.

 빈 화분을 보며 어떤 식물을 심어야 할지 생각하는 즐거움도 있다. 큰 빈티지 화분엔 란타나를 심어서 색깔이 바뀌는 꽃을 감상해 볼까, 헝클어진 줄기가 멋진 실달개비를 심을까. 내가 아는 화초들의 이름과 모양을 떠올렸다. 내 생각의 식물들은 벌써 자라 꽃이 피고 열매를 맺었다. 화분에 맞는 식물이나, 공기를 정화시키는 식물 등을 인터넷으로 검색하며 꽃집을 기웃거렸다. 각기 다른 매력으로 다가오는 식물들이 보란 듯이 곱게 단장하고 줄지어 있었다. 크고 현란한 꽃들 속에 앙증맞고 아련한 작은 꽃들도 매력이 있다. 다육이 종류는 물을 자주 주지 않아도 되니 키우기 편하다. 고심 끝에 몇 개를 골랐다.

새로 온 식물들 속에 선인장의 황금 가시에 눈길이 머문다. 친정에서 위엄을 뽐내던 것이었다. 어느 날, 친정아버지가 발을 헛딛고 넘어지며 손을 짚은 것이 화근이었다. 손에 가시가 박힌 채 며칠 전전긍긍하다 병원 신세를 지셨다. 선인장은 텃밭머리로 밀려났다. 미운털이 박힌 선인장을 내가 가져오기로 했다. 차마 내던져 버리지 못한 걸 거두니 다행이라 여기셨을까. 아버지는 딸이 혹여 두고 갈까 현관 앞에 미리 가져다 놓으셨다.

선인장이 담긴 화분도 화해의 동병상련인지 금이 가 있었다. 빈 토분에 선인장을 옮겨 심었다. 베란다에 놓고 애증의 눈길로 보고 있다. 자주 보다 보니 가시가 부드러워 보이면서 사랑스럽다. 어릴 적 자상하고 세심한 반면 성격이 불같은 친정아버지는 맏이인 내게 유독 엄격하셨다. 동생들의 본보기였다. 비슷한 성격의 나와 날카로운 가시로 부딪힌 때도 있었다. 지금의 아버지에게 선인장의 가시 같은 모습은 사라진 지 오래다. 세월의 흔적처럼 나도 닮아간다.

동그란 화분 네모난 화분, 높낮이와 크기가 다른 화분들은 사람의 군상을 보는 것 같다. 그 속에서 적응하며 살아가는 식물들은 화분 크기만큼의 뿌리를 내리고 그만큼의 생을 살다 간다. 사람도 같은 모양이면 아집을 버리고 자기 분량만큼 살아간다면 다툼이 없으랴. 집들이나 생일 선물로 주고받았던 화분마다 가족의 추억이 깃들어 있다. 그것들은 기쁘거나 슬픈 마음을 온기로 채워주었다. 화분의 본분은 식물을 품는 것이다. 식물을 심은 화분에 물을 주었다. 물을 머금은 식물들이 기지개를 편다. 어쩌면 우리의 삶도 인생의 빈 화분을 채워 가며 가꾸는 일이 아닐까.

김영석

- 잃어버린 도시와 무지개산, 페루 이야기
- 빙하 칵테일 한잔하세요
- 라스베이거스가 부른다
- 캐나다 로키의 눈꽃 왕국
- 작은 신비의 하루

작가 노트

어둠이 오니 잠을 자려고 불을 끈다.
꿈속에서는 나도 모르는 사차원의 세계로 날아다닌다.
시간의 흐름도 없고 공간의 제약도 없다.
내가 잠들어 있는 사이에도 죽음 뒤에도 세상은 돌아간다.
잠은 작은 죽음이 아닐까.
긴 잠에서 깨어난다면 펜을 다시 잡을 수 있을까.
깊은 잠에서 나를 깨워줄 분이 있을까.
나는 신비로운 하루를 꿈꾼다.

산들문학회, 서초문협, 한국사진작가협회 회원
2022년 《여행문화》 등단
공저 《함께 가는 낯선 길》, 《종과 종소리》, 《모노톤으로 그리는 풍경》

paradiseba@gmail.com

잃어버린 도시와 무지개산, 페루 이야기

새로운 세계 7대 불가사의 마추픽추로 가기 위해 잉카 제국의 수도 쿠스코에 도착했다. 해발 3,400m여서 고산병 약을 하루에 한 알 먹었는데 어지럽고 머리가 아프다. 계속 메스껍고 어지러워 근교 유적지 관광을 포기하고 자리에서 엎드리고 있었다. 알아보니 약을 8시간마다 먹어야 고산 증세가 없다고 한다. 아뿔싸 하고 하루 세 알을 먹고 나니 두통이 스르르 없어졌다.

멀고 먼 길을 왔는데 추적추적 비가 내렸다. 계곡의 물이 불어 진흙탕 물결이 넘쳐 내리니 마음이 타들어 갔다. 내일 개기만 기도하는 마음으로 잠자리에 들었다. 구름이 높게 나는 화창한 아침이다. 행복한 미소로 버스를 타고 꼬불꼬불한 길을 30분 정도 올라가니 입구에 도달했다. 유적 훼손을 막기 위해 하루 2,500명으로 입장 제한을 한다. 마추픽추는 늙은 봉우리라는 뜻이며 2,430m 높이다. 잉카 시대의 요새 도시였다. 밑에서 보이지 않아 '잃어버린 도시' 혹은 '공중 도시'라고 불린다.

파란 하늘 아래 선명하게 잉카의 신기한 유적지를 볼 수 있었다. 철제 도구도 없이 무거운 돌을 깎아 잘 맞물리게 정교하게 건축했다. 왜 지었는지 어떻게 버려졌는지 여러 주장이 있지만 정확한 해명은 없다. 여전히 불가사의하고 기이한 도시이다. 여기저기에 라마가 한가로

이 풀을 뜯고 있다. 잉카제국에서 마추픽추를 세우고 라마를 데려와 키웠다고 한다.

　마추픽추 북쪽에 송곳니같이 뾰족하게 솟은 산봉우리가 있다. 와이나픽추라고 하며 젊은 봉우리라는 뜻이다. 하루 400명만 예약제 입장한다. 왕복 2시간에 험악한 산길을 오르는 힘든 등반이다. 석축 계단이 깎아지른 절벽 같아 두손 두발로 기어올랐다. 사면에 뭉게구름 아래 산봉우리들이 장엄하게 둘러싸고 있다. 계곡에서 불어오는 바람에 흐르는 땀을 식혔다. 아래로 우르밤바강이 굽이굽이 흐르고 구불구불한 도로가 보였다. 정상에 오르니 마추픽추가 콘도르(독수리) 모양으로 그림같이 보였다. 모두들 뿌듯한 마음으로 감탄을 연발했다. 정상 뾰족한 바위에서 위태롭게 마추픽추를 배경으로 두 손을 번쩍 들고 인증샷을 찍었다. 내려오는 길도 험난했다. 사람 하나 간신히 들어갈 바위틈 사이를 두 손으로 잡고 엉금엉금 내려왔다.

　안데스산맥에 있는 비니쿤카는 '일곱 가지 색깔을 가진 산'이란 뜻이다. 무지개산이라고 하며 정상은 5,200m나 된다. 2013년까지도 빙하로 덮여서 알려지지 않았다. 지구 온난화로 인해 빙하가 녹아 속살을 보여주게 되었다. 이 산의 컬러풀한 모습에 가장 가고 싶은 여행지로 급부상했다. 무지개산은 기후 위기가 보여준 아이러니이다. 수많은 여행객이 오가며 철새들은 갈 곳을 잃고 자연환경은 파괴되고 있다.

　라마와 알파카들이 평화롭게 풀을 뜯는 초원을 지나 주차장에 도착했다. 트레킹 시간을 절약하려고 산악용 오토바이 뒤에 타고 전망대로 향했다. 하얀 설산이 웅덩이에 빠져있는 아름다운 풀밭을 빠르게 달렸다. 오토바이 기사는 손님을 더 태우려고 전속력으로 달린다. 꾸불꾸불한 길에 떨어질까 기사의 허리를 꼭 잡고 한 손에는 고프로를 들었다.

전망대도 5,030m인 고산이다. 짙은 구름이 무지개산 쪽으로 몰려와 운무 속으로 사라진다. 오토바이에서 내려 무지개산 신비를 놓칠까 120m 정도를 정신없이 달려 올라갔다. 숨이 차오르는 것을 느꼈지만 고산병 걱정은 까맣게 잊었다. 심장마비로 무지개다리를 건넌 사람도 있다고 송장 치울까 기겁했다고 동료가 너스레를 떤다. 해발 5,000m 넘는 높이니 쿠스코에서 적응된 사람도 고산증으로 쓰러질 수 있다. 절대 무리해서는 안 된다고 주의를 주었다.

흐르는 구름과 무지개산을 담으려고 고프로를 설치하고 카메라 셔터를 연신 눌러댔다. 드론을 띄우니 산 관리인이 오더니 뭐라고 큰소리쳤다. 무슨 말인지 몰라 하다 20불을 주니 이번은 봐준다는 표정으로 사라졌다. 두 마리의 알파카가 전통 옷치장을 하고 선글라스를 끼고 사진을 찍으라고 부른다. 이곳의 날씨는 변화무쌍하다. 회색빛 구름이 몰려오더니 어느새 싸라기눈이 내려 드론을 급하게 내렸다.

긴 호흡을 하고 천천히 무지개산의 황홀함을 음미한다. 창조주가 붓으로 붉은색, 노란색, 갈색 등으로 산등성이를 화폭 삼아 그린 작품이다. 말로 형용할 수 없는 비현실적인 오묘한 자연의 신비를 보니 마음에 감동의 무지개가 피어난다.

빙하 칵테일 한잔하세요

아르헨티나 페리토 모레노 빙하는 죽기 전에 꼭 봐야 할 자연 절경 중 하나로 선정되었다. 파타고니아 빙원 남부에서 떨어져 나온 빙하이다. 지구상에서 가장 아름다운 빙하라고 한다. 1981년 유네스코 선정 세계문화유산이다. 엘 칼라파테 시내에서 한 시간 정도 달려 빙하의 전경을 볼 수 있는 전망대에 도착했다. 오전에 전망대에서 빙하를 보고 오후에 미니 빙하 트레킹을 예약했다. 차에서 내리니 비가 비슬비슬 내렸다. 빗속에 우비를 쓰고 전망대로 걸어갔다. 노랑, 빨강, 초록, 보라색으로 난이도가 다른 트레일을 걸으며 빙하를 내려 보았다.

갑자기 천둥소리가 들려 하늘을 올려다보았다. 하늘은 아무 일 없다는 듯 고요한데, 빗방울이 얼굴에 떨어졌다. '우와' 하는 환호 소리가 들려 무언가 하며 빙하가 보이는 방향으로 내려갔다. 이제 철 들기 시작하는 단풍잎 사이를 지나니 하얗고 푸르른 빛으로 얼룩진 뾰족뾰족한 얼음 빙벽이 나타났다. 눈앞에 나타난 어마어마한 에메랄드빛의 빙하 성벽에 입이 다물어지지 않았다. 파타고니아 3,000m 설산에서 눈이 얼어 무거운 압력을 이기지 못해 내려와 수만 년에 걸쳐 빙하가 형성되었다. 면적은 서울의 2분의 1 정도로 광활하다. 보이는 높이만 70m이며 물속에 숨은 얼음까지 더하면 170m나 된다. 움직이는 얼음의 무게로 인해 빙하가 갈라지고 물에 떨어진다. 빙하 녹은 물로 호수는 오묘한 옥색 빛이 영롱하다. 거대한 빙하는 밀고 당기면서 아르헨티노 호수로 매일 2m 정도 흘러간다.

　남산만 한 부피의 어마어마한 유빙이 호수 위에 떨어져 있다. 매년 기온이 높아져 빙하가 깨지며 떨어진다. 지구 온난화가 계속된다면 반세기가 지나기 전에 이 빙하가 다 녹아 버린다고 한다. 천둥소리가 들려 고개를 돌리니 인수봉만 한 덩치의 빙하 절벽이 무너져 떨어진다. 살아 숨 쉬며 내는 굉음으로 잔잔한 호수에 거대한 물결을 일으킨다. '우와' 하는 환성이 내 입에서 흘러나왔다. 핸드폰 영상으로 담으려 했으나 이미 늦었다. 물속에 텀벙 빠진 유빙이 불쑥 머리를 내밀며 커다란 파문을 남긴다. 천둥소리가 이 소리였구나. 빙하가 물속에 떨어지는 모습은 장관이지만 운이 좋아야 볼 수 있다고 한다. 삼대가 덕을 쌓아야 볼 수 있을까. 빙하를 볼 수 있는 가장 가까운 곳으로 자리를 옮겼다. 기다리고 기다리다 돌아서려 할 때 우렛소리와 함께 커다란 빙하가 떨어졌다. 재빨리 몸을 돌려 영상으로 담을 수 있는 행운을 얻었다. 비구름에 가려 가물가물한 안데스산맥 쪽을 바라보았다. 설산에서 발원한 무지개가 비췻빛 모레노 빙하 위로 날아오른다.

　빗속에서도 파타고니아 여행의 꽃이라는 모레노 빙하트레킹을 하기 위해 선착장으로 갔다. 짧고 수월하다는 미니 트레킹인데도 나이 제한이 65세이다. 나이에 걸려 혹 안 된다면 어쩌나 걱정했다. 보트를 타고 호수를 가로질러 빙하로 향했다. 태고의 옥빛이 푸르게 빛나는 빙하에서 불어오는 신선한 바람을 만끽했다. 다들 빙하 배경으로 사진을 찍느라 분주하다. 보트에 내려서 베이스캠프로 이동했다. 가이드가 아르헨티나 국기와 빙하 배경이 있는 사진 명소에서 사진을 찍어주었다. 아르헨티나 하늘색 깃발은 모레노 빙하의 색에서 나왔다고 한다.

베이스캠프에 도착하니 묵직하고 투박한 크렘폰을 신겨주었다. 바닥에 날카로운 톱날이 있어 얼음에 미끄러지지 않는다. 발이 무겁고 어색해 잘못 걷다가는 자빠질 것 같다. 이래서 나이 제한이 있는 듯했다. 천천히 가이드를 따라 빙하 트레킹을 시작했다. 조심스레 얼음산을 저벅저벅 걸어 올라갔다. 빙하 군데군데 숯검정 같은 까만 때 같은 것이 보이니 옥에 티다. 사람이 밟아서 생긴 때가 아니고 먼지 재 등이 수천 년 누적되어 남긴 자국이다. 곳곳에 좁고 깊은 크레바스가 입을 벌리고 있다. 미끄러져 크레바스 안으로 들어가면 끝장이다. 새파란 빙하의 동굴 감옥에서 평생 오들오들 떨겠지. 빙산의 절벽 앞에 이르니 빙벽 피켈을 주고 사진을 찍어줄 테니 포즈를 잡으라고 한다. 피켈로 얼음을 찍는 포즈로 인증샷을 찍었다.

눈부시게 하얗고 푸르른 얼음산을 오르내린 뒤에 한곳에 모였다. 깨끗한 빙하를 깨서 얼음 조각으로 만든 빙하 칵테일 시음을 했다. '빙하 칵테일 한잔하세요' 가이드가 불렀다. 깨끗한 빙하에서 캐낸 투명한 얼음 조각을 넣은 위스키 한 잔과 초콜릿 한 알을 준다. 짜릿한 위스키가 목을 축이니 한기가 사라지는 느낌이다. '한 잔 더 주세요' 한 잔 더 마시니 몸이 더욱 따뜻해진다. '한 잔 더' 하고 술 욕심을 부렸더니 안전을 고려해 두 잔까지만 준단다. 초콜릿으로 입맛을 달래며 빙하 절경을 부지런히 사진에 담았다.

빙하 트레킹을 마치고 아쉬움을 뒤로하며 보트에 올랐다. 어느덧 걷힌 비구름을 뚫고 강렬하게 내리는 햇빛에 몸을 녹였다. 엘 칼라파테 시내에 도착해 레스토랑에 들어서니 온몸이 나른했다. 아쉬움이 남아있는 빙하 칵테일을 한 잔 주문했다. 암소고기 필레미뇽이 입속에서 따뜻한 칵테일에 사르르 녹는다. 신비하고 행복한 하루다.

라스베이거스가 부른다

　라스베이거스는 미국 서부 네바다주의 사막 황무지 한가운데 있다. 휘황찬란한 불빛으로 밤을 깨우며 과거와 미래의 환상을 현실로 체험할 수 있는 도시이다. 파리 에펠탑, 뉴욕 마천루, 이집트 피라미드, 춤추는 분수와 미래의 공간 등을 하루에 경험할 수 있다. 내가 살던 LA 지역에서 차로 5시간 정도의 거리이다.
　LA 근교로 이사 온 1992년부터 라스베이거스에 종종 방문할 일이 생겼다. 그때쯤 'Sin City'라는 오명을 씻고 가족 중심의 리조트로 바뀌며 볼 것이 많아지기 시작했다. 스트립에 있는 미라지 호텔은 라스베이거스를 도박 도시에서 가족 도시로 탈바꿈하게 만든 대표적인 리조트 호텔이다. 호텔 앞에서 펼쳐지는 '화산 쇼'는 12m 높이의 불꽃과 용암이 폭포수같이 흘러내리는 장관이다. 호텔은 손님을 끌기 위해 음식이나 숙박이 저렴했다. 10불 정도의 비용으로 뷔페에서 킹크랩과 랍스터도 먹을 수 있었다. 잘하면 공짜 숙박 티켓도 구할 수 있었다. 주말마다 라스베이거스에 영양 보충하러 가는 지인도 있었다.
　구시가지 프레몬트 호텔에 숙박했을 때의 일이다. 사람에게 잘 보이는 슬롯머신에서 달그락 팔을 당겨 릴을 돌렸다. 200불 이상이 동전으로 쨍그랑거리는 요란한 소리와 함께 번쩍번쩍 도는 불빛에 쏟아져 내렸다. 미라지 호텔에서는 슬롯머신을 했다. 시끌시끌한 홀에 앉아 머릿속은 대박의 기대감으로 짜릿했으나 곧 빈털터리가 되었다. 새로운 스트립 거리와 경쟁하기 위해 구시가지에서는 당첨 확률을 높게 해두었다. 이제는 종이로 된 쿠폰으로 스르륵 조용하게 나오니 흥분되지가 않는다.

라스베이거스의 진정한 매력은 쇼 엔터테인먼트이다. 수많은 독특하고 환상적인 공연이 펼쳐진다. 서커스쇼, 마술쇼, 성인쇼, 뮤지컬 등 다양한 장르를 방문자의 취향에 맞춰 폭넓게 선택할 수 있다. 벨라지오의 'O' 쇼는 물을 테마로 한 몽환적인 수중공연이다. 거대한 수영장 무대에서 싱크로나이즈, 수중발레 등 볼 수 있다. MGM 그랜드의 '카(KA)'쇼는 내가 본 쇼 중에서 가장 스펙터클했다. 무대가 80톤에 달하는 거대한 판인데 수직 대각선으로 자유자재로 움직인다. 무술 대결을 낭떠러지 무대에서 스릴 넘치게 펼친다. 쌍둥이 남매의 사랑, 갈등과 모험을 웅장하게 표출한다.

작년에는 아들과 가장 뜨거운 화제인 스피어(Sphere)를 보려고 갔다. 스피어는 최근에 지어진 미래를 체험하는 공연장이다. 세계 최대 규모의 반원형 LED 스크린으로 둘러 빛을 발하고 있다. 가격이 저렴한 서커스서커스 호텔로 예약했다. 이 호텔은 가족 단위 관광객 위주로 무료 서커스 공연도 한다. 3시쯤 호텔에 도착했는데 인산인해였고, 체크인하는 데 한 시간 넘게 걸렸다. 낡은 객실을 보면서 역시 싼 게 비지떡이라는 생각을 했다.

라스베이거스에서는 세계적으로 유명한 음식을 맛볼 수 있다. 취향과 예산에 맞춰 다양한 미식을 즐길 수 있으니, 가기 전부터 가슴 설레는 곳이 라스베이거스다. 3대 뷔페 중 하나인 윈호텔로 갔다. 신선한 해산물로 유명한데 100불이 넘는다. 긴 줄에 한 시간이나 기다렸다. 앞에 있던 동양 노인이 기다리다 지쳤는지 쿵 하고 쓰러졌다. 응급 팀에 실려 나가는 것을 보니 측은하다. 언젠가의 내 모습일지도. 수많은 꽃과 장식으로 꾸며진 공간에 전시된 다채로운 세계 요리들이 반긴다. 무엇을 먹을까 행복한 고민에 빠졌지만, 푸짐하게 킹크랩 한 접시로 시작했다.

　스피어행 모노레일을 타려는데 개찰구가 열리지 않는다. 나는 넘어서 가려고 했는데 아들이 안 된다며 막는 바람에 열차를 놓쳤다. 하마터면 꼰대처럼 화를 낼 뻔했다. 아들 생각이 옳을 수 있다. 아들 모르게 분을 삭였다. 〈지구에서 온 엽서〉(Postcard from Earth) 영화를 보았다. 4D 다큐멘터리 영화로 지구의 과거와 미래를 입체적 음향과 좌석의 진동으로 현실감 있게 체험했다. 영화를 보고 나서 넓은 홀로 나가니 AI 로봇이 강단에서 연설한다. 서 있는 위치에 따라 4가지 다른 언어로 들리니 신기하다. 로봇과 대화할 수 있는 코너도 있는데 줄이 길어서 포기했다.

　올봄에는 선배들과 라스베이거스로 갔다. 작년 악몽이 생각나서 이번엔 좀 비싼 벨라지오 호텔에 묵었다. 호텔의 상징인 분수 쇼는 1,200여 개의 노즐로 음악에 맞춰 춤추는 환상적인 쇼로 유명하다. 체크인도 오래 걸리지 않았다. 엘리베이터를 타고 객실로 가려는데 문이 닫히고 열리지 않는다. 고장이 나서 내릴 수도 없이 갇혀버렸다. 엘리베이터를 수도 없이 타보았지만 이런 일은 처음이다. 비상통화로 연락했지만 30분 넘게 푹푹 찌는 더위 속에 나갈 수 없었다. 긴급 대응 팀이 와서 열어주며 미안하다고 200불짜리 쿠폰을 주었다.

저녁은 유명 셰프 레스토랑으로 갔다. 레드와인에 곁들인 부드러운 안심 스테이크는 입안에서 사르르 녹아내린다. 아침도 벨라지오 호텔 보태니칼 가든의 화려한 꽃과 분수가 보이는 레스토랑에서 어제 받은 쿠폰으로 먹으니, 눈과 입이 즐겁다.

라스베이거스는 더 이상 도박만을 즐기는 곳은 아니다. 세계의 유명 관광지를 한 번에 돌아볼 수도 있다. 사막이 오아시스로 변화된 곳, 상상력이 현실로 되는 현장을 목격한다. 일상에 찌든 군상들이 무거운 짐을 잠시 내려놓고 웃고 떠들며 스트레스를 해소할 수 있다. 일확천금을 바라는 욕망이 잡힐 듯하다가 신기루처럼 사라져 버리는 라스베이거스. 허탈하게 발걸음을 돌리며 성실한 노력의 고귀함을 되새긴다.

캐나다 로키의 눈꽃 왕국

　캐나다 여행의 진수는 로키산맥에 있는 밴프와 재스퍼 국립공원이다. 설산을 사진에 담기 위해 3월 말에 나 홀로 캘거리로 갔다. 공항에서 차를 빌려서 '캐나다 로키의 진주'라고 불리는 레이크 루이스까지 가는 데 2시간 정도 걸렸다. 눈발이 흩날리며 차가운 바람에 살을 에는 추위다.

　호수는 꽁꽁 얼어붙어 옥빛 물결을 볼 수 없었다. 많이 아쉬웠다. 호수 뒤편의 빅토리아 빙하도 뿌옇게 눈발에 가려서 볼 수 없다. 얼음 눈밭 위를 뽀드득뽀드득 걷다가 왼쪽 허벅지까지가 물속에 텀벙 빠졌다. 쓰러지면서 두 손으로 언 곳을 붙잡고 간신히 빠져나왔다. 별다른 위험 표시도 없고 하마터면 얼음 왕국에 갇힐 뻔했다.

　밴프에서 재스퍼로 가는 아이스필드 파크웨이는 230km 되는 거리이며 '세계에서 가장 아름다운 드라이브 코스' 중 하나로 손꼽힌다. 하늘을 향해 솟은 뾰족한 설산들이 하얀 파도를 연달아 치듯 굽이치며 이어진다. 침엽수들마저도 덮어버린 흰 눈으로 계곡은 하얀 침묵으로 잠들어 있다. 만년설 봉우리 아래 얼어붙은 옥색의 빙하는 구름 사이를 뚫은 햇빛을 받아 반짝거린다. 푸른 하늘 솜털 구름 아래 펼쳐지는 백설 왕국의 파노라마에 압도되어 나의 가슴은 경외심으로 물든다. 조물주가 그린 장엄한 풍경화 앞에 인간 존재는 얼마나 작고 보잘

것없는가.

 밴프는 동계올림픽 스키경기가 열렸을 정도로, 세계적으로 유명하다. 밴프 3대 스키장 중 하나인 선샤인 빌리지로 갔다. 설레는 마음으로 리프트를 타고 산 정상(2,730m)에 올랐다. 햇빛을 받아 하얗게 빛나는 설봉은 눈이 시리게 아름다웠다. 이런 절경을 보며 스키 타는 기회가 또 있을까. 슬로프의 눈은 포근하고 보송보송했다. 하얀 눈가루를 흩날리며 구름 위를 나는 기분으로 바람을 가르며 내려갔다. 스키장에서는 커피보다 코코아가 제격이다. 달콤 따듯한 코코아에 몸과 마음이 훈훈해졌다.

 애서배스카 폭포에 들렀다. 천년만년의 세월이 흘러 만든 협곡은 다채로운 색깔을 지닌 암석들로 빚은 조각 작품이다. 시간과 물의 세미한 예술세계를 보여준다. 꽁꽁 얼어붙은 협곡은 얼음을 뚫고 물줄기가 간헐천 분출하듯 힘차게 솟구친다. 강이 보이는 전망대로 가보니 에메랄드빛의 강물이 암벽 밑을 도도하게 흐른다. 얼어붙은 강가는 설원이 하얗게 굽이굽이 늘어서 있다. 파란 하늘 밑에 청록의 나무들이 병풍처럼 둘러서 있다. 천국 같은 평화로운 풍경 속에서 내 영혼의 힐링 시간을 갖는다.
 재스퍼에서 가장 유명한 멀린 호수에 가는 길에 엄청난 눈이 퍼부었다. 오가는 차도 없는 위험한 길을 달려 호수에 들어섰다. 세상이 온통 눈꽃으로 아무 것도 보이지 않았다. 얼어붙고 적막한 호수에 아쉬움보다 두려움이 엄습했다. 위험한 눈길 운전이었다. 재스퍼에 있는 숙소로 돌아오니 호스트 할머니가 '도로를 폐쇄했어야지' 걱정하며 반겼다. 시내에 나가 한인 식당에서 돼지갈비에 된장찌개를 먹으니 피로가 풀렸다.

일정을 마치고 캘거리공항으로 가다가 눈사태로 중간에서 길이 막혔다. 얼마 전에 한인 산악회 등산객 5명이 밴쿠버 인근 눈 덮인 산에서 추락사했다는 뉴스도 있었다. 늦더라도 안전하게 반대 방향으로 돌아가기로 했다. 과속하다가 경찰한테 걸렸다. 눈사태로 돌아간다고 사정을 하니 조심해서 가라며 봐주었다. 8시간을 운전하여 캘거리공항에 도착했으나 한발 늦었다. 다음 날 비행기로, 집으로 돌아왔다.

2년 전 6월 말에 아들과 함께 로키산맥의 여름 눈꽃 왕국을 보러 왔다. 아침에 레이크 루이스부터 들렸다. 주차장에 내려 아침 햇살을 맞으며 울창한 숲길을 지났다. 빙하가 흘러내린 호수는 비췻빛 보석처럼 영롱한 빛을 발한다. 빅토리아 빙하를 품은 웅장한 설산이 호수에 빠져있다. 잔잔한 물속을 바라보니 몇 년 전 얼음물 속에 갇힐 뻔했던 내 모습이 투영된다. 호수 위를 떠다니는 붉은색 카누와 에메랄드빛 물결, 그 뒤에 보이는 눈 덮인 산은 한 폭의 아름다운 그림이다. 레이크 보우는 오후 늦게 들렀다. 여기도 빙하가 녹아 만든 옥빛 호수이다. 해가 질 무렵이 되자 하늘은 붉은빛으로 물들었다. 호수에 내려앉은 하얀 산봉우리들이 황금빛 물결에 흔들린다. 말로 형용할 수 없는 신비함에 창조주가 지은 장엄한 서사시를 숙연하게 들었다.

애서배스카 폭포는 좁은 협곡 사이로 우렁찬 물줄기가 천둥소리로 포효하며 흘러내린다. 아래로 곤두박질치며 물방울은 흩어지며 오색빛 무지개를 뿜어낸다. 밑에 내려가 강에 발을 담그니 차가운 기운에 온몸의 피로가 한순간에 날아간다. 하얀 잠에서 깨어난 침엽수들은 키 자랑을 하며 하늘을 찌를 듯이 뾰족하게 서 있다. 북미에서 가장 큰 빙하인 컬럼비아 아이스필드 근처에 멈췄다. 빙하 체험을 위해 특수 제작된 설상차는 20년 전 8월에 타보았다. 바퀴가 어른 키만큼이나 높은 설상차를 타고 거대한 빙하 위를 올라갔다. 한여름의 따사로운 햇볕 아래 반팔 차림으로 얼음 위를 걷고 빙하 물도 맛보는 재미있는 체험을 했다. 설상차는 가족이 함께 즐길 수 있는 투어다.

 몇 년 전 폭설로 발길을 돌려야만 했던 멀린 호수로 향했다. 노란 들꽃이 여기저기 환하게 피어있다. 엘크 무리가 도로를 안전하게 건너도록 차들이 길게 줄을 서서 기다렸다. 스피릿 아일랜드 가는 보트 선착장에 도착했다. 멀린 호수 위의 높은 봉우리는 하얀 설국이다. 햇빛에 따라 호수는 옥빛, 푸른빛 비단 물결로 시시각각 반짝이며 속삭인다. 솟아난 침엽수림 옆 계곡에는 빙하 녹은 물이 콸콸 흘러내린다. 스피릿 아일랜드는 호수 안쪽 깊은 곳에 자리한 작은 섬이다. 침엽수 몇 그루가 조용히 서 있고 사면으로 만년설 봉우리와 빙하 계곡이 병풍처럼 둘러서 있다. 오묘한 경이로움과 때 묻지 않은 순수함이 깃들어 있다. 선착장에 내려서 부지런히 스피릿 아일랜드 배경으로 셔터를 눌렀다. 이 섬은 그림엽서에도 많이 등장하는 캐나다의 상징으로 많은 사진작가들이 담고 싶은 풍광이다.

 캐나다 로키산맥은 어떤 계절에도 눈꽃 피는 겨울왕국이다.

작은 신비의 하루

　잠을 이루지 못해 뒤척이는 날이 많아진다. 자리에 누워 하나, 둘, 셋 세다 보면 어느새 잠 속으로 빠져든다. 잔잔한 바닷가에 하얀 파도 물결 위로 둥근달이 떠 있다. 무성한 야자나무 밑에 금빛 모래가 반짝인다. 하늘에는 오색 무지개가 아련하게 펼쳐진다. 몽환적인 광경에 넋을 잃고 바라본다. 갑자기 집채보다 큰 파도가 밀려온다. 어느새 머리 위에서 나를 덮치려고 한다. 도망치려고 발버둥 치지만 발이 떨어지지 않는다. 파도에 휩쓸린 나는 무시무시한 사망의 골짜기를 헤맨다.
　놀란 가슴으로 눈을 떠보니 날이 밝았다. 죽음을 맛본 으스스한 잠에서 깨어났다. 시간과 공간이 헝클어진 세계에서 방황하다 돌아왔다. 가슴을 쓸어내리며 창밖을 보니 촘촘히 들어선 대나무들이 좌우로 심하게 흔들린다. 마디마디 솟은 가지에서 나뭇잎끼리 부딪쳐 휘이익 소리를 낸다. 세찬 강풍에도 가냘픈 잎새는 살랑살랑 손을 흔든다. 겨울의 차가운 삭풍에도 초록빛을 잃지 않았다. 대나무 가지에 어렵게 잿빛의 꼬리 긴 새가 앉아 있다. 나뭇잎의 춤을 보고 새들의 지저귐을 들으니, 악몽은 사라진다. 창문을 드르륵 열고 눈인사를 하니 푸드득 소리를 내며 날아간다. 차디찬 바람에도 봄의 냄새가 실려 온다. 따스한 햇살에 눈을 비비고 깨어나는 신비스러운 아침이다.
　핸드폰으로 오늘 일정을 살펴본다. 이젠 스마트폰 없이는 원활한 일상생활이 불가능하다. 오늘은 미국에 있는 둘째 생일이다. 작년엔 깜빡 잊고 생일 축하를 못 했다. 카톡으로 생일 축하 메시지를 보냈다. 첫째네 집에서 생일 축하 파티하는 사진이 왔다. 손자가 벌써 많이 컸다. 태어났을 때 코로나가 한창일 때 태어났기에 간신히 한번 안아 보고 돌아왔다. 고사리 같은 손가락을 꼬옥 움켜잡고 잠들어 있는 모습이 아직도 눈에 선하다. 어느새 이렇게 자랐을까. 이목구비가 또렷해지고 장난기가 도는 미소도 짓는다. 이젠 키도 크고 몸무게도 늘어나고 아장아장 홀로 걷는다고 한다. 다음 달에 보게 되니 마음이 설렌다.

자리를 박차고 일어나서 부엌으로 향한다. 건강에 좋다고 하여 사과 반 개를 먹는 습관이 벌써 여러 해가 되었다. 사과를 입에 무니 새콤달콤한 맛에 입이 녹는다. 샌드위치와 신선한 야채로 아침 식사를 한다. 한입 한입에 입맛이 돋아오고 지쳐 있던 근육 세포에 힘을 공급한다. 길쭉한 셀러리의 아삭아삭하게 씹히는 맛은 별미이다. 블루베리 몇 알을 입에 넣는다. 상큼한 신맛 뒤에 깊은 단맛이 혀끝으로 서서히 퍼져간다. 차가운 아이스커피는 잠들어 있던 뇌세포를 깨워 감각이 살아난다. 후식으로 설탕보다 더 달달한 '설향' 딸기의 맛을 감상한다. 미국 딸기는 덩치만 크고 단맛이 별로 없다. 언제 한국 딸기가 세계적으로 맛난 품종을 개발했을까. 모든 음식이 각자 고유한 맛으로 우리를 즐겁게 한다. 나의 미각이 여러 맛을 구별하고 먹는 기쁨을 선사하는 것도 오묘한 일이다.

어느새 길모퉁이에 있는 개나리가 가지마다 노란 꽃봉오리를 달고 있다. 혹독한 겨울의 추위와 싸우는 개나리는 씩씩하고 화려하게 피어난다. 겨우내 죽었던 나무의 새순은 연두색으로 생기를 머금고 있다. 겨울은 봄이 오는 길목을 막을 수 없다. 잠에서 깨어난 나무는 생명의 힘이 다시 흐르고 있다. 멀리서 들리는 참새의 지저귐에 계절이 넘어가는 소리를 듣는다. 생명이 다시 태어나는 소리를 들으니 내 마음도 봄빛으로 물든다. 저녁 시간으로 기울어지니 하늘은 석양빛으로 파란 캔버스 위에 진홍색, 주홍색 그리고 분홍색 그림을 그렸다가 지우곤 한다. 노을빛이 정점을 향해 달릴 때 천상의 나라를 본 듯 나의 마음은 환희로 벅차오른다.

  칠흑 같은 밤이 찾아온다. 잠을 자려고 불을 끈다. 꿈속에서는 나도 모르는 사차원의 세계로 날아다닌다. 시간의 흐름도 없고 공간의 제약도 없다. 보고 싶은 사람을 만나기도 하고 헤어지기도 한다. 나도 모르는 내가 살기도 하고 죽기도 한다. 내가 잠들어 있는 사이에도 죽음 뒤에도 세상은 돌아간다. 잠은 작은 죽음이 아닐까. 누구라도 잠에서 깨어나야 일상을 회복한다. 백 년 뒤에 깨어난다면 바람에 흔들리는 나뭇잎을 볼 수 있을까. 내가 죽음에 이르는 깊은 잠에 들더라도 언젠가는 나를 깨워줄 수 있는 그분을 만날 수 있다. 나는 날마다 신비로운 이 여행을 꿈꾼다.

백송이

- 토마토가 익을 무렵
- 소이작도의 산책자들
- 장롱 위의 꾸러미
- 맥닐공원의 여름
- 힐튼헤드아일랜드(HiltonHead Island)에 가다

작가 노트

춥지도 덥지도 않아 좋은 날에, 빛바랜 장미 한 송이가 내 눈에 들어왔다. 기승을 떨던 더위가 물러가매, 장미도 슬슬 떠날 채비를 한다. 어느 시인이 노래한 대로 가까이 다가가서 자세히 본다. 오래 들여다본다. 가을 역광에 찬란하게 빛난다. 예쁘다.

글쓰기 공부를 하면서 사물을 보는 눈이 달라짐을 느낀다. 사진을 배우면서 세상이 달리 보였을 때와는 새삼 다른 깊은 느낌이랄까. 무엇을 해도 좋은 이 계절에, 잠시나마 곰곰이 사유하게 하는 장미를 만나서 좋았다.

《인간과 문학》 등단(2024)
산들문학회 회원
서초문인협회 회원
한국사진작가협회 정회원

tootsie100@hanmail.net

토마토가 익을 무렵

 올해도 어김없이 청계산 밑자락에 있는 작은 농장에서 문자가 왔다. 토마토가 잘 익어 판매를 시작한단다. 제 나무에서 알맞게 잘 익은 토마토는 시중에 유통되는 토마토보다 훨씬 싱싱하고 맛도 짭조름하니 좋다. 토마토가 빨갛게 익어가면, 의사의 얼굴은 파랗게 질린다는 서양 속담이 있는데, 나에게는 토마토가 탐스럽게 익어가면, 아련히 생각나는 얼굴이 있다.

 내가 다니던 초등학교는 논과 밭을 끼고 있는 신작로를 걷다 보면, 작은 야산을 만나는 곳에 있었다. 아침 등교 때는 논이 있는 길을 따라서 가고, 오후 하교 때는, 친구들과 삼삼오오 운동장을 가로질러서 학교 울타리 밑의 개구멍을 통과하여 집으로 갔다. 옷이 날카로운 철사 울타리에 걸리지 않게 개구멍을 통과하면 스릴 있기도 했고, 집으로 가는 지름길이기도 했다. 울타리 넘어 학교 앞산은 한 면이 나무도 없이 빨간 황토색이 그대로 드러난 가파른 곳이었다. 산 중턱에 크게 움푹 파인 곳이 두세 개 있었는데, 마치 해골의 얼굴 모습과 흡사하여 아이들은 그 작은 능선을 해골산이라 불렀다. 비가 와서 산밑에 실개천이 생기는 날을 제외하고 우리는 늘 해골산을 넘어서 집으로 가곤 했다.

 긴 여름방학이 끝나고 학교에 간 날, 아이들은 여름 땡볕에 그을려 까무잡잡한 얼굴로 서로 반가워했다. 담임 선생님이 출석을 불렀는데,

늘 말이 없던 명숙이는 결석이다. 그다음 날도 또 그다음 날도 친구는 학교에 오지 않았다. 며칠 후 선생님께서 나와 급우 두 명이 명숙이네 집에 가보라고 하셨다. 우리는 해골산에 오르는 길과는 반대인 무실리 방향으로 타박타박 걸어갔다. 도란도란 얘기를 나누며 논두렁 밭두렁을 끼고 한참이나 걸어갔다. 길가의 개미 떼를 들여다보기도 하고, 별 모양의 잔가시가 많은, 이름조차 기억나지 않는 덩굴 이파리를 따서 옷에 붙이고 떨어질세라 조심조심 걷기도 했다.

늦여름 따가운 태양 아래 걷느라 시나브로 지쳐갈 무렵에 우리는 명숙이네 집에 도착했다. 친구는 집에 없었다. 그녀의 어머니는 까맣게 그을린 얼굴에 수심이 가득한 채 별말이 없으시다. 그녀는 무표정한 얼굴로 낡고 커다란 고무 다라이에 펌프질을 힘겹게 하여 물을 받는다. 바구니에 있는 못생기고 덜 익은 끝물 토마토를 듬성듬성 썰어서 바가지에 담고, 당원을 조금 첨가한 후 차가운 펌프 물을 더해 휘휘 젓는다. 숟가락 몇 개 꽂아서 우리에게 내밀며 말씀했다. "우리 명숙이는 이제 학교에 안 간다고 선생님께 전해라. 서울 사는 친척 집으로 식모살이 갔다."

명숙 엄마가 내민 토마토 화채 맛이 어땠는지, 다 먹었는지 기억나지 않지만, 집에 가는 길이 아주 멀었던 것 같다. 말없이 동네 어귀에 도착하여 급우들과 헤어져서 집으로 갔다. 해가 뉘엿뉘엿 질 무렵이라 집에서는 나의 늦은 귀가를 걱정했다. 여름내 장염을 앓은 뒤끝이라, 끓이지 않은 펌프 물과 인공 감미료가 든 음식을 먹었다고 지청구도 들었다. 저녁도 먹는 둥 마는 둥, 지친 나는 잠자리에 들어서 다시는 못 볼 것 같은 친구를 생각했다. 서울은 어떤 곳인지, 친구의 식모 살이는 어떨지 등의 생각으로 뒤척이다가 까무룩 잠이 들었다.

　세월은 그럭저럭 가서 추석도 지나고, 크리스마스와 설날이 왔으며, 이듬해에 아카시아 꽃이 흐드러지게 피는 계절이 왔다. 나는 저녁 반찬거리를 사기 위해서 시장에 가는 엄마를 따라나섰다. 저잣거리는 늘 구경거리가 많았고, 가끔은 엄마를 졸라서 볼때기가 볼록 나올 정도로 큰 막대사탕이나 떡을 사 먹을 기회가 있어서 좋았다. 그러나 느끼한 순대 골목과 비린내가 진동하는 생선 골목은 숨을 참으며 빨리 지나가야만 했다. 빨간 불이 켜진 정육 판매대 옆의 닭집을 지날 때면, 아직은 살아 있으나 곧 죽을 운명의 닭과 눈이 마주치지 않으려고 질척한 길을 애써 외면하며 걸었다.

　다음 골목엔 아낙네들이 직접 채취한 푸성귀나, 집에서 담근 장아찌 등을 팔려고 줄줄이 앉아있었다. 다 고만고만하게 세파에 찌든 아낙들 사이에, 얼굴에 뽀얗게 살이 오른 어린 명숙이가 그녀의 어머니와 푸성귀를 다듬고 있었다. 반짝이는 까만 눈이 나와 마주치니 어색한 웃음을 짓는다. 서울 친척 집에서 식모살이 중인데 집에 다니러 왔단다. "서울 물이 좋아서 이뻐졌다."라고 우리 엄마는 덕담했다.

　그 시절엔 형편이 어려운 집 아이들은 학교에 한두 해 늦게 입학하기도 하고, 밭일 나간 부모 대신 어린 동생을 업고 학교에 오기도 했다. 도시락을 못 싸 오는 친구들도 있었고, 도시락이 없어 밥주발에 점심을 담아 오기도 하였다. 학교 전체에 풍금이 한 대뿐이라서, 음악 시간 전에 여럿이 다른 반 교실의 풍금을 우리 교실로 옮기기도 하였다.

초봄의 체육 시간에는 운동 대신, 보리밭에 가서 보리싹이 웃자라지 않게 밟으면서 뛰어다니기도 했다. 옥수수빵 배급으로 배를 채우기도 하고 솔방울을 주워다 교실 난로에 불을 피우기도 했다. 여름성경학교에 가면 아이들 간식으로 교회 텃밭에서 키운 잘 익은 토마토를 하나씩 주기도 했다. 군것질거리가 부족했던 시절 이야기이다.

  농장에서 토마토 한 상자를 샀는데, 농장 주인이 "먹는 데는 지장이 없을 거예요" 하며 못생기거나 터져서 상품 가치가 없는 토마토를 덤으로 주신다. 집에 돌아오는 차 안에서 토마토 한 개를 집어 옷에 쓱쓱 문지른 후 한 입 베어 문다. 짭조름하고 달콤한 토마토즙이 입안에 퍼진다. 싱싱한 토마토 냄새에 어린 시절의 이런저런 추억이 떠오른다. 나의 어릴 적 친구 명숙이는 어디서 어떻게 살고 있는지 궁금하다. 잘 익은 토마토만큼이나 달콤하고 행복한 인생을 살고 있으면 좋겠다는 생각이다.

소이작도의 산책자들

　여독이 쉬 풀리지 않는다. 몸이 푸석하고 무겁다. 안마의자에 앉아서 온몸을 다 맡기고 안마기가 두들기는 대로 흔들린다. 지그시 눈을 감으니 푸른 숲길이 아스라이 내 앞에 펼쳐진다. 안개비 속에 혼자만 흔들리던 손바닥 크기의 이파리가 생각난다. 왜 그랬을까. 큰 나무 몸체는 점잖게 서서 미동도 없는데 내 눈높이에 매달린 이파리 혼자서 방정맞게 흔들거린다. 마치 사춘기의 반항아 같다. 내게 이리 좀 와 보라는 유혹의 몸짓 같기도 하다. 바람은 왜 저 이파리만 흔드는 걸까? 길가의 웃자란 잡풀 때문에 가까이 다가서지 못하고, 멈춰서서 한참을 주시했다.

　소이작도는 인천광역시 옹진군 자월면에 있는 두 개의 유인도 중 하나인데 큰 섬은 대이작도라 불린다. 임진왜란 때 피난 온 난민들이 눌러앉아 살던 섬이라 하며, 해적들이 은거하면서 인근을 통과하는 세곡선을 습격하여 약탈했다고 한다. 이에 이적의 근거지인 이적도라 칭해지다가 이작도로 바뀌었다고 전해진다. 이 섬은 인천에서 배로 한 시간 거리에 있는데, 우리 일행은 일박 예정으로 대부도의 방아머리항에서 배를 타고 이동했다. 섬의 동쪽에는 자월도가 있고, 서쪽으로 덕적도를 끼고 있다.

　멀찌감치에, 길모퉁이를 돌아 다가오는 우리 일행이 보인다. 손을 흔들어 수신호를 한 후 다시 가던 길을 재촉한다. 굳이 선두로 걸어야 할 이유는 없으나, 그래도 앞장서 걷는 게 나는 좋다. 여럿이 두런두런 이야기를 나누며 걷는 것도 물론 좋으나, 혼자 무심히 앞만 보며 걷다 보면, 생각이 정리되고 마음이 차분해진다. 부지런히 걷다가 동행들이 올 때까지 잠시 멈추어 서서 기다림이 좋다. 보폭이 비교적 좁은 나는 여럿이 걸을 때 뒤로 처지면, 힘이 더 들고 걷기가 싫어진다. 간간이 내리는 안개비를 피하려고 우산을 펼쳤다 접었다 반복하며 걷는 미지의 숲길은 신비한 느낌마저 들었다.

선두로 걷다 보니, 혹시 독을 품은 뱀이라도 나타날까 하는 막연한 두려움도 있다. 등산용 샌들을 신고 젖은 풀잎을 스치며 걷다 보니, 발가락이 다 젖었다. 행여 빗길에 미끄러질까 봐 길바닥으로 시선이 자주 갔다. 발밑으로 많은 움직임이 감지된다. 안개비에 나들이 나온 달팽이들이 여럿 보인다. 예쁜 집을 등에 지고 느릿느릿 움직인다. 각자 등에 진 집 한 채로 만족해 보이는 그들이, 우리네 인간보다 행복해 보였다.

푸르릉 날아가 버린 풍뎅이같이 생긴 벌레는 아름다운 무지개색의 반짝이는 날개를 자랑하는 것 같았다. 무심코 걷다가 본의 아니게 어떤 생명체를 밟는 건 아닐까 하는 생각이 든다. 빨간색의 무엇인가가 잽싸게 지나간다. 또 한 마리가 재빨리 움직이다가 죽은 척 숨을 죽이고 있다. 자세히 보니 예쁘게 생긴 도둑게(일명 스마일게)이다. 몇 년 전 라오스 여행 때 처음으로 본 적이 있다. 온통 초록 초록한 숲속에서 보호색이 아닌 빨간 집게를 가진 게들은 무슨 배짱일까. 이들이 소이작도 먹이사슬의 상위 그룹인지도 모르겠다.

  숲길은 바닥에 코코넛 껍질로 엮은 매트가 깔려 있어 푹신하니 산책하기에 적당하다. 길가에는 이름 모를 보라색 꽃들이 안개비에 촉촉이 젖어서 고개를 숙이고 있다. 잠시 얕은 오르막이 있으면 반드시 내리막길이 기다리고 있으며, 다시 또 오르막이 있어서 마치 우리네 인생길과도 같다는 생각이 들었다. 비를 맞아서 반들반들 윤기 나는 긴 뱀이, 인기척에 놀라서 쏜살같이 내 앞을 가로질러 간다. 나보다 뱀이 더 놀란 모양이다. 산책자들이 고요한 숲의 평화를 방해하였나 싶다. 잠시 어디선가 선들바람이 불어와서 나그네들의 땀을 식힌다. 흔들리는 나무 사이로 달려오는 바람은 어디서 유래되었을까. 숲 아래 낭떠러지가 아득하니 끝이 보이지 않는다. 순간 심연으로 떨어질지도 모른다는 현기증과 실존의 불안감이 나를 엄습했다.

  길가에는 산딸기가 흐드러지게 익어 떨어지기 직전이다. 한 알을 따서 입에 넣으니 살짝 단맛이 혀끝에 감겨든다. 오래전 뉴욕의 락우드(Rockwood Mt.)마운틴 둘레길을 걸으며, 산딸기를 한 바구니 따고, 야생 체리로 배를 채웠던 기억이 떠오른다. 한 문우는 오디를 한 줌 따서 입에 털어 넣는다. '행여 우리가 실종된다면, 살아남을 수 있겠지? 산딸기나 오디를 먹고, 나뭇잎에 맺힌 이슬로 목을 축이고 말이야. 설마 진짜 해적들이 나타나서 포승줄로 우릴 묶지는 않겠지? 그 시절의 해적들은 어떤 모습이었을까? 〈캐리비언의 해적들〉에 나오는 자들처럼 멋진 사람들일지도 모르지.' 하며 H와 농담을 했다.

  드디어 해적 움막이란 이정표가 있는 곳에 도착하여 한숨을 돌렸다.

이정표 뒤로 내리막길이 있는데, 잡풀이 너무 무성하여 걷고 싶은 마음이 들지 않았다. 뱀이 또 출현할지도 모른다는 두려움이, 해적 움막에 대한 호기심을 상쇄했다. 뒤에 오던 일행도 곧 도착했다. 이제 오던 길로 되돌아갈 건지, 아니면 부둣가 쪽으로 전진하여 손가락 바위를 보러 가야 할지 등 의견이 분분하다.

우리는 지쳤기에 거리가 좀 짧은 손가락 바위 쪽으로 방향을 결정했다. 세찬 비바람에 우산이 뒤집히고, 비옷도 벗겨질 듯 너풀거린다. 목적지가 얼마 남지 않은 산책길을 느릿느릿 걷는다. 먼저 고개를 넘은 H와 나는 바닷물이 넘실대는 몽돌해변을 발견하곤, 탄성을 지른다. 누가 먼저랄 것 없이 해변으로 걸어가서 바닷물에 첨벙 발을 담근다. 시원 짭짤한 바닷물이 넘실대며 발을 지나, 나의 심장을 훑고 머릿속까지 짜릿하게 관통하여 올라갔다.

따뜻한 방바닥에 요를 깔고 누워 싱크대 위의 작은 창을 통해 밖을 올려다본다. 초저녁 밤하늘이 연하늘색과 회색 물감을 섞어 휘휘 저어 놓은 듯하다. 나뭇가지가 비바람에 낭창낭창 휘어지며, 우리 방을 기웃거린다. 뭍에서 온 여인들이 어찌하고 있는지 궁금한 모양이다. 내일은 날이 개어서 뭍으로 갈 배가 출항하려나 모르겠다.

세상사를 잊고 이틀을 보냈다. 궂은 날씨 덕에 섬에 하루 더 묵었음을 감사하게 생각한다. 안개비로 주저했던, 섬의 산책길을 섭렵했음이 기억에 남는다. 우연이었는지 모르겠으나, 봄학기 마지막 강의 주제였던 브루스 보의 책 〈플라뇌르, 산책자〉의 내용과 오늘의 섬 탐험이 연결고리가 되어 나에게 다가왔다.

루소에게 걷기가 사색의 도구였고, 영감의 원천이었듯이, 나도 섬의 숲길을 걸으며 잠시나마 복잡한 세상사를 잊고 오로지 나에게 집중하며 평온의 경지를 맛본 것 같다. 촉촉한 산길이 나의 몸과 마음에 온전히 스며들었다. 온통 빗물이, 꽃물이 바닷물이 나를 전율하게 했다. 앞으로 나는 걷고 또 걸을 것이다. 걸으면서 나의 내면을 향한 여정을 계속하여, 좀 더 성숙한 존재로 성장하고 싶다. 눅눅한 공기를 밀어내는 따뜻한 온돌바닥의 온기가 나를 시나브로 잠의 나락으로 빠져들게 한다.

장롱 위의 꾸러미

 툇마루에 한 뼘 햇살이 들어와서 그나마 조금은 온기를 느낀다. 동지섣달 추운 겨울 날씨가 을씨년스럽다. 빨아 널은 옷들은 젖은 채 꽁꽁 얼어서, 말린 북어처럼 딱딱하니, 빨랫줄에 매달려 있다. 추워서 나가 놀지는 못하고 툇마루에 앉아서, 빨갛게 언 손으로 애완견 두리의 귀만 만지작거린다. 가옥 밖에 사는 두리의 집은 가마니와 헌 이불로 중무장 되어있다. 빨랫방망이로 빈 대야를 두드려 본다. 대야 바닥에 몇 방울 남은 물도 탱탱 얼어서 햇볕에 반짝인다. 처마에 끝이 뾰족하고 마알간 고드름이 열 지어 매달려 있다. 심심하다.
 다시 방으로 들어간다. 장롱의 잘 개켜진 이불 더미를 힘겹게 꺼내어 포개어 쌓는다. 그 위에 베개도 몇 개 올려서 제법 높아졌다. 아랫목에 배를 깔고 놀던 동생이 합세한다. 동생이 이불 더미를 붙잡고, 키가 조금 더 큰 내가 베개를 디디고 올라간다. 장롱 제일 위 칸에 손이 간신히 닿는다. 뒤꿈치를 들고 장롱 위의 꾸러미를 살금살금 당긴다. 고개를 바싹 젖히고 안간힘을 써서 어질어질하다. 조금 더 당겨서 꾸러미를 손아귀로 잡는다. 성공이다.
 꾸러미를 풀어서, 아기 베개만큼 큰 덩어리의 한쪽을 과도로 베어내어 한 조각씩 입에 넣는다. 부드러운 육질의 물체가 입에서 씹을 새도 없이 살살 녹는 것 같다. 감질나지만 더 잘라 먹으면 엄마에게 들킬세라 다시 꾸러미를 여민다. 완전범죄를 가장하며 꾸러미와 이불을 제자리에 놓고 이불장 문을 닫는다.

　엄마는 사나흘에 한 번씩 장롱 위의 햄을 우리에게 간식으로 주셨다. 우리가 먹은 것은 요즈음의 스팸과 같은 저장육(boloney)인데, 미군 PX에 다니는 지인이 선물로 과자와 함께 선물로 주셨다. 냉장고가 없던 시절에 추운 겨울에는 실내도 위풍이 세고 추워서, 장롱 위의 햄은 우리가 다 먹을 때까지 변하지 않은 듯하다.

　장롱 위 꾸러미 옆에는 비닐봉지에 든 과자가 자리 잡고 있어 우리의 궁금증을 자아냈다. 예쁜 하트 리본 모양의 과자 표면에는, 작고 투명한 사탕 내지는 굵은 설탕 입자가 보석처럼 다닥다닥 붙어 있다. 보기만 해도 침이 꼴딱 넘어갔다. 아마도 네모난 덩어리를 다 먹고 나면 엄마는 과자 봉지를 개봉할 것이다.

　우리가 햄을 다 먹어 치운 지 며칠이 지났다. 나와 동생은 날마다 장롱 위를 올려보면서 장롱 위에 있는 과자의 맛을 상상하곤 했다. 드디어 엄마가 장롱 꼭대기에 모셔 두었던 과자 봉지를 꺼내셨다. 우리 남매는 유난히 바스락거리는 과자 봉지 뜯는 소리에, 달콤한 기대감에 들떠서 군침을 꼴깍 삼켰다. 두 조각씩 할당된 과자를 아까워서 한 귀퉁이 조금 베어 먹었다.

　아뿔싸. 그런데 이게 무슨 맛인가. 과자는 바삭하나 별맛이 없고, 과자에 붙은 보석들은 찝찔했다. 맞다. 설탕 포대인 줄 착각하여 이빨로 뜯어 구멍 냈던 두꺼운 비닐 자루의 내용물과 같은 짠맛이다. 설탕인 줄 알고, 김장에 대비해 세워 두었던 소금 자루의 옆구리를 뜯어서 지청구를 들었다. 두꺼운 비닐 자루가 귀하던 시절이다. 과자는 군대에서 나오는 구수한 건빵보다 못해 실망이 컸다. 외삼촌이 가끔 우리 집에 오실 때, 사다 주셨던 여러 색의 사탕 맛보다 훨씬 못했다. 사탕은 달콤하니, 색깔별로 다른 새콤달콤함과 과일 향이 있어서 환상적이었다.

딸과 나는 시간 날 때마다 집 근처의 대형 쇼핑몰에 가서 쇼핑과 외식을 자주 즐겼다. 당시에는 새로 지어진, 미국에서 가장 큰 쇼핑몰이라서 인기가 좋은 곳이었다. 쇼핑몰을 한 바퀴 돌고 나면, 피곤하기도 하고 시간도 잘 갔다. 우리는 가끔 식사도 하고, 시간이 없을 때는 아이스크림이나 가벼운 스낵을 먹기도 했다. 어느 날 새로 생긴 푸드스탠드에서 따뜻하고 폭신하니 쫄깃한 프레첼과 겨자소스 그리고 커피 한 잔으로 시장기를 달랬는데, 그 찝찔한 감칠맛의 여운이 지금도 생각난다. 나이가 들어가면서 입맛도 변하는 것 같다.

여행을 떠나기 위해 비행기에 탑승하면, 승무원들이 스낵으로 땅콩이나 프레첼을 시원한 음료와 함께 제공한다. 여행의 기대감에 들뜬 채 한쪽을 베어 물면, 고소하고 짭짤하니 맛이 나의 미각을 자극한다. 나는 처음으로 먹었던 찝찔한 과자의 맛에 실망했던 생각이 나서 혼자 슬그머니 미소 짓는다. 오래전에 작고하신 나의 모친은, 어린 남매의 완전범죄를 눈치채셨는지 지금도 궁금하나 알 길이 없다.

맥닐공원의 여름

　입춘이 지났는데도 날씨는 여전히 춥다. 외출할 때면 옷을 여러 겹 껴입고 털부츠에 마스크와 장갑까지 착용하고 완전 무장을 한다. 어쩌다 길에서 지인을 만나도 다들 모자를 푹 눌러쓰고 마스크까지 하여 얼른 알아보지 못할 때도 있다. 쌓인 눈이 덜 녹아서 길이 미끄럽다. 가능하면 집에서 소일거리를 찾는 요즈음이다. 그래도 통창으로 들어오는 햇살이 해맑아서 봄이 저 멀리서 느리게나마 오고 있음을 느낀다. 오늘은 미처 정리하지 못한 사진들을 들여다보면서 오후 시간을 보냈다.

　그동안 이곳저곳 다니며 사진을 많이도 찍었다. 수많은 사진을 폴더에 정리하는데, 유독 뉴욕 집 근처를 담은 사진들이 나의 시선을 사로잡는다. 나는 뉴욕 생활 삼십여 년에 총 네 번의 이사를 했다. 그중에 제일 마지막에 살던 집은 허드슨강 강가에 있었는데, 은퇴 후의 삶을 즐기던 곳이라 더욱 애틋하다.

　아침마다 커피 한 잔 들고 베란다에 나가서 바라보던 화이트스톤 브릿지가 눈에 선하다. 멀리 다리 위에서 성냥갑처럼 작은 차들이 일개미처럼 분주히 오간다. 다리 밑으로는 배들이 한가로이 유람하던 곳이 새삼 그립다. 카메라를 들고 현관을 나서면, 밤새 이슬 맞은 풀잎들이 수천수만 개의 구슬을 매달고 아침 햇살에 반짝인다. 잔디밭 사잇

길을 지나 허드슨강 강가를 따라 걷다 보면, 농익어 떨어진 오디 열매로 땅에 발 디딜 틈이 없다. 손에 한 움큼 오디를 따서 입에 털어 넣는다. 달콤한 과즙으로 목 넘김이 부드럽다. '오늘은 이만큼만 먹고 내일 또 와야지' 하며 모퉁이를 돌아가니 물웅덩이에서 참새들이 목을 축이느라 바쁘다.

 길갓집들의 얕은 담장 넘어 마당을 구경하며 걷다 보면 재미있는 사실을 알게 된다. 동양인들은 토란, 상추, 고추, 깻잎, 호박 등의 채소를 텃밭에 심었고, 서양인들은 수국, 장미, 능소화 등 꽃을 많이 가꾼다. 또 남미나 이탈리아계 사람들은 마당에 마리아상을 모셔 놓고 꽃으로 예쁘게 장식한다.

 걷다 보니 어느새 맥닐공원에 도착했다. 너른 잔디밭 한가운데 아름드리나무들이 삼삼오오 모여 서 있다. 아침 햇살에 빛나는 허드슨강이 나무들 뒤로 유유히 흐른다. 맑은 날이면 멀리 맨해튼의 고층 건물들도 보인다. 공원은 주말이면 동네 축구 모임과 가족 모임, 개인 운동하는 사람들로 붐빈다. 가끔은 재즈 음악 축제나 바자가 열리기도 한다. 지난주에는 지역 소방서에서 주관하는 환경보호 캠페인이 열렸는데, 마치 작은 마을 축제 같았다. 각종 게임과 페이스 페인팅, 허드슨강에서 카누 타기 등을 통해 환경을 어떻게 보호해야 하는지 직간접적으로 교육하는 모임이었다.

 개들의 아침 산책을 위해 나온, 낮이 익은 이웃들과 가벼운 아침 인사를 하며 지나친다. 물가를 따라서 쭉 걷다 보면, 멀리 라과디아 공항이 보인다. 공항 쪽의 이착륙하는 비행기들을 보면, 문득 나도 어디론가 떠나고 싶기도 하다. 조깅을 하는 무리, 매트를 깔고 요가를 하는 그룹, 나란히 열을 맞추어 서서 타이치를 하는 중국계 사람들, 혼자 앉아 명상하는 인도 사람 등 여러 인종이 모여 사는 뉴욕을 가히 대변하는 듯하다.

공원 한쪽에서는 하루에 두 번 들어왔다 나가는 물때에 맞추어 강태공들이 세월을 낚고 있다. 며칠 전 저녁 산책 때에 환호성이 들려서 다가가 보니, 어른의 팔뚝만 한 물고기가 잡혀서 몸부림을 치고 있다. 주로 농어가 잡히는데, 그 재미가 쏠쏠하단다.

나들이객 중에는 멕시코에서 온 호세의 가족도 있었다. 호세는 베이글을 굽는 공장에서 일하는 이주 노동자이다. 돈이 없어서 결혼식은 못 하고 그냥 동거한다고 했다. 다섯 살 먹은 아들은 수줍음이 많았다. 돈을 낼 터이니, 가족사진을 찍어 달라고 했다. 나는 아마추어 작가니 무료라고 하면서 여러 장 셔터를 눌렀다. 나중에 이메일 주소로 사진을 보냈더니 아주 고마워했다. 소박하나 그늘 없는 그들이, 이민 생활에 잘 적응해 가는 모습이 보기에 좋았다.

집으로 방향을 트니 아침 햇살에 수레국화가 아름답게 빛난다. 카메라 셔터를 신나게 누르다가 나처럼 카메라를 들고 다니는 두 신사를 만났다. 가벼운 인사를 나누었다. 그중 한 사람이 자기 이름은 마이클이며, 예전에 사진기자였다고 소개한다. 그는 맥닐공원에 삼십 년 넘게 매일 와서 사진을 찍고 산책도 한다고 했다. 어떤 피사체를 많이 찍냐는 나의 질문에 하늘을 가리킨다. 주로 매를 사진으로 담는데, 작년부터 공원에 매가 오지 않아서 걱정이란다. 아마도 기상이변 때문인가 싶다고 그 나름의 분석을 한다. 우리는 간밤에 비바람에 쓰러진 고목의 모습을 카메라에 담고, 각자 그날의 일상을 위해 발길을 재촉했다. 이후에도 우리는 공원에서 가끔 마주쳤다.

어디선가 바람결에 마리화나 냄새가 코끝을 스쳐 지나간다. 몇 년 전에는 마리화나를 나무 뒤나 숲속에 숨어서 피는 사람들과 가끔 마주치면, 그들이 놀라서 손을 뒤로 감추기도 했다. 요즈음 뉴욕에서는 치료용 마리화나의 소량 소지는 위법이 아니어서, 사람들은 그리 신경을 쓰지 않는다. 각자 개인의 의견과 판단, 책임을 존중함이 뉴욕답다는 생각이다. 그러나 한국적 마인드가 강한 나에게는 그리 향기로운 냄새는 아니다.

집으로 가는 길목에는 작은 어린이 놀이터와 분수대가 있다. 더운 한낮에는 분수대에서 솟구치는 물로 어른, 아이 구분 없이 더위를 식히기도 한다. 놀이터 옆의 화장실은 잘 지어진 건축물로 전혀 화장실 같은 느낌이 들지 않는다. 어느 여름날에 갑자기 장대비가 쏟아졌다. 공원에 산책하러 간 남편이 비를 맞을세라 우산을 들고 공원에 갔다. 그런데 사람들은 급하니까 남녀 구분도 없이 널찍한 여자 화장실 공간에 모여서 수다 꽃을 피우고 있어 나를 실소하게 했다.

오늘은 비 소식은 없고 하늘에 새털구름이 매우 아름답다. 저녁을 먹은 후에 나서는 산책길에 오늘은 어떤 하늘, 어떤 사람들을 만날지 기대된다. 어쩌면 딸랑딸랑 특유의 음악 소리를 내며 사람들을 유혹하는 아이스크림 차를 만날지도 모른다. 주머니의 비상금을 털어서 상큼한 딸기 아이스크림을 사서 먹으면서, 텍사스에 사는 딸에게 안부 전화를 하고 싶다.

　커피는 어느새 식어버렸고, 통창으로 들어온 햇빛은 슬그머니 물러날 채비를 한다. 간신히 맥닐공원의 사진만 정리가 되었다. 다시 찻물을 올린다. 코로나 팬데믹 이후에 미국 집을 처분하여서, 앞으로 뉴욕에 갈 일이 별로 없다. 나의 젊은 시절을 보냈던 뉴욕, 그리고 특별히 맥닐공원에서 여름에 아침마다 산책하던 기억은 나에게 아주 달콤한 아이스크림 같은 추억으로 남았다.

힐튼헤드아일랜드(HiltonHead Island)에 가다

딸과 단둘이 여름휴가를 떠났다. 여행사를 하는 이웃의 미국인 친구가, 여행 일정표를 내게 건넸다. 우리 모녀를 위해 특별히 신경 써서 예약했다며, 즐겁게 지내다 오라고 했다. 나는 여행을 떠난다는 행복한 설렘으로 들떴지만, 한편으로는 어린 딸과 단둘이 가는 자유여행이 처음이라서 약간 불안하기도 했다.

우리는 뉴욕의 케네디 공항을 떠나 노스캐롤라이나(North Carolina)의 샬럿(Charlotte) 국제공항으로 갔다. 그곳에서 힐튼헤드섬(Hilton Head island)까지 소형 비행기로 갈아타야 했다. 뉴욕에서 출발하는 비행기가 연착되는 바람에, 샬럿 공항에서 갈아탈 시간이 매우 촉박했다. 딸과 나는 있는 힘을 다해 탑승구까지 캐리어를 끌고 달려야 했다. 샬럿 공항은 예상외로 크고 복잡한 곳이었다.

숨이 턱에 닿을 정도로 뛰어서 탑승구에 도착하니, 승객들은 서류를 작성하고 있었다. 당시에는 힐튼헤드 아일랜드의 활주로가 짧아서 작은 비행기를 타야만 했다. 소형 비행기의 균형을 맞추느라 몸무게와 가방 무게를 측정했다. 서류에 숫자를 써서 제출한 후에야, 우리는 좌석에 앉을 수 있었다. 좁은 비행기 창으로 폭신한 뭉게구름과 바다를 보며, 섬에 가까워짐을 느낄 수 있었다.

우여곡절 끝에 도착한 미지의 섬은 고즈넉하니 조용하고 아름다웠다. 인파로 북적이고 들뜬 분위기의 관광지가 아니고, 진정으로 쉴 수 있는 휴양지였다. 아침마다 조간신문이 호텔 방으로 배달되었으며, 낮에는 해변에서 책을 읽었다. 덥고 습한 공기는 천장에 매달린 팬이 돌아가며 열기를 쫓아냈다. 호텔 전체에 에어컨이 존재하지 않고 자연 바람에 의지했다. 오래전 뉴욕 동부의 모홍크(Mohonk)라는 휴양지에 갔을 때도 에어컨이 없었던 기억이 났다. 에어컨이 설치된 곳은 카페나 병원 등 몇 군데 외에는 없는 듯했다.

우리는 매일 부기를 잡고 파도타기를 하며 놀았다. 부기를 타는 중, 내가 아끼는 선글라스가 파도에 휩쓸려 가버려 몹시 아쉬웠다. 부기를 타다 지루해지면, 해변을 따라 걸었다. 사람들은 웃통을 벗고 태닝을 하느라 태양을 따라 비치 의자의 방향을 바꾸었다. 사람들은 추리소설이나 러브스토리 잡지 등 가벼운 읽을거리로 소일하다 몸이 뜨거워지면 찬 바닷물에 열기를 식혔다. 우리도 읽고 버려도 아깝지 않은 페이퍼백(paperback, 휴대가 편리한 대중적 장르의 책)을 한 권씩 가져갔다. 휴가 온 사람들의 피부가 어느 정도 그을렸냐에 따라 그들이 그곳에 얼마간 머물렀는지 짐작할 수 있었다.

바닷가에서 사람들이 커다란 모래성과 악어의 모습을 만드는 걸 구경했다. 손톱 밑이 새까맣게 될 정도로 모래사장에서 두꺼비 집을 만들고, 땅따먹기 놀이도 하며 어린아이들처럼 놀았다. 사람들이 모래사장에서 놀던 흔적은 다음 날 아침이면 파도에 싹 쓸려가 버려서 빈 도화지처럼 깨끗하였다.

그 섬에서 딸이 처음으로 두발자전거 타기에 도전하였다. 이틀을 내가 뒤에서 잡아주고 연습하여 자전거를 제법 잘 타게 되었다. 하루는 자전거를 타고 섬의 이곳저곳을 둘러보기도 했다. 둘이 자전거를 타고 거리로 나서니, 시내 중심가는 한적하고 나른한 느낌마저 들었다. 거리에는 관광객만 몇몇이 한가로이 어슬렁거리고 있었다. 우리는 야자수 나무 아래에 잠시 멈추어 아이스크림을 먹으며 땀을 식혔다. 부둣가에 정박한 하얀 배들이 햇살에 반짝이며 그 자태를 뽐냈다.

예전에는 여행을 가면 돌고래 구경, 스노클링 거북이 만나기, 잠수함 타기, 바나나보트 타기 등 시간을 적극적으로 활용하며 놀았었다. 이번 여행은 사춘기여서 좀 소원했던 딸과 많은 대화를 나누면서 서로의 마음을 이해하게 된 특별한 여정이었다. 직장 일로 늘 바빠서 딸에게 많은 관심을 쏟지 못해 미안했던 엄마와 늘 엄마의 부재에 불만이 많았던 딸과 함께한 밀월여행이었다.

저녁 식사 때면 요리장이 테이블로 직접 와서 한쪽 무릎을 꿇은 기사 자세로 "레이디스(ladys)…." 하며, 그날의 스페셜 요리 설명을 한 후에 주문을 받았다. 그때 먹었던 생선 요리와 디저트의 맛을 지금도 잊을 수 없다.

일주일간 태양에 그을린 우리는, 충분히 재충전이 되어 가을을 맞을 준비가 되었다. 서로 마주 보며 웃으면 온통 구릿빛 피부에 이빨만 하얗게 반짝였다. 공항으로 향하기 위해 택시를 불렀다. 택시 기사는 우리의 짐이 너무 없음에 의아해하며, 섬에 며칠간 머물렀냐고 물었다. 우리는 짐을 꾸릴 때 가능하면 가볍게 그리고 헌 옷을 가져가서, 여행

후 버렸기에 행장이 가벼웠다.

　공항에서 탑승 절차를 위해 줄을 섰는데, 금발의 어린아이가 나의 팔을 슬쩍 스치듯 만져본다. 동양인을 처음 보는 듯한 호기심이 가득한 얼굴이다. 아이 엄마가 당황하여 미안하다고 사과했다. 나는 괜찮다고 답했다. 그 무렵 섬에는 한국인이 거의 없던 시절인데, 지금은 한인들이 좀 있다는 소릴 들었다. 요즈음엔 항공편도 예전보다 많아지고 활주로도 길어서, 작은 비행기를 타며 몸무게까지 적는 수난은 없는 것 같다.

　태양이 빛나는 여름 휴가철이 되면 딸과 여유롭게 시간을 보냈던 그 섬이 생각난다. 딸도 그때 함께한 힐튼헤드섬에서의 휴가가 제일 기억에 남는다고 한다. 다시 한번 그 섬에 가서 부서지는 파도에 몸을 실어보고 싶다.

김영희

- 과자 봉지
- 이중섭의 삶과 예술을 따라 걷다
- 염소가 열리는 아르간 나무
- 니 돌담 내 돌담
- 초복 삼계탕

작가 노트

나는 지금 글을 만든다. 글을 쓴다고 말하기엔 아직 멀고, 다만 조심스레 만들어 가고 있다. 마치 흩어진 퍼즐 조각을 하나씩 맞춰보듯, 단어를 고르고 문장을 세워 나간다. 그 조각들이 언젠가 온전한 그림이 될지, 아니면 여전히 흩어진 채로 남을지 알 수 없지만, 그 불완전함 속에서 글의 생명을 느낀다.

처음에는 한 문장을 써 내려가는 일조차 버거웠다. 그러나 문장 사이를 메우는 공백 속에서, 나는 내 생각과 감정을 새로이 발견했다. 글은 나를 비추는 거울이었고, 동시에 나를 다시 빚어내는 손이었다. 그렇게 나는 조금씩, '글을 쓰는 사람'으로 되어 가는 중이다.

지금 내가 하는 일은 완성보다는 탐색에 가깝다. 단어와 단어가 부딪히며 내 안의 소리를 찾아내는 과정이다. 서툴지만 진심으로, 흔들리지만 멈추지 않고, 나는 오늘도 한 줄의 문장을 만든다.

언젠가 이 모든 조각이 모여 완성된 그림이 되길 바란다. 그때 나는 비로소 글을 '쓴다'라고 말할 수 있을 것이다. 지금은 그 길 위에서, 조용히 연습 중이다.

산들문학회 회원

lime10310@gmail.com

과자 봉지

 몇 해 전, 인도에 있는 창 라에 간 적이 있다. 차를 타고 고도 5천 미터 이상 올라갔다. 가는 내내 일행들 모두가 고산병으로 고통을 겪었다. 누군가는 두통으로, 또 누군가는 무기력으로, 또 다른 사람은 호흡 곤란에 시달렸다. 증상도 가지각색이었으며 고산병은 생명이 있는 모든 것에 고통을 주는 것 같았다. 햇빛에 녹아내린 듯한 앙상한 나무와 들판에 핀 이름 모를 야생화만이 고통에서 벗어나 있는 것 같았다.
 배고픈 탓에 간식을 먹기 위해 배낭을 열어보고 깜짝 놀랐다. 배낭 속에 있는 과자 봉지가 빵빵하게 풍선처럼 부풀어 있었다. 생명이 없는 과자 봉지조차 배낭 안에서 고산병을 앓고 있었던 모양이었다. 얼마나 힘이 들었으면 자기 몸의 몇 배나 크게 부풀어 있었을까. 금방이라도 터질 것처럼 보였다.
 고국의 맛이라 꼭꼭 숨겨두었던 과자였다. 봉투에 있는 빨간 새우 그림이 풍선처럼 부푼 탓에 새우가 살아 날뛰는 것처럼 보였다. 물건에도 생명력이 있는가 보다. 물건이 만들어진 쓰임새대로 사용되면 그것이 곧 생명을 얻는 게 아닐까. 이 과자의 생명은 포장지가 벗겨지고 내용물이 누군가에게 행복과 기쁨을 주는 것이리라. 흔들리는 봉지 속에서 새우 과자는 서로 부딪혀가며 살려 달라고 아우성을 치는 것만 같았다.

고통에서 벗어나고 싶어 하는 마음은 인간과 사물이 똑같나 보다. 한낱 사물에 불과한 과자 봉지조차 고통에 몸을 떨고 있었다니. 짧은 순간 이승과 저승이 마주쳤지만, 배고픔의 본능에 몸과 마음은 따로 놀고 있었다. 싱싱하게 펄떡거리는 새우의 본모습처럼, 바다의 비릿한 맛과 고소하고 바삭한 식감이 입안에서 요동을 쳤다. 상상만으로도 벌써 손가락은 그쪽을 향해 꿈틀거리고 있었다.

과자 봉지는 이미 허기진 내 손아귀에 있었다. 하지만 나는 차마 그 봉지를 뜯을 수가 없었다. 부풀어 오른 모습에 차마 껍질을 벗길 수가 없었다. 나보다 더 고통에 몸부림치는데 어찌 빨간 속살을 탐할 수 있으랴.

이중섭의 삶과 예술을 따라 걷다

 혹한 속에 피어난 붉은 동백꽃이 절정의 아름다움을 불꽃처럼 피우고 낙화하자, 붉은 꽃과 흰 눈의 조화가 어여쁜 홍매화가 가지마다 활짝 피었다. 벚꽃의 은은한 향기까지 더해지니, 봄꽃들의 향연에 초대받지 않은 이가 없다.
 봄 향기 가득한 전시회 소식을 듣고 미술관으로 한달음에 달려왔다. 꽃처럼 순수했던 천재 화가 이중섭의 삶과 예술의 발자취를 오롯이 느껴보고 싶었기 때문이다. 꽃잎이 소담스레 내려앉은 돌담길을 따라 안쪽으로 접어드니, 이중섭 미술관이 눈길을 붙든다.
 이번 전시회에는 삼성가로부터 기증받은 원본 작품도 전시되고 있다. 전쟁을 피해 제주로 피난 왔던 서귀포 시절의 삶이 고스란히 담긴 작품들과, 가족에 대한 그리움과 애절한 사랑을 엿볼 수 있는 귀한 기회였다.
 미술관 안으로 발길을 옮겼다. 입구에 들어서자, 이중섭 화가의 상징인 붉은 황소 한 점이 관람객을 맞았다. 전시관에는 유화, 은지화, 엽서화, 등 분신 같은 작품들이 가득했다. 하나하나 감상할 때마다 혼을 쏟아낸 화가의 숨결이 살아 숨 쉬는 듯했다. 특히 조명을 받아 반짝이는 은지화에 시선이 꽂혔다. 담배 은박지에 못으로 긁어낸 선들은, 화가의 섬세한 손끝의 떨림마저 전해져 깊은 감동으로 다가왔다.

천천히 둘러보던 중 유독 한 점의 유화가 눈길을 사로잡았다. 그림에는 바다와 마을 사이로 섶섬이 잔잔히 떠 있었다. 마치 바람 한 줄기, 파도 한 겹까지도 그대로 옮겨 담은 듯, 붓질은 부드럽고 섬세했다. 늘 강렬한 선과 거친 색채로 기억되던 그의 화풍과는 사뭇 달랐다. 담백한 하늘빛과 초가집 지붕의 따뜻한 갈색, 바다의 청록이 서로 어우러져 한 폭의 수채화처럼 맑고 산뜻했다.

그러나 이 작품은 단순한 풍경화가 아니었다. 이 그림 속에는 가족을 향한 화가의 간절한 마음이 배어 있다. 힘들고 배고픈 시절, 예술가의 자존심보다 가족의 생계가 먼저였기 때문이다. '섶섬이 보이는 풍경'의 뒷면에는 바로 그 사랑의 흔적이 숨겨져 있다. 현실의 무게가 예술을 짓눌렀던 그때에도, 아름다운 본질의 그림을 그려 냈다.

미술관 옥상에 올라 과거를 되돌아본다. 지붕 위에서 바라본 서귀포의 풍경은 그림 속 모습과는 사뭇 다르지만, 아름다운 섶섬만큼은 그대로였다. 작품 속 나무와 초가집에 담긴 정겨운 이야기를 떠올려 본다. 평소에는 무심히 지나치던 현대식 건물들이 그림 속 풍경과 대비되며 낯선 새로움을 준다.

미술관 아래 작은 공터에는 화가의 동상이 햇빛에 반짝이며 앉아 있었다. 덥수룩한 수염과 초라한 차림새 대신 단정한 옷매무새의 모습이 낯설다. 그러나 얼굴의 따뜻한 미소 속에서, 격동의 시절 긴 고통을 예술로 이겨낸 화가의 억척스러운 삶이 겹쳐 마음이 먹먹해진다.

돌담 옆 꽃향기를 따라 걷다 보니, 이중섭이 살던 집이 보인다. 앞마당이 있는 초가집 한 편에 딸린 조그만 방이다. 부엌에 들어서자, 빛바랜 가마솥이 부뚜막 위에 얹혀있다. 아궁이 앞에 앉아 아이들과 함께 바닷가에서 잡아 온 게를 삶아 먹으며 배고픔을 달랬을 풍경이 눈앞에 그려진다. 어쩌면 이 작은 소소한 행복이 서귀포 시절에 그렸던, 수많은 작품이 탄생하는 배경이 아니었을까.

　작은 부엌을 지나니 한 평 남짓한 방이 나타난다. 원산의 고향 집 이후 처음으로 얻은 가족만의 보금자리였다. 한 가족이 눕기에도 비좁은 공간이었지만, 오랜만에 맞이한 편안한 잠자리는 솜사탕처럼 달콤했으리라. 전쟁으로 어머니와 헤어져야만 했던 슬픔과 피난민 수용소에서의 서러움, 혹독한 추위와 굶주림이 켜켜이 떠올라 눈시울이 뜨거워진다.

　　삶은 외롭고,
　　서글프고, 그리운 것이다.
　　　　　　　　　　　　　이중섭 〈소의 말〉 중에서

　한쪽 벽면에 붙어있는 시의 한 구절은 마치 그의 생애를 압축한 듯하다. 전쟁과 가난, 그리고 가족과의 이별은 그를 끝내 고독한 화가로 만들었지만, 그 고독을 원망으로 풀지 않았다. 대신 그리움으로 승화시켰다. 외로움 속에서도 여전히 사랑하고자 했던 화가의 마음, 그것이야말로 이중섭이 남긴 가장 순수한 예술적 언어였다.

　이토록 궁핍한 집에서도 화가는 예술에 대한 열정의 붓을 놓지 않았다. 시간과 장소를 가리지 않고, 그리고 또 그렸다. 절망 속에서 그림은 그의 위로였고, 희망이었다. 또한 가족에게 전하는 사랑의 메시지였다. 척박한 환경에서도 굽히지 않았던 고독한 예술혼을 생각하니 마음속 깊은 존경심이 일어난다.

초가집을 나서 자구리 해안에 이르니, 게를 그리는 모습의 조형물이 보인다. 게를 많이 잡아먹어서 미안한 마음에 그렸다는 작품들이 떠오른다. 바닷가의 작은 게는 가족의 생명을 이어주던 탯줄 같은 존재였으리라. 그 생명에 대한 경외가 작품 속에서 게의 모습으로 자주 등장했던 까닭이기도 하다.

언덕에 앉아 섶섬을 내려다본다. 햇살이 바다를 채우고, 파도가 갯바위를 적시며, 부딪친 파도는 옛 향취가 그리운 듯 소리 내며 울고 있다. 바닷가에서 뛰놀던 아이들과 게, 물고기는 화가에게 영원히 헤어지고 싶지 않은 존재였을 것이다. 작품 속에서 다양한 생명의 모습은, 자연과 인간이 하나의 우주 안에서 어우러지는 합일의 풍경과도 닮았다.

이중섭은 서귀포에서 가난에 시달리며 황소처럼 묵묵히 삶을 견뎠다. 그의 모습은 마치 한라산 자락에 흩어진 들소와도 같았다. 작품 속 울부짖는 황소는 세상의 고통과 절망 속에서 벗어나고 싶은 자신의 자화상이었으리라.

이번 전시의 취지인 "격동의 시대에 들소처럼 거침없이 앞으로 나아간 창작 정신"처럼, 그에게 예술은 삶의 의미였고 가족은 존재 이유였다. 가장 행복했던 서귀포에서의 시간이 훗날 불멸의 대작을 낳을 발판이 되었음을 새삼 느낀다.

서귀포 천혜의 자연 속에서 천재 화가의 발자취를 더듬으며, 치열한 예술혼과 가족 사랑을 함께 느껴보았다. 시대의 정신을 담았던 위대한 예술가의 혼이 가슴속에 살아나는 뜻깊은 시간이었다.

서천에 지는 노을이 섶섬을 황홀하게 물들이고 있다. 붉게 물든 노을빛 속에서, 사랑하는 '발가락 군'에게 보냈던 엽서의 글귀가 금빛 바다 위에 펼쳐진다. 아고리의 행복한 목소리가 바닷바람에 실려 아련히 들려오는 듯하다.

"하루 종일 그림을 그릴 수 있어 힘이 막 솟구친다오."

염소가 열리는 아르간 나무

마라케시의 아침은 해가 뜨기도 전에 시작된다. 어슴푸레한 빛이 성곽 너머로 번지면, 좁은 골목마다 잠에서 덜 깬 고요함이 내려앉는다. 그 적막한 아침을 가장 먼저 깨우는 것은 민트 차의 향기다. 따뜻하게 우려낸 달콤한 맛과 상쾌한 박하의 은은한 향이 아침의 공기를 가득 채운다.

서늘한 새벽 공기를 느끼며 찻잔을 두 손으로 감싼다. 유리잔 너머로 번져오는 따스함이 손끝에 전해진다. 민트의 상쾌함이 코끝을 간질이고, 혀끝의 부드러운 단맛이 입속으로 스며든다. 그 순간, 낯선 땅에서 맞는 하루가 낯설지 않게 느껴진다.

떠오르는 태양에 붉게 물든 마라케시의 골목을 뒤로하고 항구도시 에사우이라로 향하는 버스에 올랐다. 도시를 떠나 서쪽으로 향하는 순간, 도로 위에는 새로운 여행에 대한 기대와 설렘이 가득 실려 있다. 창밖으로 펼쳐진 황톳빛 대지는 끝없이 이어진다. 차창 틈새로 스며드는 바싹 마른 먼지가 사막의 건조한 기후를 실감 나게 한다.

창문을 열면 바람과 먼지가 코끝을 스친다. 흙먼지 냄새, 따가운 햇살, 끊임없이 흔들리는 풍경이 서로 뒤엉켜 모래바람 속으로 사라진다. 버스가 먼지바람을 가르며 달릴수록 사막은 더 넓어지고 푸른 하늘은 더 깊어진다. 길 위의 여정은 어느새 일상을 떨쳐내고 또 다른 세상 속으로 나를 데려간다.

　에사우이라가 가까워지자, 길가의 풍경이 조금씩 달라진다. 건조한 황톳빛 사막이 끝나고, 산과 들이 드문드문 섞인 초지가 나타난다. 그 사이로 아르간 나무가 서 있는 풍경이 눈에 들어오자 달리는 버스가 멈춰 섰다. 차창 밖을 내다보니 뜻밖의 장면이 눈앞에 펼쳐졌다. 아르간 나무 위에 염소들이 올라서 있는 것이다.

　처음 보는 신기한 광경에 여행자들은 감탄을 금치 못한다. 염소는 나뭇가지 위에서 구경꾼을 내려다보며 당당히 서 있다. 바람에 흔들리는 나무 위에서 균형을 잡는 모습이 묘하게 자연스럽다. 관광객들은 연신 카메라를 꺼내 들고 웃음을 터뜨린다. 염소가 만들어내는 풍경은 그 자체로 하나의 퍼포먼스 같다.

　나무 위 염소의 존재에는 이 지역만의 특별한 환경 때문이다. 아르간 나무에는 오일을 만드는 열매가 열린다. 그러나 나무의 표면이 거칠고 잔가시가 많아 사람은 쉽게 접근할 수가 없다. 하지만 특화된 두꺼운 발굽을 가진 염소는 쉽게 올라갈 수 있다. 열매가 무르익는 계절이 되면, 염소는 스스로 나무 위에 올라가 열매를 따 먹는다. 염소는 과실만 먹고 나머지는 다시 뱉어 내거나 통째로 먹기도 한다. 그 씨앗을 모아 맷돌에 갈면 아르간 오일이 만들어진다. 이런 이유로 아르간 열매 수확 철에는 나무 위에 염소가 열리는 진풍경이 펼쳐진다.

　관광객들은 이 광경을 사진에 담으며 즐거워하지만, 일부 농장 주인들은 여행자를 위해, 수확 철이 아님에도 염소를 나무 위에 올려놓는다. 사진을 찍고 싶어 하는 관광객에게 돈을 받기 위해서이다. 이렇게 연출된 장면은 자연스러운 생태 현상이 아니라, 경제적 이해관계가 결합한 관광 상품으로 변질되었다.

　걸음을 멈추고 얇은 나뭇가지에 올라선 어린 새끼를 쳐다보았다. 낯선 시선을 의식한 듯 이내 고개를 돌렸다. 염소는 자신의 의지와 상관없이 하루 종일 높은 나무 위에 올라와 있다. 씨앗으로 떨어진 빈자리에 비집고 들어가 열매를 대신해야 하는 신세다. 애달픈 마음에 허공을 바라보니 염소들 사이로 파란 하늘만 가득하다. 눈부신 푸른빛은 자유를 갈망하는 염소들의 한 줄기 빛처럼 비친다. 바닥에 뒹구는 씨앗은 염소의 마음을 아는 듯 모르는 듯 자유롭게 바람에 흩날린다.

　나무 밑 주인은 막대기를 툭툭 치며 염소가 내려오지 못하게 하고 있다. 땅으로 내려오는 순간 염소 나무는 가치를 상실하기 때문이다. 사진을 찍는 대가로 여행객에게 받는 돈이 유일한 수입원이다. 조금 전까지 신기했던 광경이 순식간에 인간의 상술에 가려져 불편한 모습으로 다가왔다. 아련한 염소의 눈망울을 뒤로하고 아르간 오일을 만드는 농장으로 향했다.

　아르간 나무의 열매에서 추출한 식물성 기름은 화장품의 천연재료로 큰 사랑을 받고 있다. 오일 생산은 50여 개의 여성협동조합의 전통적인 방식과 오로지 수작업으로만 만들어진다. 열매는 올리브처럼 둥글둥글하게 생겼다. 오일을 얻기 위해서는 딱딱한 껍질을 까고 그 속의 씨를 구워서 가루를 만들고 물과 반죽해 기름을 짠다. 1리터의 기름을 얻기 위해 무려 20시간의 노동력이 필요하다. 이 힘든 모든 작업은 여성들로만 이루어진다.

농장의 붉은 흙빛 건물 안으로 들어섰다. 건조한 사막의 전등불 아래 전통 옷을 입은 여인들이 줄지어 앉아, 탁탁 소리를 내며 작은 돌멩이로 열매를 내려치고 있다. 씨앗을 분리하기 위해 여전히 자신들만의 방식을 고집하고 있다. 모로코의 황금으로 불리며, 베르베르 여인이 전통 방식으로 수작업 생산한 것을 최상품으로 여겨지기 때문이다.

아프리카는 여성의 사회적, 경제적 지위가 상대적으로 높지 않다. 그래서 대부분 가난하고 교육받지 못한 베르베르 여인이 가족을 위해 희생한다. 그런 모습을 보니 우리네 어머니의 고달픈 삶과 닮았다. 어쩌면 지난 아득한 어느 날, 힘겨운 일을 마치고 대문을 들어서던 어머니의 모습을 보는 것 같았다. 여인의 미소를 머금은 얼굴과 투박한 손에서 쉼 없이 살아온 삶을 생각하니 연민의 정이 느껴진다.

여인의 손은 열매를 깨는 돌에 수도 없이 맞아 두 손가락은 붕대로 감싸고 있다. 열매 물이 든 핏빛 손끝은 여인이 살아온 한평생의 깨알 같은 사연이 둘둘 말려있는 듯하다. 슬쩍 건드리기만 해도 곰삭은 세월의 이야기가 풀어져 나올 것만 같다. 한쪽 다리 앞에는 인생의 무게만큼 깨진 열매껍질이 쌓여있다. 여인에서 느껴지는 진실한 삶의 모습에 오일의 진한 향이 묻어난다.

한 여인에게 시선을 멈추었다. 나의 시선을 의식한 여인은 치마를 끌었다. 가냘픈 손끝에서 문득 사막의 모래바람 같은 것이 가슴속에 불어온다. 수년간 이어온 열매를 깨는 일은 여인의 손끝과 마음도 똑같이 붉게 물들게 하였을 것이다. 그 빛깔은 척박한 사막에서 억척같이 살아온 베르베르인의 흙빛과 닮았다. 여인의 손등 위로 눈부신 햇빛이 살며시 내려앉는다. 햇살에 비친 붉게 물든 손끝이 세상에서 가장 아름다운 색채로 빛난다.

　밖으로 나오니 사막의 뜨거운 태양과 마주친다. 슬쩍 피해 보지만 머리 위로 따라다닌다. 태양도 열매를 닮아 붉게 빛난다. 여인의 손끝이 지워지지 않은 잔상으로 남아, 한낮인데도 세상은 저녁노을처럼 물들어 보인다.

니 돌담 내 돌담

  제주에서 흔히 볼 수 있는 것이 돌담이다. 집의 울타리이면서도 바람과 파도로부터 삶의 터전을 지켜낸다. 집들이 모여 있는 마을에도, 농부가 일하는 밭과 들판의 목장에도, 해녀가 물질하는 바닷가에서도 어김없이 돌담을 마주한다.

  푸른 바다가 해를 품고 있다. 햇빛에 반짝이는 물결 위로 테왁 망사리가 흩어져 떠다닌다. 물속의 여인이 수면 위로 솟구쳐 오르며 "휘요이 휘요이" 휘파람 소리를 날숨에 뱉어낸다. 해녀의 숨비소리가 불어오는 바람에 실려 애틋하게 들려온다. 그 소리는 단순한 호흡이 아니라 바다와 함께 살아온 고단한 삶을 토해내는 듯하다.

  바닷가로 들어서자 출렁이는 쪽빛 바다 앞에 원담이 그물처럼 펼쳐져 있다. 밀려온 파도의 거품이 돌담을 스치고 물러간다. 해녀의 쉼터인 불턱을 따라 길게 이어진 돌담을 마주하면, 문득 네팔에서 만난 히말라야의 석공이 떠오른다.

  은둔의 땅 무스탕 왕국에 가는 길이었다. 그곳은 척박하고 황폐한 산과 메마른 들판에는 황토색 흙먼지만 가득했다. 고요히 흐르는 강에는 석회가 녹아들어 물빛마저 회색이다. 듬성듬성 자란 잡초만이 억척스러운 생명력을 유지하고 있다.

  강가에서 석공의 망치 소리가 계곡을 타고 들려왔다. 돌 깨지는 소리를 따라 가까이 다가가 보았다. 강가에서는 석공이 한창 채석 작업을 하고 있었다. 힘찬 망치질에 바위 같은 큰 돌은 하얀 돌가루 먼지를 일으키며 작은 조각난 돌로 떨어져 나갔다.

허연 먼지 속에 한 늙은 석공이 눈에 띄었다. 노인의 행색은 남루했다. 장갑도 끼지 않은 손은 까지고 긁힌 자국이 선명했지만, 굵은 팔뚝은 돌처럼 단단해 보였다. 상처 난 손은 보는 이의 마음을 아프게 했지만, 석공의 신체 한 마디마다 망치질과 돌에 단련된 것처럼 보였다.

지나던 낯선 길에서 만난 석공에게 합장하며 인사를 건넸다.

"나마스떼."

돌가루와 흙먼지에 가려진 얼굴에 희미한 미소가 번진다. 노년의 일꾼은 짐을 옮기는 낡은 머리끈에 무거운 돌을 묶어 맨몸의 등짝에 짊어지고 나르기 시작한다. 닳아진 끈은 힘들게 살아온 석공의 삶을 놓지 않으려는 탯줄처럼 보였다. 등 위에서 옮겨진 돌들은 하나둘 쌓여 담이 되었고, 끈질긴 생의 의지가 되어 그를 지탱하는 듯했다.

석공은 몸에 밴 솜씨로 돌을 척척 쌓아 올렸다. 햇볕에 그을린 까만 얼굴에서 흐르는 땀을 연신 닦아가며 한 칸 한 칸 돌을 채워 넣었다. 쌓아 올린 돌담은 시루떡처럼 빈틈이 없었다. 네모반듯하게 맞추어진 모양새는 한 치의 어긋남도 용납하지 않겠다는 듯 견고해 보였다. 손재주를 넘어서 노인의 연륜이 빚어낸 정교한 돌담이었다.

노년의 일꾼은 젊음을 바쳐 살아온 세월만큼 돌을 쌓았을 것이다. 적당한 크기의 형태로 절단과 가공을 했던 시간과 등짐만큼 무거웠던 세월을 견디며 돌담을 만들어 왔다. 살아온 인생의 과정은 어느 하나인들 소중하지 않은 것이 없었으리라.

그런 석공의 바윗돌은 저절로 깨어진 것이 아니었다. 그 속에는 수없이 이어진 망치질과 함께 땀과 눈물이 배어 있다. 석공의 돌담 또한 저절로 쌓인 것이 아니었다. 돌멩이 하나하나에는 태양과 바람, 빗물이 녹아있다. 바람에 닳고 비에 젖은 돌 하나에도 인고의 세월을 견뎌 온 석공의 삶의 애환이 스며있다.

노인은 다시 돌을 붙잡으며 허리를 굽혔다. 그의 뒷모습은 바위처럼 단단했고, 돌담 위로 흩날리는 하얀 돌가루는 세월의 먼지를 나에게까지 옮겨놓는 듯했다. 이방인과 늙은 석공의 눈길이 잠시 마주쳤다. 그 순간 돌담을 세우는 삶의 무게를 같이 짊어진 듯한 감각이 내 몸속으로 배어들었다.

제주의 해녀는 바다에서 고된 삶을 일궈왔다. 네팔의 석공이 거친 망치질로 돌을 다듬어 담을 쌓듯, 해녀 또한 바다를 채석장 삼아 물질을 이어갔다. 깊은 물 속 바위에 붙은 전복과 소라를 빗창으로 돌을 깨듯 떼어내는 모습은 석공의 손길과 다르지 않다. 삶의 배경이 다른 땅과 바다에서 같은 삶의 무게를 짊어진 것이다. 젊음을 바쳐 쌓아온 돌담은 결국 같은 의미로 서로 맞닿아 있다.

해녀의 자맥질은 바다와 가슴으로 만난다. 흩어지려는 돌을 한데 묶듯, 흩어지려는 삶을 붙들어 세우고, 세월의 바람과 파도를 견디며 물속에서 담장을 쌓았다. 석공과 해녀의 돌담은 서로 다른 환경 속에서 자연의 거센 힘을 막아내며, 생업의 터전을 지켜내고, 삶의 애환을 담아낸다. 돌담 앞에 서면 누군가의 땀과 눈물, 희망과 기도가 스며든 세월을 마주한다. 돌담은 말없이 존재하지만, 그 속에는 석공이 걸어온 힘든 삶의 깊이가 숨 쉬고 있다.

　제주와 네팔에서 마주한 돌담은 곧 나의 이야기다. 해녀는 바다에서, 또 노년의 석공은 산에서 돌을 쌓듯, 나 또한 내 삶의 터전에서 보이지 않는 돌담을 쌓아가고 있다. 돌 하나마다 고단한 손길이 닿아 있고, 그 위에 삶의 서사가 얹혀 있다.

초복 삼계탕

　찌는 듯한 삼복더위가 다시 찾아왔다. 오늘은 그 시작을 알리는 초복이다. 몸과 마음도 모두 쉽게 지치는 날이다. 이럴 때 생각나는 보양식은 삼계탕이 제격이다. 뽀얗게 우러난 국물과 각종 한약재의 은근한 향이 입맛을 돋운다. 부드러운 찹쌀의 식감, 구수하고 담백한 국물맛, 쫄깃한 닭고기가 한입에 어우러지는 순간, 한여름의 무더위도 잠시나마 잊힌다.

　오늘 저녁은 모처럼 한가하다. 요즘 아내는 손이 많이 가는 음식보다 간편한 한 끼 식사를 선호한다. 그런 아내를 위해 팔을 걷었다. 무더위에 잃어버린 입맛을 되찾을 수 있는 보양식으로 원기를 보충해 볼까 한다. 삼계탕이 완성되면 육수에 고기와 누룽지를 말아서 먹으며 한여름을 거뜬히 이겨내는 훌륭한 건강식이 된다.

　"좋아! 오늘은 누룽지 삼계탕이다."

　영계 두 마리를 준비해 두었다. 찹쌀은 깨끗이 씻어 불린 뒤 체에 밭쳐 놓았다. 손질한 닭의 뱃속에 인삼, 마늘, 대추를 넣고, 다리를 교차시켜 단단히 고정한다. 솥 바닥에 찹쌀을 깔고 닭과 각종 한약재를 넣은 뒤 삼계탕을 불 위에 안친다. 은근한 불에 오래 끓이면 냄비 속 찹

쌀이 익어가면서 바싹하고 고소한 누룽지 삼계탕이 된다. 얼마나 구수할지 생각만으로 미소가 지어진다. 뜨거운 수증기를 내뿜으며 세차게 흔들리는 압력 추는 새벽녘 수탉의 울음처럼 요란스럽다.

어느 해 여름 초복 날, 아내는 뚝배기 속 삼계탕을 보며 잠시 생각에 잠겼다. 닭 다리를 보며 어린 시절이 떠오른다고 했다. 아내는 3남 1녀 중 둘째로 태어났다. 장모는 남아 선호 사상의 아픔을 답습하던 시대에서 아들을 더 귀하게 여겼다. 그런 환경 탓에 아내는 항상 아들의 그늘 속에서 자라야 했다. 남존여비의 관습은 어머니를 한 남편의 아내이자 아들의 어머니로만 묶어 두었다.

삼계탕을 먹을 때면 여섯 식구에 닭 다리는 늘 네 개였다고 한다. 장모의 검소한 성격 탓에 다리는 항상 부족했다. 맛있는 다리는 언제나 장인과 아들의 몫이었다. 딸은 늘 뒷전이라 한 번도 먹어보지 못했다. 동생이 맛있게 먹는 모습을 그저 부러워할 수밖에 없었다. 말 한마디 꺼내지 못한 어린 마음의 서러움은 차곡차곡 쌓여 응어리로 남았다.

중학교 교사였던 장인의 엄격함 때문에 밥상머리에서 감히 불평도 할 수 없었다. 오빠와 동생의 침묵과 안방 문처럼 굳게 닫힌 엄마의 입이 미웠다 한다. 여느 집 딸처럼 투정도 부리고 싶었지만, 무뚝뚝한 성격의 장모는 어리광을 받아줄 리 만무했다. 아버지의 엄격함과 어머니의 유교적 관습으로 아내에게는 남들처럼 평범한 어린 시절은 없었다.

장모는 삼계탕처럼 자식을 품었다. 닭의 뱃속에 채워진 찹쌀, 인삼, 대추는 품속의 아들이었다. 모든 자식을 다 품을 수는 없었지만, 남편과 아들만큼은 꼭 품고 싶었을 것이다. 딸은 뱃속에 다 넣지 못한 한약

재처럼 늘 품속 밖에 있었다. 장모에게 닭 다리의 의미는 아들을 선호하던 시절의 상징처럼 여겨졌다. 시대의 문화에 순응하며 한 남편의 아내로, 아들의 어머니로 살아온 삶이었다. 그런 마음을 이해하고 받아들이기에는 역부족한 어린 딸이었다.

장모는 도시락 반찬만큼은 정성껏 챙겨주었다 한다. 옷도 언제나 깨끗하고 단정하게 입혔다고 했다. 장모는 닭 다리를 건네주지 못한 미안한 마음을, 더 맛있는 반찬과 예쁜 옷으로 대신하려 했다. 그것은 아내가 어린 시절에는 알아차리지 못했던, 장모만의 서툰 사랑의 방식이었다. 그러나 그런 배려만으로는 어린 시절 서러움이라는 결핍을 채워주기엔 턱없이 부족했다.

그 후부터 삼계탕을 먹을 때마다 닭 다리를 항상 아내에게 건넸다. 다리 살보다 가슴살을 좋아하는 이유도 있었다. 하지만 아무리 양보해도 아내의 빈 마음은 채워지지 않았다. 그때의 섭섭함은 비단 다리만의 문제가 아니었을 것이다. 어머니 품속의 온기를 향한 그리움과 오래도록 메워지지 않는 빈자리가 늘 그 속에 숨어 있었다. 삼계탕의 국물은 뜨겁고 진하게 우러나지만, 어린 시절의 공백은 쉽게 희석되지 않았다.

아내의 기억 속 어머니는 냄비 속의 닭이었다. 많은 것을 품었지만, 끝내 품어내지 못한 것 또한 분명히 존재했다. 삼계탕 속의 닭은 펄펄 끓는 물 속에서 자식처럼 여러 재료를 뱃속에 안고, 뜨거움을 온몸으로 견디며 서서히 맛을 우려낸다. 그 모습은 고통과 희생을 묵묵히 감내하며 살아온 장모의 삶과 닮아 있다. 그러나 차별의 관습 속에서 그 뜨거운 품은 아들 쪽으로만 기울었고, 어린 딸에게 어머니는 늘 먼 자리의 존재일 수밖에 없었다.

　얼마 전 장모는 골반을 다쳐 병원에 입원했다. 병문안을 마치고 나설 때 장모는 아내의 손에 하얀 봉투를 꼭 쥐여 주며 부드럽고 다정한 목소리로 말했다.

"가는 길에 좋아하는 삼계탕 사 먹고 가."

　아내의 눈시울이 붉어졌다. 어린 시절 느껴보지 못한 따뜻한 모정에 마음속 깊은 곳에서 울음이 일었다. 젊은 시절 무뚝뚝하고 완고했던 어머니는 사라지고 늙고 힘없이 누워 있는 노인의 모습에 연민을 느꼈다. 장모의 손등에는 치열한 과거의 역사만큼 고난과 희생으로 새겨진 뼈마디가 울퉁불퉁해 보였다. 꼭 잡은 주름진 손의 온기는 아내의 깊게 묵은 서러움마저 내려놓게 했다. 두 사람의 인내로 감내한 세월의 삶은 삼계탕의 뽀얀 국물처럼 깊게 우러난 듯 따뜻했다. 아내의 마음 깊은 곳에는 존재의 근원인 어머니가 늘 자리 잡고 있었다.
　음식은 단순히 허기를 채우는 것이 아니라, 가족과 함께 살아가며 끼니를 나누는 관계다. 먹으면서 정든다는 말처럼 서로의 따뜻함이 배어 있다. 어머니의 자식 생각, 자식의 부모 생각 모든 것이 생명처럼 나누는 음식에 담겨있다. 초복 날 정성껏 끓여낸 삼계탕은 영혼을 채우는 한 끼의 선물처럼 아내에게 삶의 위로가 되었으면 한다.

"마음속 오랜 멍울에서 벗어난 아내가 눈부시게 아름다운 여름밤이다."

김은경

- 어머니의 설탕 막걸리
- 욕망을 클릭하다
- 이름 붙이지 못한 감정

작가 노트

기자 생활을 그만둔 지 어느덧 10여 년이 흘렀다, 세월 속에 흩어진 기억과 사건들이 마치 오래된 사진처럼 떠올랐다. 지친 몸과 마음을 추스르고, 새로운 삶을 살겠다고 다짐했지만 쉽지 않았다. 시간이 멈춘 듯, 그 안에 잠겨있었다. 무엇 하나 나아가지 못한 채, 침묵 속에서 머물렀다.

그 정적 속에서 나는 내면의 작은 성장을, 눈에 보이지 않는 단단함을 느꼈다. 이제 나는 그동안 숨겨두었던 진짜 나를 꺼내어 마주하고자 한다. 긴 여정을 딛고 일어선 본연의 나를 빨리 만나고 싶다.

짧은 시간이지만, 산들문학회 7집 동인지 출간에 함께할 수 있었던 건 큰 행운이었다. 따뜻한 격려와 도움을 주신 문윤정 지도교수님과 문우분들께 감사드린다.

現 산들문학회 회원
前 에너지 경제신문, 우먼타임즈, 영남일보 서울본부 정치부 취재기자

ekkim07@naver.com

어머니의 설탕 막걸리

　나는 막걸리를 좋아한다. 잘 마셔서도, 입에 꼭 맞아서도 아니다. 그냥 좋다. 일주일에 서너 잔 정도니, 적당히 즐긴다는 게 맞겠다. 그러다 보니 여행을 가면 꼭 맛보고, 한두 병씩 챙겨온다. 하지만 내가 막걸리를 찾는 이유는 단순히 맛이나 기분 때문만은 아니다. 그 안에는 말로 다할 수 없는, 특별한 사연이 숨어 있다.
　돌아가신 아버지는 술을 좋아하셨다. 어머니는 거의 드시지 않으셨다. 드물게 입에 대면 얼굴이 금세 붉어져서 난처해하곤 했다. 교직 생활 40년 동안 몸가짐에 배었겠지만 본디 술이란 것 자체를 좋아하지 않은 것 같다.
　10여 년 전, 암 투병 중이던 어머니가 서울에서 오랜 병원 생활을 끝내고 영주 본가로 돌아오셨다. 완치라는 기적이 찾아왔으면 얼마나 좋았을까. 그러나 현실은 달랐다. 곡기조차 끊었던 어머니가 어느 날 불현듯 막걸리가 먹고 싶다고 했다.

　"경아, 시원한 막걸리 한 병 사 와라. 김치 쭉쭉 찢어 한잔 마시고 싶다."

　어머니는 소화기계통의 암을 앓으면서 속이 답답할 땐 막걸리나 사이다 같은 탄산음료를 자주 찾았다. 속이 더부룩할 때 막걸리 한두 잔

먹으면 편안해진다면서 설탕을 타 먹으면 더 맛있다고 했다. 나는 어머니가 입맛을 찾은 것 같아, 반가운 마음에 서둘러 막걸리를 사 왔다.

나는 어머니와 소파에 나란히 앉았다. 손으로 찢어 먹음직스럽게 준비한 김치를 안주 삼아 막걸리를 가득 담은 술잔을 들고 건배했다. 어머니의 막걸리엔 설탕을 조금 넣었다. 10월이 끝나는 선선한 날씨였지만 살얼음이 띄워져 기막히게 시원했다. 앙상하게 마른 어머니의 얼굴엔 오랜만에 미소가 번졌다. 그런데 어머니는 잔을 입에 대기만 할 뿐 끝내 한 모금도 삼키지 못했다.

"경아, 내 거까지 다 먹어라. 김치 쭉쭉 찢어서…."

애써 웃으면서 나를 바라보며 같은 말을 되뇌던 어머니. 환자용 보행기를 밀며 큰방으로 들어가던 그 쓸쓸한 뒷모습이 지금도 눈앞에 선하다. 그날 나는 어머니가 맛보지 못한 설탕을 탄 막걸리까지 홀로 한 병을 다 비웠다. 톡 쏘는 맛과 달콤함이 눈물과 섞여 쓰디썼다. 그때는 몰랐다. 이 잔이 어머니와 나누는 마지막 잔이 될 줄은. 그 후 얼마 안 가서 어머니는 아버지를 따라 하늘나라로 가셨다.

목 넘김이 힘들어, 약조차 제대로 삼키기 어려웠던 어머니에게, 막걸리는 맛있는 소화제요, 치료제였을 것이다. 어쩌면 마지막 '생명의 끈'이었을지도 모른다. 눈앞에 두고도 드시지 못한 심경이 어땠을까?

그런 기억 때문일까. 새로운 막걸리를 마주할 때면 나는 어김없이 어머니를 떠올린다. 마치 생명수 한 모금을 건네는 듯한 마음으로. 여행지에서 한 병을 들고 돌아올 때면 발걸음이 괜스레 가볍다. 어쩌면 엄마의 영혼이 내 곁에 찾아와 막걸리를 함께 나누지 않을까 하는 내 마음 깊은 곳의 바람일지도 모른다. 가수 영탁의 〈막걸리 한잔〉을 유난히 좋아하는 것도 그리움의 또 다른 표현일 것이다.

　얼마 전, 메밀꽃 축제가 한창인 강원도 봉평을 다녀왔다. 9월의 봉평은 마을 전체가 소금을 흩뿌린 듯, 새하얀 메밀꽃 물결로 출렁였다. 햇살 아래 반짝이는 꽃송이들이 바람에 실려 은은한 향기를 내뿜었다. 이효석의 생가와 문학관을 천천히 둘러본 뒤, 〈메밀꽃 필 무렵〉의 배경이 된 봉평시장에 들렀다.

　날이 저물 무렵이었지만, 사람들로 여전히 북적였다. 노점마다 작은 웃음과 정겨운 대화가 곳곳에서 피어났다. 시장 입구 작은 식당에서 소설 속 주인공의 이름을 딴 '허생원 막걸리'와 고소한 메밀 전을 주문했다. 잔을 들자, 소설 속 동이가 어머니를 그리워하던 모습이 문득 내 마음에도 스며들었다. 그 따뜻한 그림자 속에 잠시 머물다, 정신을 가다듬고 천천히 자리에서 일어났다.

　식당을 나서자, 모르는 번호로 문자가 왔다. 추석을 앞두고 산림조합에서 보내온 부모님 벌초 일정 안내였다. 시장에서는 막걸리 한 병을 사서 귀경길에 올랐다.

　그 길 위에서, 어머니가 쓴 시가 문득 떠올랐다.

〈그래, 난 행복했었다〉 中
2012년 1월, 김정자 作

무엇하나 제대로 이루어 놓은 것 없이 아쉬움만 남는다. 그래도 배움의 전당이란 울타리 안에서 내가 바라던 교직 생활을 40년간 대과 없이 지켜왔음은 나의 축복.
… 중략 …
"나 늙으면 정오의 태양처럼 많은 사람 위에서 내리쬐기보다 사람들 가운데서 오래오래 머무는 저녁노을이 되리라"

"어두울수록 별빛 반짝이는 밤하늘처럼
나 늙으면 아름다운 기억 속에 고요히 저물어 가리라"

난,
오래오래 머무는 저녁노을도,
별빛 반짝이는 밤하늘도 아니어라

그저, 내 사고가 미흡할 때 일깨워 주던 곳
내 가난한 철학을 살찌우면서 머물러 있던 곳

그러기에
그곳은 영원히 지울 수 없는 추억과 안식의 고향이었다고는… 말하리라

나지막이 시를 읊조리니, 어머니의 목소리가 귓가에 들려오는 듯했다.

이번 추석에는 막걸리를 넉넉히 준비해 성묘를 다녀와야겠다. 올 연말, 어머니 기일에는 막걸리에 설탕도 함께 챙겨야겠다. 어머니가 좋아하시는 그 맛을 다시 한번 곁에서 나눌 수 있도록….

막걸리는 이제 나에게 단순한 술이 아니다. 부모님과 나를 연결하는 추억이고, 떠난 이들과 나를 이어주는 다리다. 그 잔을 들면 사랑과 그리움을 함께 마신다. 삶의 작은 기적이 조용히 스며든다.

욕망을 클릭하다

누구나 한 번쯤은 호기심이나 즐거운 탐닉에 빠져든 경험이 있을 것이다. 나에게 그중 하나는 인터넷 쇼핑이다. 얼마 전까지 중국 전자상거래 사이트 '테무'에 흠뻑 빠졌었다. 다행히 지금은 예전처럼 몰입하진 않지만, 완전히 벗어난 건 아니다.

테무(Temu)는 전 세계 소비자에게 제품을 직배송하는 온라인 쇼핑몰이다. "억만장자처럼 쇼핑하세요'라는 슬로건을 걸고 있다.

내가 테무를 접하게 된 건 인터넷 쇼핑을 하다 우연히 들어가면서다. 그때 눈이 번쩍 뜨이고 심장이 두근거리던 기억이 아직도 생생하다.

"와우, 이 가격에 이런 물건이라니!"

파격적인 가격과 상상을 초월하는 다양한 제품들이 눈길을 사로잡았다. 생활필수품에서 전자제품에 이르기까지 아이디어가 번뜩이는 물건들이 끝없이 펼쳐졌다. 국민잡화점 '다이소'가 구멍가게라면 '테무'는 대형 쇼핑몰의 성지이자 천국이다. 숨겨둔 보물을 찾듯, 나는 잠자는 시간조차 아껴가며 쇼핑에 빠져 들었다. 더 유혹적인 건, 잠시 숨을 고르려 하면 어김없이 도착하는 품절 경고와 가격 인하 알림 메시지다. 심지어 몇 가지를 더 사면 덤까지 준다니! 그 알림이 도착하는 순간, 내 이성은 이미 품절 상태였다. 기회를 놓칠세라 조바심을 안고 장바구니를 채워 나갔다.

결정적으로 나를 끌어들인 건, 테무만의 독보적 반품 및 가격 조정 시스템이었다. 도착한 물건에 하자가 있어 반품 버튼을 눌렀다. 그 순간, 반품 사유와 사진을 첨부하자마자 카드 결제가 바로 취소됐다. 반품할 필요도 없다니, 믿기지가 않았다. 게다가 구매한 물건의 가격이 내릴 때마다 한 달 동안 보상해 주니, 이쯤 되면 합리적인 걸 넘어 사랑스럽다고 해야 하나. 신박한 시스템을 알게 된 후 나의 지름신은 더욱 활개를 치기 시작했다.

중국에서 바다를 건너온 택배가 도착하는 날이면, 아침부터 괜히 설레기까지 했다. 필요한 것은 물론, 흥미롭고 신기한 물건까지 사들이는 사이 테무 쇼핑은 어느새 나의 취미가 되어 있었다. 즐거움 뒤엔 아쉬움도 있었다. 품질은 종종 실망스러웠고, 과장된 광고와 프로모션 때문에, 점점 흥미를 잃어갔다. 쇼핑에 빠지다 보니, 시간을 허비한 느낌마저 들었다.

그러던 어느 날 집에 들어서자, 테무에서 막 도착한 택배와 이미 쌓여 있는 상자들이 눈앞에 펼쳐졌다. 순간 숨이 멎는 듯했다. 쌓인 택배들이 마치 살아 움직이듯 달려와 나를 덮치는 듯했다. 1년 전 이사하며 미니멀 라이프를 꿈꾸고, 쓰지 않는 물건들을 모두 버렸건만, 이렇게 같은 일을 반복하고 있다니. 후회와 탄식이 절로 흘러나왔다.

테무 상자를 보면서 오래전 중국 여행에서 경험한 사건이 떠올랐다. 2005년 가을, 신문사 동료들과 함께 취재도 할 겸 휴가차 중국을 다녀왔다. 그때 우리는 가이드가 '좋은 곳이 있다'고 하기에 기대 반, 호기심 반으로 따라갔다.

길고 좁은 골목길을 빠져나와 허름한 창고 안으로 들어서자. 어두운 불빛 아래 온갖 명품 모조품, 소위 짝퉁들이 빼곡히 들어차 있었다. 가방, 모자, 옷, 지갑… 다양한 소품들. 익숙한 브랜드부터 이름 모를 고급 액세서리까지 빛을 발하고 있었다. 불법을 의식한 듯, 모두 깊숙이 숨겨져 있었다. 희미한 조명 아래 화려한 물건들이 마치 은밀한 거래를 속삭이는 것 같았다. 그 순간, 내 마음도 클릭당했다. 우리는 숨을 죽인 채, 미로처럼 얽힌 밀실을 조심스레 탐험했다. 나는 지인들에게 선물할 명함지갑 스무여 개와 가방 몇 개를 챙겨 급히 빠져나왔다.

하지만 귀국 후 가족들의 반응은 기대와 달리 시큰둥했다.

"이 정도는 한국에서도 충분히 살 수 있는 B급 수준이야. 한국이 짝퉁 제조 1위인 줄 몰랐어?"

그 말을 듣는 순간, 나는 얼굴이 화끈거릴 정도로 부끄러웠다. 게다가 명함지갑은 습기에 눅눅해져 한철도 못 버티고 버려야 했으니, 지인들에게조차 볼 낯이 없었다. 중국에서 고생 끝에 사 온 짝퉁들은 품질도 좋지 않았고, 가격도 결코 싸지 않았다.

본전 생각이 스멀스멀 올라오던 중, 가방 하나가 계속 마음에 걸렸다. 결국, 나는 중국 여행을 준비 중인 엄마에게 부탁했다. 공항에서 가이드를 만나 가방을 다른 디자인으로 바꿔달라고. 다행히 엄마는

007 작전을 수행하듯 무사히 임무를 완수하고 돌아왔다. 그런데 세상에! 바꿔 온 가방이 이전 것보다 더 볼품없고 허접한 게 아닌가. 순간 웃어야 할지 울어야 할지 몰랐다. 한숨을 쉬는 나에게 엄마가 던진 한마디.

"중국으로 여행 가는 엄마에게 가방 바꿔 오라고 하는 딸은 세상에 너밖에 없을 거야."

나는 그저 민망한 마음에 말문이 막혀버렸다.

돌이켜 보면 중국에서의 가방 사건과 테무에서의 충동구매는 결국 모두 내 작은 욕망이 부른 일이었다. 순간의 욕심이 허망함을 부른다는 '소탐대실(小貪大失)'이라는 말이 그 어느 때보다 마음에 와닿는다.

나는 휴대폰 앱과 컴퓨터 즐겨찾기에서 테무를 완전히 삭제했다. 그래도 가끔은 다시 들어가 본다. 이제는 예전처럼 흔들리지 않을 자신감이 생겼기 때문이다.

어쩌면, 실수를 반복하는 가운데 비로소 삶을 배워가는 것일지도 모른다. 확실한 건, 진짜 보물은 물건이 아니라 내 마음의 평화와 삶의 균형임을 깨달았다.

이름 붙이지 못한 감정

 "좋은 비는 때를 알고 내린다(호우지시절, 好雨知時節).", 이 구절은 중국 두보의 시 〈춘야희우〉(春夜喜雨)에서 나온 말이다. 한국 영화 〈호우시절〉의 제목이자 명대사이기도 하다.
 배우 정우성(박동하 역)과 고원원(메이 역)이 그려낸 이 영화는 사랑에도 때가 있음을 조용히 일러준다. 만나야 할 좋은 인연은 때를 알고 내리는 비처럼 자연스럽게 스며드는 법이다. 하지만 우리의 시간 속 비는 늘 조금 늦게 내리거나, 때아닌 순간에 내렸다.
 스물아홉 살 어느 가을 무렵이었다. 그때 내 곁에는 한 후배가 있었다. 나보다 두 살 어린 녀석이었는데, 어느 날 갑자기 내 손을 뿌리치고 미국으로 훌쩍 떠나버렸다.
 돌이켜 보면, 너무나 맹랑하고 단호한 태도였다. 어쩌면 나에 대한 최소한의 예의였는지도 모른다. 당시 나는 입사 5년 차 취재기자로, 후배들을 이끌며 자리를 잡아가고 있었다. 기자로서의 책임감과 함께 일의 재미도 서서히 느끼기 시작했다.
 우리는 취재에 쫓겨 새벽까지 원고를 마감하고, 밤을 새우기 일쑤였다. 기쁨과 좌절을 함께 겪으며, 단순한 선후배를 넘어 서로에게 든든한 벗이자 버팀목이 되어주었다.

그중 한 후배가 유독 나를 따랐다. 훤칠한 키에 준수한 외모, 거기에 서글서글한 성격까지 더해져 한눈에 부잣집 도련님 같았다. 나는 내심 군기를 잡을 생각으로 다소 호되게 대했지만, 그는 조금도 굴하지 않았다. 오히려 땀을 뻘뻘 흘리며 시키지 않은 궂은일까지 묵묵히 해냈다. 그런 성실함과 꾸준함 덕에 동료들 사이에서도 신뢰를 얻었다. 내 기억에 그는 단정하진 않았지만 검소했다. 몇 벌 안 되는 양복을 번갈아 입었던 것 같다. 나중에 들은 얘기지만, 그는 꽤나 이름 있는 집안의 부잣집 외동아들이었다. 그래서일까. 살짝 건방져 보이기도 했지만, 많이 밉진 않았다. 그러나 시간이 흘러도 글쓰기 실력은 별로 늘지 않았다.

취재를 마치고 늦게 회사에 들어오는 날이면 그는 지하철역에서 약속도 없이 나를 기다린 적이 많았다. 나는 그저 그것을 친절함, 선배에 대한 단순한 예의 정도로 생각했다. 어느 날엔 밤늦게 전화를 걸어와 고백처럼 들리는 이해할 수 없는 말을 늘어놓기도 했다.

그러던 어느 회식 날, 술기운을 식히려 바깥으로 나왔는데 그가 뒤따라 나왔다. 그러더니 내 양팔을 잡고 한참 동안 나를 말없이 바라보았다. 그의 눈빛과 태도가 놀라울 만큼 진지했다. 그 진지함은 말 한마디 없이도 내 마음 깊이 배어들었다. 하지만 다음 날, 우리는 마치 아무 일도 없었던 듯 제자리로 돌아왔다. 그렇게 우리의 관계는 천천히, 그러나 더 이상 자라지 못한 채 흘러갔다.

그를 알게 된 지 1년이 되어가던 어느 날, 지방으로 떠나는 회사 단체여행에 함께 간 적이 있었다.
 새벽녘, 그가 나를 조용히 불렀다.

"선배, 저 유학 가요, 다음 주에 비자 나옵니다."

 그는 MBA 학위를 받기 위해 곧 미국으로 떠날 예정이라고 했다. 순간, 내 머릿속은 창밖에 자욱한 안개처럼 뿌옇게 흐려졌다. 나도 모르게 '같이 갈까'라는 말이 새어 나왔다. 그는 잠시 나를 바라보다 담담하게 말했다.

"놀러 가는 게 아니잖아요? 선배는, 선배 갈 길 가세요."
 문득, 그 말 한마디에 내 안에서 무언가가 깨지는 듯했다.
 한 달 뒤, 그는 공항에서 마지막 전화를 남긴 채 미국 시카고로 떠났다.
 나는 가슴 한편이 텅 빈 듯 허전했다. 마음은 가라앉고, 몸을 눕히자, 침대마저 함께 꺼지는 듯했다. 하루가 지나자 그 아픔도 회식 날의 기억처럼, 금세 잊힌 듯 제자리로 돌아왔다.
 외국에서 걸려 오는 그의 전화는 점점 무심해졌고 바쁜 일상 속에서 서서히 기억 속에서 사라졌다.
 떠난 지 2년 만에, 유학 중 잠깐 돌아온 그는 여전히 다정했다. 나는 선후배의 경계를 조금 더 분명히 했다. 그때는 그것이 옳다고 믿었다. 1년 뒤, MBA 학위를 마친 그는 한국으로 돌아와 대기업에 입사했다. 승승장구하는 듯 보였다. 그러던 어느 날, 그가 조용히 결혼 소식을 전해왔다.

  그것으로 우리의 인연은 끝일 줄 알았다. 그러나 세월이 흘러도 연락은 이어졌다. 예전 동료들과의 모임에서 얼굴을 마주치기도 하고, 가끔 안부 전화를 주기도 한다. 그는 여전히 나를 '선배님'이라 깍듯이 부르지만, 가끔은 장난기 섞인 말도 던진다. 그는 지금 대학 강단에서 학생들을 가르치는 교수지만 내게는 여전히 멈춰선 후배일 뿐이다.

  돌이켜 보면 그것들이 사랑이었는지, 젊은 날의 불확실한 감정이었는지는 지금도 알 수 없다. 우리의 시간은 늘 엇갈렸고, 결국 이름을 붙이지 못한 채 지나갔다. 이름 없는 감정이었기에, 지금까지 조용히 이어져 왔는지도 모른다.

  서로의 인생에서 오래도록 흔적처럼 남아 있지만, 각자의 길이 다르기에 이제는 기억 속 한 장면으로 아련히 남아 있을 뿐이다.

서혜영

- 내 심장이 먼저 안다
- 엄마는 전형적인 아줌마
- 초록에 물든 하루
- 아무도 몰라도 내가 아는 것
- 병산서원에서 유생이 되어 보다

작가 노트

글을 쓴다는 것은 내게 늘 고민을 안겨주었습니다. 나 자신을 어디까지 드러내느냐 하는 것이 어려웠습니다. 한편으로는 내면을 돌아보는 성찰의 시간이 되기도 하고, 또 그 과정이 나를 치유하는 시간으로 이어지기도 했습니다. 글쓰기가 단순히 부끄러움을 무릅쓴 고백이 아니라, 나 자신에게 솔직해지고 나를 새롭게 바라보는 계기가 되었음을 이번 작업을 통해 새삼 느꼈습니다.

서울커뮤니티합창단 회원
산들문학회 회원

sophiaseo@gmail.com

내 심장이 먼저 안다

"수필 교실에 혹시 관심 있으면 한번 와 보실래요?"

얼마 전 책을 출간한 어느 분의 말씀에 갑자기 내 가슴이 두근거리기 시작했다. 어릴 때는 글을 써서 칭찬을 듣기도 했다. 글을 써보고 싶다는 생각도 했었던 것 같다. 그러나 '글쟁이 되면 먹고 살기 힘들다'는 엄마 말씀에 이과로 진학했고, 자연스레 일기 쓰는 것조차 뒷전이 되고 말았다. 중학교 이후로는 글을 써 본 적이 없다. 그런 내가 이 나이에, 수필 교실이라는 말만 듣고도 얼굴이 발그레 달아오르다니… 설렘인지 긴장인지, 나도 분간할 수 없었다.

교실 문을 열고 들어서니 노신사 한 분이 혼자 앉아계셨다. 하얀 피부에 두꺼운 안경, 앞쪽 챙이 짧은 납작모자를 쓰고 계셨는데, 이상하게 그 모습이 낯설지 않았다. 내가 아는 분인가? 이내 가슴이 콩닥거리기 시작했다. 30여 년 전, 대학원 수업 때 서울대에서 출강 오셨던 교수님과 너무 닮으셨다. 그러나 선뜻 여쭤볼 수는 없었다. 그분을 글쓰기 수업에서 만날 리가 없지 않은가. 한 학기 동안 강의를 들었으니 목소리를 들으면 알 것도 같은데, 1시간 내내 그분은 한마디도 안 하셨다.

교수님을 처음 뵌 건 30년 전 교육대학원 수업에서였다. 서울대 자원공학과에서 출강 오신 분이었는데, 점잖고 온화하셔서 인기가 아주 많았다. 게다가 자원공학이라는 관점에서 지구화학을 다루는 수업은 그 자체로도 아주 흥미로웠다. 나를 비롯한 몇몇 학생은 논문 주제를 지구화학 쪽으로 선택했다. 그런데 문제는 열악한 환경이었다. 우리 학교엔 그런 주제를 감당할 만한 실험 장비도 없었고, 선행 연구도 없어서 힘든 점이 한두 가지가 아니었다. 그때 선뜻 손을 내밀어 주신 고마운 분이 바로 그 교수님이셨다. 당시 교수님의 연구실은 먹는 물 환경영향평가로 아주 바쁘게 돌아가고 있었는데도 불구하고, 우리가 서울대 실험실을 쓸 수 있도록 허락해 주셨다. 실험실은 남자들밖에 없었고 대부분 호의적이었다. 자료 채취를 위해 남한강, 북한강 전체를 헤집고 돌아다녀야 했는데, 경험이 전혀 없는 나를 위해 석사과정 막내가 주말마다 시간을 내주었다. 나보다 2살 어려서 그랬는지, 함께하는 시간들이 전혀 부담스럽지 않았다. 우리는 이내 친해졌고, 그러다 곧 사귀는 사이가 되었다.

　집에서는 난리가 났다. 부모님이 노발대발 반대하고 나서신 것이다. 그때 내 동생은 나랑 동갑인 남자를 사귀고 있었는데, 내가 연하랑 결혼하면 족보가 꼬인다는 게 그 이유였다. 궁리 끝에 부모님은 졸업 후 1년간 어학연수나 다녀오라고 나를 등 떠밀기 시작했다. 눈에서 멀어지면 마음도 멀어질 거라는 생각이셨다. 결국 나는 한국인이 비교적 적게 사는 콜로라도 덴버로 떠나게 되었다. 출국하는 날 공항에는 부모님이랑 남자 친구 모두 배웅을 나왔다. 아빠는 남자 친구를 등지고 서서 아예 외면하셨다. 출입국장을 빠져나간 후 나는 남자 친구 삐삐에 미안하다는 메시지를 남겼다. 그리고 공중전화를 부여잡고 한참을 엉엉 울었다.

등 떠밀려 간 낯선 땅에서 시간이 어떻게 흘렀는지 모르겠다. 몇 달 뒤에 서울대의 그 교수님 외 박사 몇 분이 콜로라도 학회에 온다는 이메일을 받았다. 그 당시는 핸드폰도 없었고, 학교 컴퓨터실이나 가야 이메일을 확인할 수 있었다. 나는 미국 하숙집 주인에게 차를 빌려서 공항으로 무작정 향했다. 내비게이션도 없던 시절 지도만 보고 찾아 갔는데, 나 같은 길치가 어떻게 그런 엄두를 내고, 또 성공했는지 지금 생각해 보면 아찔하다. 교수님 일행은 공항에서 학회가 열리는 다른 도시로 이동해야 했기에 여유롭게 대화를 할 수도 없을 것을 알고 있었다. 그럼에도 나는 주저 없이 공항으로 달려갔다. 그냥 잠깐이라도 아는 얼굴이 보고 싶었다.

공항에서 마주한 교수님은 아빠 같은 미소로 내게 작은 봉투를 건넸다. 뭔가 싶어 열어보니 100불짜리가 보였다. 나는 직속 제자도 아닌데, 그 배려가 너무 따뜻해 고개를 들 수가 없었다. 그때 하숙비가 400불이었으니, 100불이면 엄청 큰돈이었다.

하숙집으로 돌아와 봉투를 열어보니 손 편지가 함께 들어있었다. 정갈한 글씨로 첫 줄에 '서박사'라고 나를 부르고 있었다. 그 밑으로 깨알 같은 글씨가 있었지만 눈물 때문에 흐려져서 뭔 글자인지 도통 읽어나갈 수가 없었다. 교수님께서 내 석사 논문 심사를 하셨으니 내가 아직 박사가 아니란 걸 아신다. 그런데도 굳이 '서박사'로 적어놓으셨다. 그냥 세 글자였을 뿐인데 그 말에는 다정함과 격려가 묻어났다. 박사과정을 꼭 마치고 오라는 말보다 더 단호하고 힘 있게 느껴졌다. 홍수에 터진 둑인 양 눈물이 줄줄 흘렀다. 사실 남자 친구 때문에 유배 온 건데……. 내가 너무 초라하고 부끄럽게 느껴졌다. 한참을 울고 나니 편지글이 다시 눈에 들어오기 시작했다. 타지에서 외로운 싸움을 하는 게 지금은 힘들겠지만, 나중에 다 보람된 일이라는 걸 알게 될 거라고 하셨다. 교수님의 따뜻한 말씀은 나도 도전을 해 봐야겠다는 당돌한 결심을 하게 만들었고, 그렇게 나의 17년 미국 생활이 시작되었다.

저분이 바로 그분일까? 30년의 시간을 건너 내가 그분 앞에 다시 앉아 있는 것일까? 글쓰기 교실에서?

수업 시간 내내 힐끔힐끔 쳐다보다가 쉬는 시간에 가서 여쭤보았다.

"저… 혹시… 전 교수님 아니신가요? 저 기억하시겠어요?"

그분은 웃으며 고개를 끄덕이셨다. 내 생각이 맞았다. 박사의 꿈을 내게 심어 주신 교수님이 맞았다. 어쩐지 심장이 계속해서 콩닥콩닥 뛰더라니……. 내 심장은 눈치 빠르게 교수님을 먼저 알아보고 있었나 보다. 인자하게 웃으시는 모습이 하나도 변하지 않았다. 교수님은 벌써 산문집을 다섯 권 내신 작가셨다. 다음 주에 또 보자는 말씀에 가슴이 벅차올랐다. 내 인생에 또 어떤 변화가 생기려나 보다.

엄마는 전형적인 아줌마

"엄마, 나 오늘 수업 시간에 엄마 생각났어!"

아들이 학교에서 오자마자 신발을 벗으며 말했다. 고등학교 미술 시간엔 내 목걸이를 만들어 오고, 군대에서는 깨알 같은 글씨로 편지를 보내 나를 울컥하게 하던 놈이다. 늘 딸 같은 감수성을 가진 아들이기에, 이번엔 또 어떤 일로 나를 떠올렸을까 궁금했다. 그러나 아들은 토끼 눈을 하고 대답을 기대하는 내 얼굴 위로 찬물을 끼얹듯 말했다.

"교수님이 동영상을 틀었는데 소리가 안 나는 거야. 허둥지둥 당황하면서 교학팀에 전화해서 막 뭐라 하더라고. 앞 시간에도 소리가 안 나서 고쳤는데 왜 또 안 되냐고. 완전 전형적인 아줌마였어."

"……."

말을 듣는 순간 머리가 복잡해졌다. '전형적인 아줌마'라는 말이 걸렸지만, 일단 차분히 아들의 생각을 물어보았다.

"어… 근데 어느 부분에서 엄마가 생각났어?"

"몽땅 다!"

어릴 적 내가 떠올리던 전형적인 아줌마는, 전철에서 사람들이 내리기도 전에 밀치고 들어오는 사람, 버스에서 큰 소리로 통화하며 주변을 아랑곳하지 않는 사람, 덥다고 전철 안에서 신발을 벗는 사람이었다. 나는 그런 부류와는 거리가 있다고 여겼다. 적어도 체면을 중시하는, 조심성 있는 아줌마라고 자부했으니까. 하지만 아들은 전형적인 아줌마의 모습에서 나를 떠올렸다고 했다. 아들의 눈에는 내가 정말 그런 이미지로 보였을까?

시대가 변했으니 요즘 아이들은 '아줌마'에 대해 다른 이미지를 갖고 있을지도 모른다는 생각에, 인터넷에 '전형적인 아줌마'를 검색해 봤다. 여전히 뽀글 파마에 배가 나온 이미지, 말 많고 고리타분한 사고방식이 대표적인 설명이었다. 세상이 바뀌어도 여성을 향한 고정된 인식은 좀처럼 변하지 않는 듯했다. 문득 서글퍼졌다. 아들의 눈에 나는 정말 '그런 아줌마'로 비친 셈이니 말이다. 그악스럽고 부끄러움을 모르는….

나는 초등학생 시절, 수줍음이 많고 조용한 아이였다. 말수가 적어 부모님은 나중에 얘가 남자 친구는 사귈 수 있을까 걱정하셨고, 결국 집에 탁구대를 들여놓으셨다. 남자아이들이 놀러 오면 자연스럽게 어울릴 수 있다는 계산이었다. 부모님은 운동도 되고 사회성도 길러진다고 흡족해하셨다. 하지만 나는 부모님이 좀 유별나다고 생각했다.

그런데 그보다 더 유별난 일은 학급회장 선거 날 벌어졌다. 엄마가 교문 앞에서 아이스크림을 나눠주며 나를 뽑아 달라고 선거 운동을 하신 거다. 몇 학년 몇 반인지 꼼꼼히 물으며, 나와 같은 반 아이들에게만 쭈쭈바를 건넸다는 이야기를 나중에 들었을 때, 얼굴이 화끈거렸다. 누가 봤더라면, 얼마나 창피했을까. 그게 바로 전형적인 아줌마 아닌가. 그런데 지금 생각해 보면 그 '전형적인 아줌마'는 누구보다도 나를 사랑하던, '엄마'라는 존재였다.

나 역시 우리 아들의 얼굴을 붉히게 한 적이 있다. 미국에서 아들이 초등학교에 갓 입학했을 무렵, 농구를 좋아하는 아들을 두 팀에 중복 등록시킨 일이 있었다. 게임을 많이 뛰게 해주고 싶다는 마음에서였다. 어느 날 오전 9시, 10시 연달아 경기가 잡혔다. 그런데 두 번째 경기 도중, 심판이 아들을 코트 밖으로 불러내더니 더는 뛸 수 없다고 했다. 멀어서 무슨 말인지 정확히 들리지도 않았고, 상황 파악이 안 되자 속이 부글부글 끓어올랐다. 수많은 학부모들 사이를 뚫고 코트로 뛰어나갔다. 두 개 팀에 동시 출전한 건 규정 위반이라는 설명이었다.

"등록할 때는 허용해 놓고 이제 와서 안 된다는 게 말이 돼요?"

내가 따지고 있는 사이, 아들이 조용히 내 손을 잡으며 나지막이 말했다.

"엄마, 난 진짜 괜찮아. 빠져도 돼. 다른 사람 경기 방해하지 마."

그 순간 아들 눈에 비친 내 모습이야말로, 진짜 '전형적인 아줌마'였을 것이다. 그 이후로 전형적인 아줌마들을 보면 엄마를 떠올렸을지 모른다. 그러나 아들은 모르는 게 있다. 심판에게 항의할 때의 내 모습은 나 자신에게도 무척 낯선 모습이었다는 것.

만약 내가 결혼하지 않은 상태에서 조카의 경기장에서 같은 상황을 겪었더라면, 코트에 뛰어들어 따져 물었을까? 아마 영어 문법에 어긋날까 조심하며, 경기가 끝난 뒤 심판에게 조용히 말했을 것이다. 그게 원래의 나다운 행동이다. 그런데 그날은 말이 서툴든 어색하든 상관없이 뛰어 나갔다. 왜냐하면, 나는 '엄마'였기 때문이다. 전형적인 아줌마라 불리든, 전형적인 엄마라 불리든, 그 안에는 내가 사랑하는 사람을 지키려는 용기가 들어 있다. 아이를 지키기 위해서라면, 전혀 나답지 않은 그 무엇이 되는 것도 두려워하지 않는 마음. 엄마들은 그렇게 아줌마가 되어간다.

며칠 후, 나는 슬쩍 아들에게 물었다.

"그 교수님 요즘은 어때?"

아들은 웃으며 말했다.

"쪼그만 사람이 일이 안 풀리면 동동거리니까 귀엽더라."

나를 두고 한 말은 아니었지만, 내 귀엔 '엄마도 귀엽다'는 말로 들렸다. 우리 아들 눈에 비친 '전형적인 아줌마', 곰곰이 생각해 보니 아주 틀린 말은 아니다.

'아들아, 네가 말한 전형적인 아줌마. 사실은, 누구보다도 너를 사랑하는 엄마란다.'

오늘도 나는 다짐한다. 부끄러워도, 떠듬거리더라도, 나는 또 그렇게 사랑할 거라고.

초록에 물든 하루

　3년 전, 붉은 단풍이 한창이던 11월에 석파정을 방문했다. 그때의 강렬한 인상이 마음에 깊이 남아서, 이번에는 5월의 싱그러움을 기대하며 다시 이곳을 찾았다.
　석파정은 원래 조선 후기 영의정을 지낸 세도가 김흥근의 별장이었다. 그런데 이곳을 흥선대원군 이하응이 몹시 마음에 들어 하며 자신에게 팔라고 청했으나 김흥근이 오래도록 응하지 않았다고 한다. 궁리 끝에 흥선대원군은 자신의 아들이자 조선의 국왕인 고종을 이곳에 하룻밤 묵게 함으로써, 석파정을 자신의 별서로 삼았다고 전해진다. 국왕이 묵고 간 별장에 신하가 계속 기거할 수는 없다는 성리학의 불문율을 이용하여 김흥근을 압박한 것이다. 그만큼 그는 석파정을 탐냈다. 그리고 이후로 자신의 호를 '석파(石坡)'로 지을 만큼 이곳을 아꼈다 하니, 오늘 나도 석파정에 발을 내디디며 그의 마음을 잠시 헤아려 본다.
　입구에는 커다란 감나무가 서 있고, 나무 밑에는 석파정 안내도가 있다. 3년 전에는 붉은 감이 주렁주렁 달려 있어서 감나무인 줄 금방 알았는데, 감이 없는 지금은 감나무로서의 존재감이 하나도 없다. 그럼에도 감나무는 초조해하거나 민망해하는 기색이 하나도 없다. 그 초연함 앞에 절로 고개가 숙여진다. 나도 지금은 아무도 알아봐 주는 이 없지만, 언젠가는 가을의 감나무처럼 은근한 존재감으로 시선을 받는 날이 오겠지. 조용히 흔들리는 잎사귀를 바라보며, 말없이 감나무의 응원을 온몸으로 받아들였다.

감나무 오른쪽으로 돌아 별채로 올라가는 길은 계단이 많다. 오늘은 내 별장이라 생각하며 유유자적 걷다 보니 어느새 별채로 진입하는 협문이 나온다. 협문의 높이가 낮아 사람들이 너나 할 것 없이 고개를 숙이고 들어가는 게 보인다. 문득 궁금해진다. 그 시절 고종 임금도 저 문을 지날 때는 고개를 숙였겠지? 한껏 고개를 치켜들고 들어가 볼까 호기를 부려보지만, '머리 조심'이라는 팻말 앞에서 자연스레 고개를 숙이고 말았다.

협문을 들어서면 별채 툇마루가 먼저 반긴다. 별채는 안채, 사랑채보다 지대가 높아서 사위를 내려다보는 재미가 있다. 담장을 넘겨다보니 정겨운 장독들이 옹기종기 모여 있고, 그 담장을 타고 넘으려는 담쟁이가 눈에 들어왔다. 갑자기 도종환 시인의 시 〈담쟁이〉가 떠오른다. 정말 고개를 빳빳이 든 담쟁이잎 하나가 담쟁이잎 수천 개를 이끌고 벽을 넘고 있다. 벽을 넘는 한 잎의 용기가 너무 자랑스럽다. 서두르지 말고 앞으로 계속 조금씩 조금씩 나아가다 보면 너도 언젠가 그 벽을 넘으리라. 담쟁이는 그렇게 말없이 내게 용기를 건넸다.

별채를 지나니 근육질의 단풍나무가 녹음을 자랑한다. 그동안 몸매 관리를 잘했는지 여전히 군살도 없고 수려하다. 3년 전에는 붉은 노을처럼 붉게 타오르던 나무가 오늘은 하늘조차 초록으로 뒤덮어 편안한 그늘 아래 잠시 쉬어 가라고 한다. 초록의 다정함 속에 일행을 남겨두고 나는 너럭바위 쪽으로 발걸음을 옮겼다.

너럭바위로 가는 길은 한동안 오르막이다. 그러나 오른쪽 담장에 유명 작가의 작품들이 그려져 있어 오르막을 잊게 한다. 지난번에 봤을 때는 벽화 밑에 자란 풀이 영문도 모르고 페인트를 뒤집어쓰고 있었다. 숨이나 제대로 쉴 수 있을까 염려했는데, 오늘은 목욕탕에서 때 빼고 광낸 사람인 양 빤질빤질 무성하게 자라고 있다. 꿋꿋이 견디다 보면 이렇게 반짝반짝하는 순간이 오는구나. 잡초지만 싱싱하게 살아 있는 느낌이 들어 가만히 보기만 해도 좋았다.

이중섭의 〈황소〉, 김기창의 〈태양을 먹은 새〉, 김환기의 〈섬 스케치〉 등 지나치는 그림의 제목 맞추기를 하며 오르다 보면 어느새 내리막길이 나온다. 그리고 거기서부터는 끝도 없는 초록의 단풍나무들이 날 맞이한다. 단풍나무는 빨갛게 익어야만 본래의 의무를 다하는 줄 알았는데, 초록을 뿜어내는 기개 또한 남다르다. 게다가 길을 따라 일렬로 도열한 모습은 3년 만에 찾아온 나를 맞이하는 환영 인파 같다. 큰 잎사귀 하나에 손바닥을 마주 대어 답을 해본다. 나를 기억하고 있으라고, 나중에 더 큰 사람이 되어서 또다시 찾아오겠노라고…….

초록 단풍에 눈이 팔려 정신없이 내려가다 보니 저 멀리 희끄무레한 바위산이 보인다. 코끼리의 형상을 닮았다는 너럭바위. 3년 전에는 붉은 단풍의 기세에 밀려 기죽은 코끼리처럼 보였는데, 지금은 초록 나무 사이로 막 달려 나올 기세다. 계절이 바뀌면 코끼리가 또 어떤 모습으로 변할지 궁금하다. 소원바위라고도 불린다니 가만히 다가가 소원을 머릿속으로 생각했다. 입 밖으로 내면 왠지 효험이 떨어질 것 같아서 속으로만 되뇌었다.

너럭바위를 뒤로하고 돌아 나오자 작은 정자가 나타난다. 유수성중 관풍루(流水聲中觀楓樓)라는 이름을 가진 이 정자는, 그 이름처럼, 흐르는 물소리를 들으며 단풍을 감상하는 곳이다. 정자에 올라서서 앞을 바라보니 빼곡한 초록 나무가 눈을 시원하게 하고, 뒤를 돌아보니 졸졸 흐르는 물소리가 내 마음의 근심을 씻어준다. 복잡한 생각은 잠시 내려놓고 쉬어갈 수 있는 위로의 공간. 대원군이 이곳에서 난을 쳤다는데, 난 이곳에서 초록을 벗 삼아 글 한 편 쓰고 싶다.

정자를 돌아 나와 물을 품은 길을 따라 계속 걷다 보면 신라 시대 삼층 석탑에 이른다. 그러나 우리는 그 길을 버리고 사랑채 쪽으로 가는 길을 택했다. 사랑채 서쪽에 너른 그늘을 드리우고 있는 압도적 크기의 '천세송(千歲松)'이 더 눈길을 끌었기 때문이다. 천세송이라는 이름 때문인지, 굽이진 줄기와 뒤틀린 가지를 지탱하는 지지대가 노인의 지팡이처럼 보였다. 묵묵히 세월을 견디며 자리를 지켜온 모습이 꼭 우리네 부모님을 닮았다. 오랜 시간 나를 위해 인내하고 한결같은 마음으로 내 곁을 지켜온 존재. 오늘은 엄마에게 좀 더 따뜻한 목소리로 안부를 전해야겠다.

초록의 기다림과 다정함을 품은 채 돌아가는 길. 다음엔 어떤 계절의 석파정을 만나게 될까. 그때의 나는 또 어떤 마음으로 이 길을 걷고 있을까. 오늘은 바람에 흔들리는 감잎도, 담을 넘던 담쟁이도, 묵묵히 서 있는 천세송도, 제자리를 지키며 각자의 방식으로 내게 말을 걸어왔다. 아마 다음에도 그들은 여전한 모습으로 나를 맞아주리라. 자연은 언제나 말없이 기다려준다. 그러니 나도, 내 삶의 작은 변화들을 믿고 기다려야겠다. 서두르지 않고, 조용히, 그리고 다정하게.

아무도 몰라도 내가 아는 것

　6월 첫째 주, 도심은 벌써 초여름 더위가 기승을 부리려는 참이었지만, 친구들과 찾은 안면도(安眠島)에는 서늘한 바람이 불고 있었다. 본래 태안반도에서 남쪽 바다로 길게 뻗은 곶(串)이었으나, 운하가 생기며 끄트머리가 잘려 인공 섬이 되었다. 이름처럼 '편안히 잠들 수 있는 섬'이라는 뜻을 지닌 안면(安眠)은, 아늑하고 평화로운 풍광으로 우리를 맞이했다.

　이번이 세 번째 방문이었지만, 안면도 자연휴양림을 걸은 건 처음이다. 친구들과 함께 쭉쭉 뻗은 소나무가 뿜어내는 피톤치드 가득한 숲길도 둘러보고, 정자에 앉아 온전한 쉼을 누렸다. 그리고 돌아 나오는 길, 사전 정산을 하려고 주차 요금 무인 정산기 앞에 다들 모여 섰다. 주차료는 소형 1,500원, 중형 3,000원, 대형 5,000원이었다. 대형을 누르려니 친구들이 제지하듯 말했다.

　"중형 누르면 돼. 다들 그렇게 해."

　나는 잠시 멈칫했다.

　"에쿠스면 대형 아냐?"

　"아무도 없는데 누가 본다고."

　마음 한쪽이 찜찜했지만, '이게 뭐 대수냐'라는 생각이 스쳤고 결국 중형을 눌렀다.

곧이어 입장료 인원을 입력하는 화면이 떴다. 나는 망설임 없이 인원수를 4로 맞추었다.

"야, 한 명이라고 해도 아무도 몰라."

"여기 카메라가 이렇게 빤히 우릴 쳐다보고 있는데? 더군다나 네 명이 옹기종기 모여서 어떻게 한 명만 입력하니?"

"그럼, 우리 둘은 그냥 걸어 나갈게. 너희 둘은 두 명분만 내고 차 타고 나와."

그렇게 말하고 친구 둘은 출차로를 당당히 걸어 나갔다. 곁에 남아있던 친구가 나지막이 말했다.

"이제 우리 둘만 남았으니까 두 명분만 내자."

불과 몇 초 사이, 마음이 흔들렸다. 다들 그렇게 한다니까, 아무도 뭐라 하지 않는다니까, 좋은 게 좋은 거니까…. 그런데 그 순간 왜 나는 손이 말을 듣지 않았던 걸까? 넷이서 같이 즐기지 않았나? 맑은 공기를 들이마신 게 이 정도 가격은 되지 않았나?

"야, 비싸지도 않아. 1인당 1,500원이야."

그렇게 말하며 네 명분을 계산했다. 3,000원으로 마음 한편에 찜찜함을 남기고 싶지 않았다. 그리고 얼른 대형차의 기준이 뭔가 검색해 보았다. 25인승 이상 차량이 대형이라는 걸 보고 안도감이 들었다.

문득 오래전 일이 떠올랐다. 1990년 즈음으로 기억된다. 명절을 맞아 시골에 내려가는 기차표를 예매하려고 청량리 기차역에서 하염없이 기다리고 있었다. 1시간 정도 지났을까. 내 뒤에 서 있던 아저씨가 말을 걸었다.

"학생, 나는 남대문 시장에서 옷 가게를 하는데, 지금 문 열러 가야 해서 부탁 좀 해도 될까? 나 대신 표를 좀 사 줄 수 있나? 내가 푯값을 넉넉히 쳐 줄 테니 미안하지만 내 표 1장만 좀 부탁할게."

아저씨의 정중한 부탁을 흔쾌히 받아들였고, 아저씨는 종이에 이름과 전화번호를 적어주며 2만 원을 건넸다. 당시 푯값은 만 원이 조금 넘었던 걸로 기억된다. 다행히 내 표와 더불어 아저씨 표까지 살 수 있었고, 표를 귀하게 잘 간직하였다. 문제는 그다음이었다. 아저씨 연락처가 적힌 쪽지를 옷 주머니에 넣은 채 세탁기를 돌려버린 것이다. 젖은 종이 쪼가리에 다 뭉개진 전화번호. 정말 앞이 캄캄했다. 영 마음이 불편해서 남대문 시장을 무작정 가보았다. 그러나 남대문 옷 가게가 어디 한둘인가. 그래도 시장을 몇 번이나 돌며 그 아저씨를 찾아보았지만, 수많은 옷 가게 속에서 다시 마주치기란 쉽지 않았다.

기차 출발 당일, 동생이 말했다.

"그 표 그냥 팔자. 누군가 간절히 필요할 수도 있잖아."

"살다 보면 언젠가 아저씨를 마주칠 수도 있는데 그때 기차표라도 보여줘야지. 이거 팔면 배신이야!"

난 절대 팔 수 없다고 고집을 피웠다.

"언니 고집 때문에 누군가는 표가 없어서 고향에 못 갈 수도 있어."

나는 결국 표를 넘기고 말았다. 아저씨를 다시 마주치는 일은 일어나지 않았으니, 그 일로 비난을 받은 적은 없다. 그럼에도 돌려주지 못한 1장의 표, 지켜내지 못한 나의 약속은 내 머리를 떠나지 않았다. 지금까지도 마음 한구석에 무거운 짐으로 남아 있다.

누군가는 아무 일도 아니라고 말할지도 모른다. 하지만 내게는 그런 사소한 순간들이 '나는 어떤 사람인가'를 생각하게 만들었다. 앞으로도 그런 순간들을 만나겠지. 그럴 때마다 나에게 질문을 던질 것이다.
"너는 얼마짜리 사람인가?"
그때 나는, 나를 속이지 않는 선택을 할 것이다. 아무도 보지 않아도 내가 보고 있고, 아무도 기억하지 않아도 나만은 기억하고 있다는 걸 이제는 알기 때문이다. 다시 묻는 그 순간에 나는 나 자신 앞에서 부끄럽지 않기를 바란다.
이제는 안면도를 생각하면, 편안히 잠든 기억보다도 나 자신을 돌이켜 보는 성찰의 장소란 생각이 든다.

병산서원에서 유생이 되어 보다

 안동은 내게 낯선 도시가 아니다. 영주에서 나고 자란 터라, 안동은 지리적으로도 정서적으로도 가까운 도시다. 어린 시절 아빠 따라 안동댐에 낚시를 간 적도 있다. 아빠는 주로 대낚시를 즐기셨는데, 얼마나 많은 고기를 잡았는지는 기억나지 않는다. 나룻배를 빌려 호수 깊숙이 들어갔던 기억만 남아있다.

 합창단 선배가 2박 3일 안동 여행을 제안했을 때, 들뜬 마음에 하루 종일 일이 손에 잡히지 않았다. 가족들은 안동에 뭐 볼 게 있다고 사흘씩이나 머무느냐며 의아해했지만, 여행은 꼭 무언가를 봐야만 하는 건 아니다. 같은 길도 누구와 함께 가느냐에 따라 전혀 다른 여행이 된다. '우리는 안동 여행 중'이라는 문구를 넣은 티셔츠를 다 같이 입고 소풍 가는 마음으로 여행길에 올랐다.

 서울에서 안동까지는 쉬엄쉬엄 세 시간 남짓 걸렸다. 안동에 가까워지자 도로 위에 우뚝 선 목조 대문, '동인문(東仁門)'이 시야에 들어왔다. 이름으로 미루어 보아 동서남북 네 곳에 이런 관문이 하나씩 있겠구나 싶었는데, 나중에 '서의문(西義門)'을 보고서야 짐작이 틀리지 않았음을 확인했다. 유교의 5대 이념인 인(仁), 의(義), 예(禮), 지(智), 신(信)과 방위를 표시하는 동서남북을 융합하여 만든 이름이다. 나중에 찾아보니 남예문(南禮門)과 도신문(陶信門)은 있으나, 어떤 이유인지

북지문은 존재하지 않았다.

 동인문은 붉은 원형 기둥이 묵직해 보이는 기와지붕을 받치고 있는데, 처마 끝이 위로 살짝 들려 우아해 보였다. 문득 사찰에 들어서며 가장 먼저 마주하는 일주문이 떠올랐다. 일주문을 통하여 세속에서 불교 세계로 들어서듯이, 동인문을 통과하는 순간 우리는 유교 문화의 세계로 발을 들여놓은 셈이다.

 안동에 도착해 가장 먼저 향한 곳은 병산서원이었다. 조선의 명재상 서애 류성룡을 기리고, 수많은 학자를 길러낸 곳이라 한다. 하지만 내 눈길을 사로잡은 것은 엄숙한 사당이나 운치 있는 누각이 아니라 주차장 옆 '점빵'이라는 붉은 글씨 간판이었다. 어릴 적 동네에서 보던 구멍가게보다도 작은 가게였지만, 정겨운 이름 덕에 괜스레 들어가 뭐라도 사고 싶었다. 고개를 쑥 들이밀고 휙 둘러보니 주인은 없고, 물과 음료수만 덩그러니 놓여 있었다. 돌아 나올 때 다시 한번 들러야지 생각하며 발길을 돌렸다.

 서원은 생각보다 단출했다. 건물이 많지 않아 오히려 숨통이 트였다. 9월 초의 뜨거운 햇살이 대지를 구워내고 있었기에, 만약 넓고 복잡했다면 금세 지쳐버렸을 것이다. 구조도 개방적이었다. 삼면은 산에 둘러싸였지만 앞은 시원스레 열려 낙동강으로 이어진다. 출입구인 복례문(復禮門)을 들어서자 꼭대기까지 막힘없이 시야가 트였다. 더위에 지친 마음도 바람을 따라 단번에 서원의 꼭대기까지 올라간 듯 시원해졌다.

 자연스레 내 시선이 머문 곳은 유생들의 휴식 공간인 만대루(晩對樓)였다. 촘촘히 선 기둥 위로 드넓은 마루가 펼쳐져 낙동강을 굽어보고 있었다. 자연의 굴곡을 그대로 살린 나무 기둥과 들보는 세월을 머금어 담백한 수묵화처럼 서 있었다. 출입 금지라 마루에 올라서지 못한 것이 못내 아쉬웠지만, 그 곁에 서서 바라본 낙동강 풍경만으로도 충분했다. 이토록 여유로운 자연 속에서 과연 유생들은 마음을 붙들고 학문에 몰두할 수 있었을까?

서원을 둘러보고 나오는 길, 건물 밖에 달팽이 모양으로 만든 뒷간이 눈에 띄었다. 호기심에 꼬불꼬불한 입구를 따라 들어가 보니, 뚜껑이 덮인 재래식 변기가 있었다. 어린 시절 우리 동네에도 쪼그리고 앉아 볼일을 봐야 하는 재래식 화장실이 있었지만, 나는 혹시 빠질까 겁이 나서 한 번도 사용해 본 적이 없다. 게다가 '빨간 휴지 줄까, 파란 휴지 줄까' 하는 괴담을 들은 뒤로는, 재래식 화장실은 더더욱 가까이하기 싫은 공간이었다.

문도 없고 지붕도 없는 이 달팽이 뒷간은, 유생들이 아니라 그들을 뒷바라지하던 일꾼들의 화장실이었다고 적혀 있었다. 문득 궁금해졌다. 그렇다면 유생들은 어떤 화장실을 썼을까. 이보다 조금은 나은 시설이었을까. 그 화장실은 어디에 있을까?

거창한 명성에 비하면 소박한 서원이구나 싶어 돌아가려는데, 안동이 고향인 후배가 팔을 붙잡는다. 강가까지 가봐야 다 본 거라며 끝내 우겼다. 아닌 게 아니라, 서원을 나서자 말끔한 잔디밭이 펼쳐지고, 그 너머로 낙동강까지 모래사장이 길게 이어져 있었다. 모래 위에 발을 내딛는 순간, 신발 안으로 모래가 쓰윽 밀려 들어왔다. 아, 이 느낌! 모래와 함께 어린 시절의 기억도 따라 밀려왔다.

영주에도 서천이라는 강이 흐른다. 아마 초등학교 1학년 무렵, 강가로 소풍을 갔던 것 같다. 그곳의 모래사장은 바닷가 모래와 달리 군데군데 잡초가 자라 있었고, 발이 푹푹 빠져 걷기 불편했다. 좋아하던 남자아이 앞이라 괜스레 멋을 부린 신발 안으로 모래가 자꾸 들어와, 몇 번이고 털어냈던 기억이 난다. 친구들과 돗자리를 펴고 김밥을 먹었는데, 김밥이 맛있었는지는 기억나지 않는다. 다만 다른 집 김밥 통이 우리 집 것보다 훨씬 멋져 보여 부러워했던 마음만 또렷하다.

추억을 더듬으며 걷다 보니 어느새 강가에 이르렀다. 유유히 흐르는 하류의 물결을 바라보니, 후배 말을 듣기를 잘했다는 생각이 들었다. 외국 여행에서 현지 가이드와 동행할 때처럼, 현지인과 함께한 안동 여행은 이렇게 다르구나. 서원에서 내려다보던 광경과는 차원이 달랐다. 저절로 짧은 탄성이 흘러나왔다. 잔잔한 강물 위로 구름과 산이 점잖은 그림자를 드리우고 있었다. 9월의 구름은 더욱 특별했다. 짙은 회색에서 눈부신 순백에 이르기까지, 흰빛의 스펙트럼이 강물 위를 수놓으며 풍경을 완성하고 있었다. 그 풍경 앞에 서니, 내가 단순한 여행자가 아니라, 마치 옛 유생들과 한자리에 앉아 있는 듯한 기분이 들었다. 유생들도 휴식할 때는 만대루에만 머물지 않았으리라. 이 강가에 앉아 저 모습을 바라보며 막걸리 한잔 기울이지 않았을까?

병산서원을 뒤로하고 내려오는 길, 풍경에 스민 나의 기억 덕분에 안동은 한층 더 다정하게 다가왔다. 같은 풍경이라도, 어떤 기억을 가진 사람의 눈에 비치느냐에 따라 다른 느낌임을 알겠다. 안동을 떠나면서도 다시 돌아올 나를 그려본다. 안동은 내일 또 어떤 모습으로 내게 다가올까.

홍영규

- 기업과 예술의 만남, 일본 미술관들 기행
- 문학의 언덕, 고독의 숲 – 일본 근대문학을 따라가는 길
- 오모리와 히로사키 - 예술과 기억이 머무는 봄의 북국
- 센다이 - 과거의 영광과 오늘의 감성, 그리고 나리타의 밤
- 구마노 고도의 순례길 - 다이몬자키에서 나치산까지

작가 노트

지난 8여 년 동안 일본 열도를 방문하면서 인문학적인 기록을 남겼다. 잘 알려지지 않았던 일본인들의 순례길, 일본 소도시의 모습 그리고 미술관 문학관 등 다양한 장소들을 나 홀로 찾아서 다니면서 남긴 기록들을 공유하게 되었다.

이 글들이 일본의 인문학 여행으로 찾은 이들에게 조그마한 도움으로 여행의 의미를 다시 느낄 수 있는 계기가 되었으면 하는 바람입니다.

미국 뉴욕주 변호사, 법무법인 해승
한양대학교 객원교수 역임
여행 인문학 동인회원
저서 《은퇴이민 떠나기 전에 꼭 알아야 할 50가지》

Kdech@hanmail.net

기업과 예술의 만남, 일본 미술관들 기행

일본은 서구 유럽의 근대 작품들, 특히 인상파 화가들의 명작을 소장·전시하는 미술관이 유난히 많은 나라다. 이번 도쿄 방문 중 찾은 국립서양미술관과 아티존 미술관은, 과거에 다녀왔던 오카야마현의 오하라 미술관과 쿠루메의 이시바시 문화관처럼 기업의 기부로 만들어진 대표적인 미술관들이다. 이들 미술관은 단순한 예술 감상의 공간을 넘어, 기업가들의 철학과 이상이 고스란히 담긴 예술적 유산의 장(場)이다.

국립서양미술관 - 산업과 예술이 만나는 광장

메이지 시대, 일본은 서구로의 진출을 통해 경제적 기반을 다졌고, 당시 프랑스에서 미술을 공부하고 귀국한 예술가들의 영향으로 인상파 미술에 대한 관심이 고조되었다. 제1차 세계대전 이후 유럽 경제가 흔들리며 수많은 명작이 시장에 나왔고, 이 시기 일본의 기업인들은 수집에 나섰다.

당시 조선소 사업으로 큰 자산을 축적한 마쓰카다는 프랑스에 별도의 수장고까지 마련해 총 370점에 이르는 작품을 수집했다. 그러나 제2차 세계대전 중, 적대국 국민이라는 이유로 프랑스 정부에 의해 소장품이 몰수되었다. 전쟁 후, 이 작품들은 일본 정부의 노력으로 반환되었고, 마쓰카다는 이를 일본 정부에 기증하면서 도쿄 우에노 공원에 국립서양미술관 설립의 기반을 마련했다.

국립서양미술관은 기부자들의 스토리와 철학을 다음과 같은 문구로 전시 공간에 명시하고 있다. "콜렉션의 완성은 공공 미술관에 기부함으로써 이루어진다."

"나의 콜렉션이 일본 사회의 서양미술 부족 부분을 보완해 주길 바란다."

이러한 기업의 예술과 사회적 책임의 연결을 보여주는 일본인의 의식구조를 설명한 저서로 베네딕트의 《국화와 칼》을 들 수 있다. 베네딕트는 당시 콜롬비아대학의 인류학자였으며, 제2차 세계대전 중 미국 국무부의 요청으로 일본인의 의식구조와 관습을 문헌 연구와 미국에 거주하는 일본인들과의 대화를 통해 분석한 인류학적 저작을 남겼다. 그녀의 연구는 일본군이 포로로 잡히기보다는 자결을 택했던 이유, 즉 천황과 국가에 대한 절대적인 충성심을 조명하며, 패전 후 일본의 천황제를 유지하는 기틀을 제공했다.

그녀는 이러한 의식구조의 핵심을 '기리'(義理, 의리)와 '온'(恩, 은혜)

으로 정의했다. 일본 사회에서 이 두 개념은 개인과 조직, 국가 사이의 충성 개념에 깊이 뿌리내려 있으며, 미술관 설립에도 영향을 주었다. 기업인들이 사회에 받은 은혜에 보답하고자 예술에 헌신한 것은 바로 이 윤리 구조의 연장선상에 있다.

국립서양미술관 건물은 르 코르뷔지에가 설계했으며, 입구 앞 광장에는 오귀스트 로댕의 대표작들이 전시되어 있다. 〈지옥의 문〉과 〈칼레의 시민들〉은 로댕 예술의 정수를 보여주는 작품으로, 이 작품들은 파리의 로댕 미술관에도 소장되어 있다. 가까운 일본에서 유럽의 고전 조각을 볼 수 있다는 사실은 깊은 감동을 주었다. 조각은 총 열두 점(공공기관 8점, 개인 소장 4점)이 오리지널 원작으로 간주된다.

오하라 미술관 - 작은 도시의 예술 자존심

오카야마현 쿠라시키시에 위치한 오하라 미술관은 일본 최초의 사립 미술관으로, 작은 도시 쿠라시키를 예술 애호가들의 명소로 만든 주역이다.

시코쿠 다카마쓰에서 나오시마 미술관을 들른 후 방문한 오하라 미술관의 외관은 유럽의 대형 미술관을 연상케 했다. 미술관 입구에는 "우리는 왜 미술관을 찾는가?"라는 질문에 대한 미우라 관장의 문구가 적혀 있다.

"예술의 정수를 접함으로써 감각과 사고가 활성화되고, 새로운 시야와 에너지를 받아들이게 된다."

오하라 마고사부로는 방적업으로 번 자산을 바탕으로, 유학 중이던 화가 고지마 토라지로를 후원했고, 그의 권유로 모네, 마티스, 피카소 등의 작품을 수집했다. 1930년, 오하라 미술관이 개관되며 일본에서 최초로 서양 근대 미술을 본격적으로 소개하는 공간이 탄생했다. 엘 그레코의 〈수태고지〉는 일본 미술관 소장품 중 가장 상징적인 작품 중 하나다. 제1차 세계대전 이후 불경기 속 유럽 미술시장에서 나온 이 작품을 고지마는 오하라에게 적극 추천했고, 오하라는 이를 받아들여 파리에서 구매했다. 고지마는 미술관 개관을 앞두고 과로로 인한 심장마비로 42세의 나이에 세상을 떠났지만, 그의 유산은 미술관에 고스란히 남아 있다. 특히 〈아침 얼굴〉은 화분에 물을 주는 소녀의 찬란한 안색을 표현하며, 시간과 청춘의 에너지를 동시에 느끼게 했다.

미술관 앞에는 오하라 가문의 고택이 있으며, 내부에는 오하라 마고사부로의 서재가 재현되어 있다. 파리에서 젊은 시절의 카라얀과 함께 찍은 사진, 당시 탐독했던 서적들—예술과 경영, 철학이 어우러진 기록들이 감동을 더했다. 서재에서 나와 비 오는 정원을 바라보며 마루에 앉아 말차를 마셨다. 이 고요한 공간은 단지 미술작품을 전시하는 장소가 아닌, 시간과 정신이 머무는 곳임을 느꼈다.

아티존 미술관과 이시바시 문화관 - 타이어로 다져진 예술의 길

 브리지스톤 타이어 창업자 이시바시는 도쿄 긴자에 아티존 미술관을 세웠고, 고향 쿠루메에는 이시바시 문화관을 설립했다.

 한겨울, 눈보라가 치던 날. 일본 유신의 본거지 가고시마에서 후쿠오카로 돌아오던 중, 신칸센 안에서 우연히 쿠루메에 이시바시 문화관이 있다는 글을 읽고 중간에 내렸다. 1월 말, '최강 한파'라는 예보대로 쿠루메역에 내리자 강한 바람이 몰아쳤다. 짐은 역의 코인로커에 맡기고, 관광센터 직원의 안내에 따라 택시를 타고 문화관으로 향했다.

 문화관은 넓고 아름다웠으며, 일본 특유의 파란색 지붕이 인상적인 건물이었다. 사람은 거의 없었다. 미술관에는 창업자의 이념과 철학을 소개하는 안내문이 있었고, 주로 일본 화가들의 작품이 전시되어 있었다. 문화관 주변의 일본식 정원은 전통적인 차경식 배치를 넘어, 꽃과 나무, 연못 속의 오리와 새들이 어우러져 현대적인 미감까지 더해져 그 자체가 하나의 예술 작품처럼 느껴졌다.

 이시바시는 도쿄 긴자에 아티존 미술관을 세우며, 마네, 모네, 피카소부터 미국 현대미술까지 폭넓게 소장했다. 이시바시 미술관을 리뉴얼해 확장한 아티존 미술관은 각 층마다 다른 테마로 구성되어 있어 관람에 여유로움을 더해준다. 특히 마티스의 작업실을 재현한 공간이 인상 깊었다.

마티스의 〈Dance〉는 내가 뉴욕 현대미술관(Modern Art Museum)을 방문했을 때 처음 보았는데, 둥글게 손을 잡고 춤추는 인물들의 역동성과 색채가 풍기는 리듬감이 강렬하게 다가와 눈을 뗄 수 없었다. 그 그림에서 인물 하나하나가 리듬을 품고 있었고, 전체적으로는 흥겨운 에너지가 뿜어져 나오는 듯했다.

이들 미술관은 단순한 예술품 전시장이 아니다. 자본이 어떻게 예술을 품을 수 있는지를 보여주는 살아 있는 사례이며, 기업가 정신이 사회적 책임과 예술적 안목으로 확장될 수 있음을 증명한다. 일본은 예술 콘텐츠를 통한 관광 자산화에 성공하고 있으며, 나처럼 미국과 유럽에서 생활했던 사람에게는 가까운 이웃 나라에서 세계적인 인상파 작품을 마주할 수 있다는 것이 특별한 기쁨이다.

여행자에게 미술관 관람은 여행은 시야를 넓혀주고, 돈으로 환산할 수 없는 행복을 선물하는 소중한 시간이다.

문학의 언덕, 고독의 숲
- 일본 근대문학을 따라가는 길

  일본 최초의 노벨문학상 수상자, 가와바타 야스나리의 《설국》 무대를 따라 나는 에치고 유자와를 찾았다. 그가 작품을 완성하던 료칸 다카한(高半)은 여전히 옛 모습을 간직한 채 산 중턱에 자리하고 있었다. 방의 테라스에 서면 사방을 감싼 설산이 손에 닿을 듯 펼쳐지고, 검은 산등성이 위로 흩뿌려진 하얀 눈은 마치 흰 종이에 먹이 번진 듯, 한 폭의 수묵화로 다가왔다.

  2층 노천 온천에서는 니가타의 산맥이 파노라마처럼 펼쳐졌다. 하얀 눈과 어두운 바위가 맞닿는 경계는 뿌옇게 멀어지고, 그 풍경은 어느 순간, 《설국》의 첫 문장과 겹쳐졌다. "국경의 긴 터널을 빠져나오자 설국이었다. 밤의 밑바닥이 하얘졌다." 《설국》은 선형적 서사를 벗어난 채, 눈 덮인 온천 마을을 무대로 감정과 풍경의 파편들로 이야기를 엮는다. 감각과 단절, 아름다움과 허무. 그 대비와 침묵은 일본 근대문학 전반의 정서를 대변한다.

  그 여운을 안고 나는 도쿄로 돌아왔다. 가와바타 문학의 뿌리이자 근대 일본 문학의 기둥이라 할 수 있는 나쓰메 소세키의 자취를 좇아,

와세다역 근처의 조용한 골목길을 따라 언덕을 올랐다. 소세키가 말년을 보냈던 집은 공습으로 소실되었으나, 그 터 위에 신주쿠 구가 정비한 문학기념관이 그 기억을 품고 있었다.

기와지붕 아래 낮은 담장을 두른 작은 정원엔 계절마다 다른 표정을 지닌 꽃과 나무들이 단정하게 자리를 지키고 있었다. 내부는 옛 구조를 간직한 채, 전시 공간은 현대적인 감각으로 정갈하게 꾸며져 있다. 2층 복도의 벽면에는 소세키의 문장들이 디자인 요소로 새겨져, 문학과 공간이 조화로운 침묵을 이루고 있었다. 글 상자, 의자, 원고지, 그리고 창밖으로 이어지는 언덕길. 모든 것은 그가 사색하고 창작했던 순간을 은은히 불러왔다. 활자로만 접했던 문장이, 그의 숨결이 머물던 공간에서 조용히 살아 움직이는 듯했다.

그날 오후에는 도쿄대학 코마바 캠퍼스 인근의 일본 근대문학관을 찾았다. 붉은 벽돌 건물은 넓은 광장을 마당 삼아 단정하게 서 있었고, 안으로 들어서자 나무 향과 잔잔한 조명이 공간의 정적을 더욱 깊게 만들었다.

이곳에서는 미시마 유키오 탄생 100주년 기념 특별전이 열리고 있었다. 검도 선수였던 그의 육체, 필체, 무대 의상, 소설 원고들이 유리 케이스 안에 조용히 숨 쉬고 있었다. 사진 촬영은 금지되어 있었지만, 포스터 한 장을 찍고 운동선수처럼 강건했던 그의 모습을 마음에 담앉다. 복도 한편에는 가와바타의 사진과 원고가 전시되어 있었으나, 많은 문인들의 전시 공간은 미시마 특별전으로 인해 임시 폐쇄된 상태였다. 아쉬움이 남았다.

소세키, 가와바타, 미시마. 시대는 달랐으나, 이들은 고독한 개인의 내면과 문명 속 소외, 인간 존재에 대한 질문을 문학으로 풀어냈다는 점에서 깊게 연결되어 있다.

소세키는 《마음》에서 서구 문명이 야기한 개인주의와 고립의 문제를 응시했다. 마음은 소설의 중요 인물인 '선생님'이 개인의 죄의식으로 결국 자살로 생을 마감하며, 죄의식과 존재 불안을 극한까지 밀어붙인다. 그의 성찰은 후대 문인들에게도 깊은 영향을 남겼고, 가와바타의 삶의 끝에서도 그의 그림자가 어른거린다.

가와바타는 고독과 죽음을 하나의 미로처럼 받아들이며, 자연과 인간 사이의 허무한 경계에서 아름다움을 길어 올렸다. 《설국》은 40여 년 전 소세키의 《풀베개》와 유사한 구조를 지닌다. 두 작품 모두 온천 마을, 예술가 주인공, 여인과의 만남이라는 공통의 틀 안에서 삶과 예술의 본질을 탐색한다. 《풀베개》가 예술의 가치에 대한 탐구라면, 《설국》은 사랑조차 허무로 귀결되는 철학을 한 폭의 정경으로 그려낸다.

가와바타의 추천으로 문단에 등단한 미시마 유키오는, 그와 문학적으로도 깊은 교류를 나누었다. 유튜브에서 본 두 사람의 대담 영상은, 서로에 대한 존중과 문학에 대한 진지함으로 가득했다. 미시마는 《금각사》로 노벨문학상 후보에 올랐지만, 가와바타의 수상 이후 기회는 멀어졌다. 그는 《금각사》를 통해 불태워진 금각의 아름다움 속에서 인간이 만든 미의 절대성에 대한 회의를 드러낸다. '불멸'은 환상이며, 파괴야말로 진실이라는 듯이.

《설국》과 《금각사》 모두 불을 상징으로 삼으며, 두 작가는 끝내 자살로 생을 마감했다. 미시마는 자위대 사건을 계기로 자결했고, 2년 뒤 가와바타 역시 세상을 떠났다.

그들의 연이은 죽음을 바라보며, 나는 그들이 품었던 고민의 깊이에 대해 다시금 생각하게 되었다. 우리는 쉽게 처세술을 배우고 '도구적 인간'으로 살아가지만, 그들은 고립과 왜소화, 이기주의로 향하는 인간 내면을 정면으로 응시하며 '고민하는 인간'으로서의 삶을 선택했다. 그들에게 문학이란 고통과 죄의식을 외면하지 않는 응시였다.

문학 속 죽음을 말한 이들은, 절망을 이야기한 것이 아니라, 고통을 외면하지 않는 성찰의 태도를 이야기하려 했던 것이 아닐까. 우리는 죄를 지어도 쉽게 용서를 구하고, 윤리를 가볍게 넘기지만, 그들은 끝끝내 인간의 내면을 응시했다. 그리고 그것이야말로 문학이 해야 할 일이라 믿었던 것 같다.

나쓰메 소세키의 산방, 가와바타 야스나리의 설국, 미시마 유키오의 자취가 깃든 근대문학관. 그 공간들을 하나하나 걸어가며, 나는 그들의 문학이 던졌던 질문과 고뇌를 비로소 조금은 이해하게 되었다. 그들의 사유는 하나의 고리처럼 연결되어 내 마음속에도 조용히, 깊이 내려앉았다.

오모리와 히로사키
- 예술과 기억이 머무는 봄의 북국

　아오모리는 오래도록 내 기억 속에 깊은 산속의 비경, 그리고 그곳에 숨듯 자리한 온천의 이미지로 남아 있었다. 하지만 교통의 불편함 탓에 늘 마음속에만 담아두었던 곳. 일본에서 아직 가보지 못했던 도호쿠 지방을 이번 여행의 시작점으로 삼으며, 마침내 아오모리로 향하는 길에 올랐다.

　도쿄에서 아오모리까지는 한나절이 걸렸다. 5월 초 황금연휴가 시작되며 신칸센 좌석을 구하는 것이 쉽지 않았고, 나는 우에노에서 센다이를 거쳐 신아오모리역을 통해 아오모리에 도착했다.

　한때는 홋카이도로 가는 혼슈의 관문이었던 이곳도, 이제는 쓰가루 해협을 건너는 페리 항구만 남아 조용한 항구 도시의 풍경을 간직하고 있다. 해 질 녘의 아오모리는 다소 한산했지만, 쓰가루 해협을 가로지르는 다리와 사과 가공품 전문점 A-FACTORY, 그리고 네부타 축제를 기념한 문화교류 센터가 조명 아래 환하게 빛나고 있었다. 거리를 오가는 여행객은 드물었고, 나는 두 해 전 방문했던 홋카이도의 외딴 도시 쿠시로의 조용한 밤 풍경을 떠올렸다.

기차로 30분쯤 남쪽으로 내려가면 히로사키에 도착한다. 일본 유수의 사과 산지이자, 히로사키 성을 중심으로 벚꽃 공원이 유명한 이 도시는, 봄철이면 전국 각지에서 몰려든 관광객들로 북적인다.

이번 여행에서 받은 가장 인상 깊은 감상은, 아오모리가 단순한 자연과 농수산물의 도시를 넘어 **예술의 향기**가 살아 숨 쉬는 예향(藝鄕)처럼 다가왔다는 점이다. 이 지역 출신 예술가들이 남긴 흔적은 도시의 분위기를 바꾸어놓았고, 그 중심에는 《인간 실격》의 작가 다자이 오사무가 있었다.

한때 가와바타 야스나리나 미시마 유키오 못지않은 명성을 누렸던 다자이는, 히로사키의 명문 고등학교를 졸업했다. 그의 이름을 딴 커피가 시내 카페에서 팔리고, 그의 고향인 가나기에는 기념관도 있다고 한다. 아쉽게도 교통 여건이 여의치 않아 이번에는 들르지 못했지만, 그가 살아간 장소를 직접 걸어보고 싶은 마음이 오래 남았다.

주말 인파로 붐비는 기차 안에서 벚꽃의 마지막을 보려는 사람들과 함께 히로사키역에 도착했다. 서둘러 택시를 타고 성 공원으로 향하니, 입구부터 인파가 가득했다. 공원의 벚꽃은 절정을 지나 있었지만, 늦게 피는 겹벚꽃들이 여전히 화사하게 만개해 있었다. 해자를 따라 흐르는 물 위로 유람선이 한 폭의 그림처럼 지나갔고, 꽃잎이 흩날리는 벚나무 아래를 거니는 사람들의 표정에는 봄의 아쉬움과 기쁨이 동시에 스며 있었다.

공원을 다 둘러보기엔 시간이 부족했다. 성안까지 들어가지 못하고 시내 쪽으로 걸음을 옮겼다. 오래된 교회 건물과 사과 요리 전문점 '야마자키 레스토랑'을 지나 히로사키 시립 현대미술관에 이르렀다.

이 미술관은 원래 사과 발포주를 만들던 붉은 벽돌 창고였다. 2015년 히로사키시가 개조하여 문화 시설로 정비하면서, 예술과 지역 커뮤니티가 만나는 공간으로 탈바꿈했다. 예전에는 나라 요시모토의 전시가 큰 인기를 끌었고, 지금도 카페와 뮤지엄 숍이 붉은 벽돌 건물들과 어우러져 수채화 같은 풍경을 만든다.

반면, 아오모리 현립 미술관은 전혀 다른 인상을 준다. 선사시대 조몬 유적지의 발굴 현장에서 영감을 받아, 땅을 깊이 파내어 순백의 구조물을 세운 공간은 고요하고도 단정했다. 이곳 역시 나라 요시모토의 대표 작품이 자리해 있는데, 야외에 설치된 〈아오모리 개〉와 팔각당 안에 전시된 〈숲의 아이〉는 미술관을 대표하는 상징이 되었다.

이 두 미술관 모두, 지역 출신 작가의 존재를 통해 아오모리를 전국적인 예술 도시로 끌어올리는 데 기여하고 있었다. 특히 미술관 입구의 넓은 전시실에 전시된 샤갈의 무대 배경화는, 나라 요시모토의 작품과 어우러지며 의외의 조화를 만들어냈다. 이 조합은 고요하면서도 감각적인 인상을 남겼고, 아오모리라는 공간의 예술적 깊이를 새삼 깨닫게 해주었다.

이 지역에서 태어난 예술가들의 존재는 아오모리에 대한 내 인식을 바꾸어놓았다. 아름다운 자연도, 풍부한 역사도 좋지만, 그곳에 살았던 사람들과 그들이 남긴 문화야말로 여행의 진짜 기억이 된다. 일본을 여행할수록 나는 점점, 사람들의 삶과 그 흔적을 따라가는 길에 더 큰 의미를 느끼게 된다.

우리는 추억을 기억으로, 기억을 다시 새로운 추억으로 바꾸어가며 인생이라는 여정을 계속해 나간다. 여행지는 시간이 지나며 변하지만, 그 여정을 함께한 감정과 사람들은 오래도록 우리 마음속에 머무른다. 아오모리에서 시작된 이번 여정도 그랬다. 단순한 방문이 아닌, 마음에 남는 **기억의 지형**을 하나 더 새긴 시간이었다.

센다이
- 과거의 영광과 오늘의 감성, 그리고 나리타의 밤

　센다이 시내의 주요 관광지를 순환하는 루플 버스(Loople Bus)는 도심과 역사를 연결하는 가장 편리한 수단이었다. 버스가 아오바 성 터와 즈이호덴 앞에 멈추자, 많은 이들이 일제히 하차했다. 그곳은 센다이 번을 세운 무장 다테 마사무네의 흔적이 고스란히 살아 있는 곳이었다. 에도 막부의 개막자 도쿠가와 이에야스와 맞먹는 존재감을 지녔던 다이묘, 다테 마사무네는 센다이 여행에서 빼놓을 수 없는 역사적 인물이다.

　그의 유택인 즈이호덴 사당에 이르기 위해 삼나무 숲이 드리운 돌계단을 천천히 올랐다. 가파른 길은 작년에 걸었던 구마노 고도의 순례길을 떠올리게 했다. 일본의 절이나 사당이 산 중턱이나 정상에 자리 잡는 이유는, 아마도 경건함을 길 위에서부터 차근히 준비시키려는 설계일 것이다.

　즈이호덴은 울창한 정원 속에 아담하고 정제된 구조물들로 이루어져 있었다. 특히 다테 가문의 비석들이 줄지어 놓인 풍경은 묘한 울림을 주었다. 마치 한국 사찰 입구에 세워진 역대 주지 스님의 공덕비처럼, 센다이 시민들에게 다테 가문은 종교적 숭배의 대상이자 정신적 지주로 여겨지는 듯했다.

에도 시대의 다이묘들은 각자의 영지를 지닌 작은 왕국의 통치자였다. 그들의 영지는 오늘날 일본의 '현(縣)' 단위로 남아 있고, 센다이는 현재 미야기현의 중심이자 도호쿠 지방 최대 도시로 자리하고 있다.

즈이호덴을 나와 다시 루플 버스를 타고 센다이 성터로 향했다. 아오바산 정상에 세워진 성은 메이지 유신기의 정책으로 대부분 철거되어 지금은 성벽만 남아 있다. 하지만 정상까지 오르는 셔틀버스가 있어 언덕길은 수월했다. 산 정상에는 초승달 모양 투구를 쓴 다테 마사무네가 말 위에 올라 센다이 시내를 굽어보고 있었다. 그의 통치는 센다이를 도호쿠의 중심지로 이끄는 토대가 되었고, 오늘날에도 여전히 도시의 상징으로 남아 있었다.

버스는 과거의 흔적을 지나 센다이의 오늘을 상징하는 장소, 조젠지 거리의 느티나무 가로수길과 센다이 미디어테크 앞에 멈췄다. 2000년에 세워진 7층 높이의 철골 구조물인 미디어테크는 투명한 유리 벽 너머로 숲처럼 열려 있었다. 시민들이 자유롭게 드나드는 복합문화공간으로, 도서관과 갤러리, 공연장이 함께 숨 쉬고 있었다. 거리 한복판에서는 재즈 페스티벌을 연상케 하는 공연이 흘러나왔고, 사람들의 발걸음이 음악에 맞춰 가볍게 흔들렸다.

6층 갤러리에서는 젊은 건축가의 도시 스케치 전시가 열리고 있었다. 세계 곳곳을 그린 그의 드로잉을 보며 나는 생각했다. '언젠가 그는 이 그림처럼 멋진 건물을 실제로 지을 수 있을까.' 안정된 직업으로 사회 시스템 안에 적응해 살아가는 것도 중요하지만, 고뇌 속에서 새로운 삶을 창조해 내는 예술가형 직업은 또 다른 감동을 준다. 건축 역시 삶을 빚어내는 예술임을 새삼 느낄 수 있었다. 1층 카페에서 잠시 쉬고 내려온 도서관은 누구에게나 열려 있었다. 책장 옆 테이블마다 시민들이 조용히 책을 읽었고, 한 노인은 긴 소파에 기대어 조용히 눈을 붙이고 있었다. 센다이 역시 고령화된 일본의 단면을 보여주고 있었다. 그러나 쇼핑가와 아케이드 거리에는 젊음이 넘쳤다. 한 블록 차이의 풍경이 이렇게 극적으로 달라질 수 있다는 사실이 흥미로웠다.

센다이 인근의 마쓰시마는 일본 3대 절경 중 하나로 꼽히지만, 이번 여행에서는 찾지 않기로 했다. 일정이 빠듯하기도 했지만, 역사와 자연을 충분히 경험한 지금은 오히려 인간이 빚어낸 오늘의 모습에 더 마음이 갔다. 나의 여행 관심이 '풍경 감상'에서 '삶의 형태 탐색'으로 조금씩 옮겨가고 있음을 느꼈다.

다음 날은 일본의 황금연휴 마지막 날이었다. 센다이에서 도쿄로 향하는 신칸센은 만석이었고, 결국 자유석을 타기 위해 야마비코 플랫폼에서 40여 분을 기다려야 했다. 긴 줄 끝에서 겨우 자리를 잡고 우에노로 향했지만, 도쿄는 비에 젖어 있었다. 예정했던 국립 서양 미술관 관람을 포기하고 곧장 나리타로 이동했다. 공항 인근 닛코 호텔에 도착하니 어느덧 늦은 오후였다.

짐을 풀고 곧장 나리타의 오모테산도 참배 길로 향했다. 숙소 셔틀버스로 도착한 나리타역은, 교토 기요미즈데라 아래 길처럼 양옆으로 오래된 상점들이 줄지어 있었다. 이미 밤이 되어 대부분의 가게는 문을 닫았고 신쇼지 경내도 적막했지만, 오히려 그 고요가 운치를 더했다. 닫힌 상점 사이로 스며드는 등불과 적막 속에 머무는 순간, 공항 도시로만 알았던 나리타가 사실은 유서 깊은 사찰과 온천의 도시임을 처음으로 알았다.

JR 나리타역에서 확인한 노선도는 또 하나의 발견이었다. 도쿄 잇포리역에서 JR선을 타면 나리타까지 직통으로 올 수 있었다는 사실. JR 패스로 무료 이동이 가능했기에, 우에노에서 바로 올 수 있었다는 아쉬움이 스쳤다. 하지만 여행이란 늘 그렇듯, 때로는 비용을 치르고서야 알게 되는 것이 있다. 그것이야말로 여행의 묘미일지도 모른다.

직접 발로 딛고 경험한 풍경과 사람들 속에서 쌓이는 지혜, 그것이 진짜 여행의 성과다. 다음 도쿄 여행은 이번보다 훨씬 더 합리적이고 여유 있는 여정이 될 것이라는 예감이 든다. 그러나 나는 이미 알고 있었다. 여행의 진정한 빛은 언제나 예기치 못한 우연 속에서 더욱 찬란하게 발한다는 것을.

구마노 고도의 순례길
- 다이몬자키에서 나치산까지

　구마노 고도의 여러 순례길 가운데 가장 아름답다고 손꼽히는 다이몬자키(大門坂)는 천 년 세월을 머금은 삼나무 숲 속에 이끼 낀 돌계단으로 이어진다. 이 길을 걸어 나치 타이샤(那智大社)로 향하는 동안, 세상의 소음을 잠시 벗어나 고요하고 신령스러운 기운이 온몸에 스며드는 것을 느낀다. 길가의 바위에 새겨진 옛 글귀는 먼 옛날, 삶의 무게와 신앙을 안고 이곳을 찾았던 순례자들의 발걸음을 지금까지 전하고 있었다. 오늘날에도 옛 순례 복장을 한 이들이 묵묵히 걸음을 옮기고, 숲속에서는 사슴이 불쑥 나타나며 인간과 자연이 함께한 긴 역사를 증언한다.

　숨을 고르며 계단 언덕을 오르기를 거듭하다 마침내 정상에 닿았다. 구마노 산잔(熊野三山) 중 하나인 나치 신사는 수국이 만발한 정원에 둘러싸여 있었고, 대정전 앞에서는 사람들마다 소원을 적은 목판을 불 속에 던지며 북소리에 맞춰 기도를 올리고 있었다. 그 맞은편으로는 산 아래에서 구불구불 이어져 오는 길이 아득히 내려다보였다. 그 길 위로 수많은 세월 동안 오르내렸던 무명의 발자취가 중첩되어 다가왔다. 순례란 바로 그 발자취 위에 자신을 더하는 행위인지도 모른다.

신사 옆의 세이간토지(青岸渡寺)는 천태종 계통의 사찰이다. 불교와 신도가 공존하던 시대의 흔적은 여전히 남아 있었고, 나치 폭포와 삼중탑은 그 조화의 상징처럼 서 있었다. 웅장한 폭포 소리는 산사의 고요와 어우러져 인간의 언어를 넘어서는 장엄한 음악을 들려주었다. 이곳에 서 있으면 신앙과 종교의 차이는 무의미해지고, 다만 삶과 죽음을 넘어서는 어떤 힘 앞에서 겸허해진다.

이번 여정은 나고야에서 미에현 쓰역을 거쳐 기차로 키이카츠우라에 도착한 뒤, 숙소에 짐을 맡기고 버스로 다이몬자키에 내려 시작한 하루 일정이었다. 유네스코가 산티아고에 이어 두 번째로 세계유산으로 지정한 구마노 고도는, 산티아고와 더불어 세계에 단 두 곳뿐인 순례길이다. 일본 정토 신앙과 불교가 공존하며 세워진 삼산을 도는 길, 산중 노천온천에 머물며 자연과 교감하는 길, 그것은 단순한 종교적 길을 넘어 삶의 원형을 되묻는 길이었다.

구마노 고도는 원래 미에현 이세 신궁에서 출발해 구마노로 이어지는 길이었기에 '이세지'라고 불리기도 했다. "이세에서 일곱 길, 구마노에서 세 길"이라는 말이 전해지듯, 일본 건국 신화의 중심에 놓인 태양신의 길과 연결되어 있다. 그러나 한국인들에게 이 길은 아직 낯설다. 기독교 전통의 산티아고 순례길이 한국인들의 버킷리스트가 되었다면, 신사 중심의 구마노 고도는 종교적 친숙함이 부족하기 때문일 것이다. 그러나 구마노 고도는 종교의 경계를 넘어, 인간이 자연과 더불어 살아온 오랜 기억을 새겨둔 숲과 돌길이다.

여정의 끝에서 만난 기이카츠우라는 온천과 참치로 유명한 마을이었다. 항구에서 갓 잡아 올린 참치는 냉동이 아닌 생선 그대로 유통되어, 입안에서 녹듯 사라졌다. 그것은 단순한 맛이 아니라 바다와 인간이 맺어온 관계의 결과였다. 밤이 깊자 숙소 창문을 두드리는 빗소리에 잠이 깼다. 새벽 어스름 속, 빗줄기를 맞으며 노천 온천에 몸을 담그자 바다 너머 섬의 불빛이 흔들리며 번져왔다. 그 순간, 어제 걸었던 구마노 고도의 숲과 돌길이 다시 눈앞에 겹쳐졌다.

만약 하루 전 맑은 날씨가 아니었다면 이 순례는 시작조차 할 수 없었을 것이다. 삶이 그렇듯, 여행 또한 운(運)의 손길이 함께해야 완성된다. 노력과 자질만으로는 닿을 수 없는 순간이 있다. 그 순간을 열어주는 것은 우연처럼 보이지만, 사실은 삶 전체와 맞물린 필연의 일부다. 우리는 그것을 운이라고 부른다. 인간의 생은 때로 필연과 우연의 경계 위에 서 있으며, 그 사이에서 방향을 정하고 걸음을 옮긴다.

구마노 고도에서의 걸음은 단순한 여정이 아니라 삶의 축소판이었다. 고된 계단을 오르며 멈추고 다시 걷는 반복 속에서, 인간의 삶이란 끊임없이 좌절하고 또다시 일어서는 과정임을 배운다. 신사의 불꽃 속에 소원을 던지는 이들은 어쩌면 자기 삶의 무게를 불태워 새로운 시작을 기원하는 것일지도 모른다. 폭포 앞에 선 불탑은 끊임없이 흘러내리는 물과 맞서며 인간의 의지를 상징한다. 온천에 몸을 담그며 빗줄기를 맞는 순간, 나는 인간이 자연의 일부로 흘러가고 있음을 온몸으로 느꼈다.

철학은 종종 인간의 이성을 강조하지만, 이 길 위에서는 자연과 운명 앞에 겸허히 머리를 숙이는 것이야말로 더 깊은 사유임을 깨닫는다. 삶은 의지와 노력만으로 완성되지 않는다. 자연이 허락한 순간, 운이 열어준 길 위에서야 우리는 비로소 자신을 마주한다. 구마노 고도의 숲길은 내게 그러한 진실을 가르쳐 주었다.

돌아보면, 이번 순례는 단지 한 지역을 걷는 여행이 아니었다. 그것은 지나온 삶을 되돌아보고, 앞으로의 길을 묻는 철학적 성찰의 시간이 되었다. 자연 속에서 인간이 얼마나 작은 존재인지를, 그러나 그 작음 속에서 얼마나 깊은 의미를 찾을 수 있는지를, 나는 이 길 위에서 배웠다. 구마노 고도는 내게 길 그 자체가 곧 철학이라는 것을 일깨워 준 귀중한 체험이었다.

황보경이

- 환승
- 눈부신 6월이 오면
- 니는 공짜로 큰 줄 아나!
- 실망의 나비효과
- 아들의 결혼식을 지켜보며

작가 노트

세상에서 가장 어려운 직업, '현모양처'의 길을 25살에 과감하게 도전했던 두 자녀를 둔 엄마입니다. 이만하면 주어진 삶을 잘 살아왔다고 다독이던 나는 '살림 중단'이라는 중대 선언을 했습니다. 어디에도 보이지 않는 '나'를 찾기 위해서입니다.

끝없는 무기력 속에서 나를 살포시 일으킨 건 '글쓰기'였습니다. 짧지 않은 인생 경험 속에 녹아있는 다양하고 소소한 일상들과 제2의 인생을 찾아가는 과정을 담담하게 그려보려 합니다.

산들문학회 회원
브런치 작가

hbk96245@naver.com

환승

글을 쓰기 시작한 지 어느새 6개월이 되었습니다. 여전히 한 주에 한편씩 올리기에 바쁜 새내기입니다. 이전에는 제가 글을 쓰게 되리라고 생각조차 해보지 않은, 요즘 말로 '글린이'입니다. 보이지 않는 어떤 이끌림으로 글쓰기를 시작하게 되었고, 브런치 작가 지원을 하여 한 번 만에 승인을 받았습니다. 뛸 듯이 기뻤습니다.

저는 결혼생활에만 충실하였고, 앞만 보고 달려왔습니다. 두 아이가 성장해서 독립을 하고 나니, 살림만 하며 지냈던 지난 세월들이 후회가 되었습니다. 옆도 보고 뒤도 한 번씩 돌아보았다면 좋았을 텐데 아쉬움이 컸습니다. 집안 살림 이외에 잘하는 것이 없다는 것을 뒤늦게 깨달았을 때, 울컥하면서 두 눈에서 굵은 눈물이 흘러내렸습니다. 처음으로 암담하고 두려워지기 시작할 때 운명처럼 글쓰기 권유를 받았습니다.

"내가? 글을?"

막연한 동경은 있었지만 지극히 평범한 삶을 살아온 나의 글을 누가 읽을까 의구심도 들었고, 나를 세상 밖으로 드러낸다는 것이 선뜻 내키지는 않았습니다. 그러나 여러 차례 고비에도 저는 이렇게 굳건히

버티고 있습니다.

며칠 전입니다. 지인 여럿이 오랜만에 식사 모임을 가졌습니다. 서로의 근황을 얘기하다 우연히 나온 저의 글쓰기가 화두가 되었습니다. 한 지인이 말하더군요.
"좋은 취미를 가졌네." 그 한마디에 내 마음이 살짝 흔들렸습니다. 생각보다 깊은 울림이었습니다. 아마 취미 이상의 의미를 가지고 싶다는 생각이 들었나 봅니다. 마음가짐이 확 달라지는 게 느껴졌습니다. 그리곤 내내 한마디도 하지 않고 있다가 집으로 돌아왔습니다. 화장대 거울 앞에 앉아 물끄러미 제 모습을 보며 묻습니다.
"너는 왜 글을 쓰는지?"

나에게 글쓰기란 새로운 인생으로의 '환승'을 의미합니다. 두 아이를 키우는 동안 나의 삶은 오직 엄마라는 이름으로만 흘러갔습니다. 아이들의 웃음과 울음이 나의 기쁨과 슬픔이 되었고, 아이들의 성장이 나의 성장이었습니다. 그렇게 나의 삶은 아이들을 위한 헌신이라는 멈출 줄 모르는 기차처럼 달렸습니다. 그 여정은 소중했지만, 때로는 나 자신을 잃어가는 아쉬움도 있었습니다. 두 아이가 성장해 내 품을 떠나고, 마침내 종착역에 섰을 때, 텅 빈 플랫폼에 홀로 서서 나는 잠시 길을 잃은 듯했습니다. 그때 제 앞에 도착한 환승 열차가 '글쓰기'입니다. 잠시 머뭇거리다 용기를 내어 기차에 올라탔습니다. 기차가 서서히 움직이면서 새로운 세상이 펼쳐집니다. 모든 것이 꿈처럼 다가옵니다.

저에게 글쓰기는 단순한 자기표현을 넘어, 세상과의 소통입니다. 제가 보고 느끼고 깨달은 바를 공유하고, 미처 알지 못했던 이면의 아름다움이나 슬픔을 담아 내려 애씁니다. 때로는 명확한 메시지를 전달하기 위해, 때로는 은은한 여운을 남기기 위해, 단어 하나하나를 신중하게 고르고 곱씹어 봅니다.

그리고 지금, 그 신중함은 가장 가까운 곳, 바로 가족의 삶을 향합니다. 글을 쓰는 일은 결국 부모님께 미처 다 전하지 못한 이야기를 꺼내어 활자로 정리하는 과정이 됩니다. 따뜻한 말 한마디를 머뭇거렸던 순간들, 때늦은 감사를 고백합니다. 나아가, 가족들이 각자의 자리에서 어떻게 하루를 살아가고 있는지를 관찰하고 기록하며 그들의 묵묵한 존재 자체를 담아내려 합니다. 이 글쓰기를 통해 나는 그들의 삶이라는 투명한 거울 속에 비친 나 자신을 성찰합니다. 가족의 평범한 일상 속에서 내가 얻은 힘과, 동시에 채워지지 않았던 결핍이 어디에서 왔는지를 깨닫습니다. 이것은 세상과의 소통에 앞서, 나를 이루는 근원에 대해 가장 정직하게 고백하는 조용한 시간입니다.

물론, 글이 의도한 대로 완벽하게 전달되지 않을 수 있습니다. 하지만 그럼에도 불구하고 저는 제가 지닌 설렘과 희망을 포기하고 싶지 않습니다. 오히려 불확실성 속에서 더욱 진솔한 글을 쓰기 위해 노력하려고 합니다. 제가 던진 작은 문장이 누군가의 복잡한 마음을 조금이나마 가볍게 하거나, 홀로 걸어가는 길에 잠시 멈춰 서서 어깨를 토닥이는 위로가 될 수 있다면 그것으로 충분합니다. 글은 홀로 쓰는 것이지만 결국은 함께 읽고, 함께 느끼는 것이니까요.

　결국 제가 추구하는 글쓰기는 마음과 마음을 잇는 징검다리를 놓는 일입니다. 소통과 배려라는 디딤돌을 놓아 그 위를 걷는 이들이 공감과 위로라는 따뜻한 목적지에 도달하기를 꿈꿉니다.

　'저는 오늘도 그렇게 저의 마음이 담긴 글을 세상에 조용히 띄워 보냅니다.'

눈부신 6월이 오면

"경아, 어떻노? 장미가 이뿌제? 내는 담장에 덩굴장미를 꼭 심고 싶었다 아이가. 빨간 장미로! 진짜 이뿌제? 향내는 또 어떻노, 좋제?"

담장 너머 세상 밖으로 얼굴을 내민 장미 넝쿨은 엄마의 자랑거리였다. 처음 어린 묘목을 심으시던 날, 작은 흙덩이를 조심스레 파내고, 가느다란 줄기를 곧추세우시던 모습이 아직도 눈에 선하다. 매일 아침저녁으로 장미 곁을 서성이며 시든 잎을 따주었고, 가지가 잘 뻗어 올라갈 수 있도록 억센 넝쿨 하나하나를 정성껏 묶어주고 가지런히 정리하셨다. 엄마의 손등에는 장미 가시에 긁힌 상처가 마를 날이 없었지만 입가엔 언제나 미소가 한가득했다.

오랜 기다림과 깊은 정성이 필요한 시기를 모두 지나 뿌리를 단단히 내린 장미는 엄마의 무한 신뢰 속에 담장을 타고 오르기 시작했다. 그동안의 노고에 답이라도 하듯 붉은 꽃망울로 앞다투며 담장을 뒤덮었다. 애타는 봄을 꽤나 여러 해 보내고 난 뒤였다. 'ㄱ'자로 꺾어진 담장을 타고 흐드러지게 피어 있는 엄마의 장미는 지나가는 이들의 발걸음을 멈추게 했다. 그걸 바라보던 엄마의 모습은 행복해 보였다. 나는 엄마가 행복해하는 모습이 마냥 좋았다. 장미가 오래오래 피어 있기를 바랐다.

학창 시절 집으로 돌아오면 언제나 정갈한 집이 나를 반겼다. 나는 그곳에서 편안함을 느꼈다. 양지바른 마당 한편 빨랫줄에 걸린 새하얀 이불 빨래를 볼 때면 내 마음도 함께 맑아지는 것 같았다. 엄마는 바른 사람이었다. 우직하였고 샛길을 모르는 사람이었다. 여장부 스타일이라고 생각했다. 빨간 장미를 바라보며 행복해하던 엄마의 모습이 처음엔 낯설게 느껴질 정도로.

아버지가 돌아가시고 덩그러니 큰 집에 엄마가 홀로 남겨졌을 때, 나는 중국 남경으로 이사를 했다. 이미 먼저 가 있던 남편 뒷바라지를 해야 해서였다. 외로울 엄마를 생각하면 발길이 떨어지지 않았지만 선택의 여지는 없었다. 그토록 사랑하는 아버지를 지키지 못한 죄인이라고 상복도 입지 않았던 엄마, 나는 그 엄마의 깊은 외로움을 미처 다 알지 못했었다.

엄마는 우리 4남매에게 최선을 다하셨다. 과연 나는 엄마에게 최선을 다했을까? 그러지 못했다. 가장 죄스러운 것은 엄마를 진심으로 꼭 안아드리지 못했으며, 사랑한다는 말도 제대로 못 했다는 것이다. 부끄러움 때문이었지만 내 자식들에게는 그렇게 쉽게 건네는 말인데 왜 엄마에게는 하지 못했을까.

해외에서 돌아와 지금 이곳에 정착했고 낯선 환경에 익숙해질 즈음 나는 한 가지 결심을 했었다. 이제부터는 한 달에 한 번은 부산으로 내려가서 일주일은 엄마와 함께 지내다 오기로 했다. 아이들도 다 컸고 시간 여유가 생겼으니 엄마 곁에 가서 딸 노릇을 해야지 하는 마음에 기쁨이 차올랐다.

사실 엄마는 귀가 잘 들리지 않았다. 돌아가신 아버지 간병으로 체중이 크게 빠졌고, 그로 인해 청력도 서서히 약해져 갔다. 통화를 하다 유난히 들리지 않는 날에는 너무도 우울해하셨다. 그러다 보니 엄마는 점점 통화도 꺼리시는 것 같았다. 내가 한 달에 일주일이라도 같이 있으면서 식사도 챙겨드리고, 가고 싶은 곳으로 모셔 가려 했다. 엄마의 가려운 곳을 긁어 드리면 엄마의 우울함이 좀 덜해지리라 생각했다. 아버지가 돌아가시고 가장 외로울 시기에 곁에 있어 드리지 못했던 마음의 빚을 갚고 싶은 이유도 컸다. 귀가 잘 들리지 않으니 멀리 사는 자식들과의 소통이 거의 불가능했고 그만큼 외로움이 컸을 엄마가 한없이 애잔하게 느껴졌다.

헬렌 켈러는 "눈이 보이지 않는 것은 사물과의 단절이고, 귀가 들리지 않는 것은 사람과의 단절이다."라고 어느 인터뷰에서 말했다. 처음엔 잘 이해하지 못했었다. 보이는 것이 사람과의 소통에 절대적인 요소라고 생각했던 내가 얼마나 어리석었는지 모른다. 엄마를 통해 알게 됐다는 것이 내게는 큰 서글픔이다.

7년 전, 7월 20일 금요일 아침부터 괜히 안절부절 마음이 이상했다. 불안을 잠재우기 위해 청소기라도 돌리려고 막 일어나려는데 핸드폰이 울렸다. 부산에 살고 있는 남동생 이름이 떴다가 이내 꺼졌다. 불안했다. 그리고 연결이 되지 않는다. 직장에 있을 시간인데 뭐지? 연로하신 엄마가 계시다 보니 엄마 근처에 살고 있는 남동생의 연락은 늘 가슴을 철렁하게 한다. 엄마 번호를 눌렀고 연결되던 순간에 안도했다. 그러나,

"경아, 내다 이모, 119가 와서 네 엄마 싣고 갔다."
"이모 왜? 무슨 일이에요? 혈당이 너무 올랐나?"

이모의 통곡에 나는 비명을 지르며 아닐 거야, 아니어야 해 중얼거렸다.
"이모 말 좀 해봐. 울지만 말고."
"숨이 끊어졌다더라."
"말도 안 돼, 어제도 엄마랑 통화했는데 별일 없다고 잘 지낸다고 했어. 잘못 들은 거 아냐? 이모 제발."

얼마나 소리를 지르며 엉엉 울었을까, 이제 엄마에게 가려고 마음먹었는데 엄마가 돌아가셨다니, 거실 바닥을 구르며 목 놓아 통곡했다. 가슴이 터져버리는 것만 같았다. 날카로운 칼끝으로 가슴을 도려내는 듯한 통증에 가슴을 끌어안고 울었다. 그렇게 허망하게 나는 엄마를 잃었다. 평소 잠결에 가게 해 달라고 기도하시더니 작별도 없이 이렇게 가버리면 남겨진 나는 어떡하라는 말인가. '있을 때 잘하라는 말', '부모는 기다려 주지 않는다는 말' 그건 남들에게 하는 말인 줄로만 알았었다. 조금만 더 기다려 주지, 아직도 못다 한 말이 이렇게 가슴에 가득한데.
  엄마, 듣고 계시면 좋겠어요. 정말 사랑합니다. 미안해요. 나 사느라 엄마의 외로움을 채워드리지 못했어요. 한 번도 꼭 안아드리지 못해 죄송해요. 다음 생이 있다면 꼭 제 딸로 태어나 주세요. 제가 받은 엄마의 깊고 큰 사랑 꼭 갚을게요. 엄마가 무척 그리워요.
  해마다 6월이 오면, 담장 위에 흐드러지게 피어 있는 붉은 장미 넝쿨 앞에서 발걸음을 멈춘다. 엄마의 향기를 느끼고 싶다. 엄마는 그곳에서 잘 계시겠지.

니는 공짜로 큰 줄 아나!

　남편과 나는 매주 수요일과 목요일 아침 8시 30분이면 집을 나서서, 9시쯤 옥수동에 도착한다. 시집간 딸아이 출근길 라이드를 위해서이다. 옥수동에서 딸아이의 직장이 있는 잠실까지는 30여 분 걸린다. 우린 이 시간이 마냥 행복하다. 이런저런 얘기를 나누기도 하고, 직장 일들에 대해 아빠에게 조언을 구하기도 한다.
　오늘도 정확히 9시 딸아이는 차에 올랐다. 조수석에 앉아 잠시 뜸을 들이다가,
　"나, 이직 성공했어~"
　남편은 운전을 하며 "우리 딸 대단하네." 하고 또 질문을 한다. 그는 마치 즐거운 기분을 더 느끼고 싶어 안달하는 듯 보였다. 나도 대견해 하며 딸아이의 머리를 쓰다듬었다.
　차창 밖을 내다봤다. 오늘따라 더 아름다운 한강을 바라보며 입가에 미소가 번지고 눈가엔 그리움이 차올랐다. 어느새 생각은 18년 전으로 돌아가 있다.
　아이를 겨우 깨워 등교시키고 막 돌아와서 소파에 털썩 주저앉았다. 세상 가장 불행한 사람이 된 듯한 기분에 거의 울 지경이었다. 때마침 부산에 계시는 친정 엄마가 전화를 했다.
　"야야, 잘 지내제? 니가 통 연락이 없어서 내 한번 해봤다. 별일 없제?"

나는 귀찮은 듯 건성건성 대답했다.

"나 엄마 손녀 때문에 짜증 나서 못 살겠어." 엄마 목소리를 들으니 왈칵 울음보가 터져 버렸다.

"가가 어때서 난리고?"

"몰라, 몰라. 말도 안 듣고 사춘기라 그런지 공부도 열심히 안 하는 거 같고 내가 못 살아."

그동안 참았던 감정이 폭발하듯 엄마에게 푸념을 마구 늘어놨다. 하소연인지 화풀이인지 해대는 중에 전화기 너머 엄마 목소리가 들려왔다.

"니는 더 했다. 지는 억시기 말 잘 들었는 줄 아나 보네. 엔가이 아를 들들 볶아라. 니는 공짜로 큰 줄 아나."

나는 퉁명스럽게 대꾸했다

"엄마는 이렇게 힘든 줄 알면서, 나 애 낳는다 할 때 좀 말리지 그랬어?"

"허허, 내가 참 별소리를 다 듣겠네. 다 지나갈 기다, 그만하면 1등 손녀다. 마, 전화 끊자."

수화기를 내려놓고 거실 바닥에 앉아 소파에 등을 기대며 생각에 빠졌다. 사춘기 시절 나의 모습들을 돌이켜 봤다. 울 엄마 속 많이 탔겠네…. 늦게 깨웠다며 엄마 때문에 지각하겠다고 문을 부서져라 닫고, 시험 못 봤다고 짜증 내고. 울 엄마는 넷을 어떤 마음으로 키웠을까. 나는 이렇게 쩔쩔매는데, 새삼 미안한 마음이 든다.

'니는 공짜로 큰 줄 아나.' 엄마의 목소리가 귓가에 맴돈다. 엄마가 우리 넷을 온 정성을 다해 키웠다는 것을 내가 왜 모르겠나.

"엄마, 엄마~ 엄마는 무슨 생각을 골똘히 하길래 불러도 몰라?" 딸아이가 부르는 소리에,

"응~ 오늘따라 기분이 좋아서인지 한강이 더 예뻐 보여서 멍하니 봤어." 얼른 눈가를 정리하며 대답했다. 어느새 우리는 잠실에 도착했다. 뒷자리에 앉아 있던 나는 행여나 뒤이어 따라오는 차에 불편을 줄까 봐 얼른 조수석으로 몸을 던져 넣으며, "오늘도 좋은 하루"를 외쳤다.

남편과 나는 다시 둘만의 시간 속으로 돌아간다. 적어도 오늘은 딸아이의 새로운 출발에 대한 얘기로 조금은 긴장되고 들뜬 하루가 될 거다. 딸아이의 새로운 출발은 우리에게 더없는 기쁨이다. 하지만 우리는 새로운 환경에 잘 적응할 때까지 또다시 가슴을 졸이게 될 거다. 부모의 마음은 언제나 자식에게 닿아 있다.

세상사에 공짜가 어디 있겠나. 그게 무엇이든 간에. 하물며 아이를 낳고 기른다는데 공짜일 리가 없음을 나는 누구보다 잘 알고 있다. 그래서 엄마 생각만 하면 왈칵 눈물부터 나온다. 엄마 나 알아요. 엄마가 얼마나 많은 걸 감내하며 우릴 키웠는지. 엄마의 모든 걸 태우고 녹이며 우릴 사랑하셨다는 걸. 미안해요. 이 나이가 되어서야 절절히 이해되는 나의 어리석음을.

아마도 나의 남은 시간 속에서 엄마는 여러 모습으로 함께할 거다. 앞으로 다가올 나의 삶이 엄마의 발자취를 따라 걷는 여정임을 이제는 안다. 딸의 기쁨에 함께 웃고, 독립한 아이들의 뒷모습을 보며 미소 짓고, 새로운 생명을 맞이하는 벅찬 희열 속에서 문득 엄마의 삶을 헤아린다. 그래서 세월이 흘러 내 모습이 깊어질수록 그 속에서 엄마의

흔적을 발견하고, 그 시간을 온전히 이해하게 될 거다.

  누군가 그랬지, 죽음은 생과 사의 갈림이 아니라 단지 변화일 뿐이라고! 비록 다시는 엄마의 따뜻한 손을 잡을 수도, 눈을 마주할 수도 없지만, 엄마는 언제나 내 맘속에 살아 숨 쉬고 있다. 늦었지만 이제야 고백합니다. 사랑합니다.

실망의 나비효과

우리들은 살아가면서 다양한 실수를 하며 살아간다. 그것은 아주 사소한 일일 수도 있고, 때로는 작은 실망스러운 모습이 예상치 못한 오해로 번져 나가는 상황을 맞닥뜨리기도 한다.

커튼을 젖히니 봄비가 주룩주룩 내리고 있다. 전국에 산불이 일어 그토록 간절히 비가 내리도록 기다릴 때는 아랑곳도 않더니 하필 오늘 비가 내린다. 며칠 후면 싱가포르로 출국하는 딸아이 이삿짐의 일부가 우리 집으로 들어오는 날인데 비가 이렇게 많이 오면 어쩌나 나도 모르게 저절로 구시렁거려진다.

우산을 챙겨 들고 밖으로 나갔다. 딸아이 이삿짐을 옮길 아저씨들 간식거리와 음료를 사고 막 아파트 1층 현관에 들어섰다. 바닥에 낯익은 즙 껍데기가 떨어져 있는 걸 발견했다. 다 마시고 난 빈 파우치였다. 딸아이 짐 속에 함께 들어있던 토마토 착즙이었다. 말없이 마신 것도 언짢은데 빈 파우치까지 바닥에 버렸다는 게 실망스러웠다. 요즘도 이런 일이 있을 수 있나.

겨우 착즙 하나 가지고 유난이냐고 하면 할 말은 없다. 사람마다 생각의 차이는 있을 수 있으니까. 나는 이걸 고객에 대한 예의이고 업체에 대한 신뢰의 척도가 된다고 생각한다. 혼자 실망하다 '그럴 수 있지, 목이 엄청 말랐나 보다' 중얼거리며 집 안으로 들어왔다.

30여 년 전의 일이다. 나는 부산에서 결혼식을 올리고 신혼집이 있는 서울로 바로 올라왔다. 혼수품도 모두 부산에서 구입해서 이삿짐 차량으로 옮겨왔다. 하루 종일 짐을 정리하며 보내다가 문득 구두 한 켤레가 보이지 않아 놀란 가슴을 안고 찾았다. 본가에 전화해서 혹시 구두가 거기에 있는지도 확인했다. 아무 데도 없는 걸 확인했다. 결혼예복에 맞춰 야심 차게 준비한 붉은 계열의 하이힐이었는데, 없어진 것을 알고 나니 심장이 쿵 내려앉는 듯했다. 출발 전 분명히 확인했는데.
　딸아이의 이사는 부분 이사여서 2~3시간 만에 대충 짐을 정리하고 아저씨들은 돌아갔다. 나머지 세부 정리를 하다 딸아이의 구두 두 켤레가 안 보였다. 딸과 사위와 함께 집 근처 백화점에서 구입했던 구두였다. 그 당시 하얀 양털 메리제인 슈즈를 신은 딸의 발을 보며 사위가 이쁘다고 감탄을 했다. 둘이서 알콩달콩 얘기하며 즐거워하는 모습이 너무 보기 좋았던 기억이 있다. 더욱이 금방 더러워질 수 있는 하얀 양털 소재인데 가격까지 사악하여 잊으려야 잊을 수 없는 구두였다. 이사 준비를 하며 우리 집에 두고 갈 여러 구두에 대한 정보를 미리 받았기에 구두 두 켤레의 부재를 바로 알아차릴 수 있었다.
　아파트 뒷정리 중인 딸아이에게 전화를 했다. 해외 이삿짐으로 그 구두를 가져가는지를 물었다. 구두 두 켤레가 어디에도 없었다. 가슴이 덜컹 내려앉는 마음이었다. 30여 년 전 분실한 나의 하이힐과 1층 현관 바닥에 나뒹굴던 마토즙 파우치 그리고 사라진 구두 두 켤레가 오버랩되어 점점 더 심란해졌다. 아닐 거라고 되뇌며 여기저기 아직 풀지 않은 박스를 뒤져보며 또 찾아봤지만 보이지 않았다. 남편이 아무 말 없이 짐 박스를 헤집어 놓는 나에게 묻는다.

"비싼 구두야?"

"나야 모르지, 그리고 가격이 비싸고 싸고의 문제는 아니지 않아? 믿고 맡긴 고객에 대한 예의가 아닌 거지, 그냥 좀 당황스러워."

"그거야 맞지, 잘 찾아봐. 어디 있겠지."

"나도 어느 귀퉁이에 꼭 있으면 좋겠어."

말도 하지 않고 박스 안에서 토마토즙을 꺼내어 마시고, 뒤처리도 엉망으로 한 모습을 보고 나니 의심에 가속이 붙어 좀처럼 멈춰지지가 않는다. 더구나 빨간 하이힐의 기억까지 합세해 나는 깊은 생각에 잠겼다. 내가 만약 단지 옛 기억과 1층에 나뒹굴던 빈 토마토 파우치를 보지 않았다면 이렇게 난감하고 불쾌해하며 찾아 헤맬까?

과거의 경험이 주는 강력한 각인이 판단을 흐리게 하고 걷잡을 수 없는 오해의 늪으로 빠져들게 하는 게 아닌지, 그러면 안 될 일이다. 다시 찾아보기로 했다. 신발장을 열어 다시 하나하나 체크를 했다. 역시 없다. 실망하려다 무심코 반대 방향에 있는 장의 문을 열었다. 설마 이곳에 넣었을 리가 없을 거라 생각했다. 역시 하며 돌아서려는데 왼쪽 깊은 곳에 언뜻 보이는 초록 박스! 손을 뻗어 꺼내어 보니 잃어버린 게 아닐까 걱정했던 그 구두 박스였다.

'이런, 어떻게 여기에 이걸 둘 생각을 했지? 나머지는 여기에 뒀다고 언질이라도 줬으면 좋았을 걸…' 잠시나마 의심을 거두지 못했던 마음이 미안한 마음으로 바뀌면서 동시에 '그럼 그렇지, 그럴 리가 없지.' 안도의 마음마저 들었다.

이 작은 소동으로 나는 깨달았다. 우리를 둘러싼 세상은 여전히 믿을 만하며, 사람과 사람의 신뢰가 단단히 뿌리내리고 있다는 사실을. 그리고 그 선의는 의심과 혼란 속에서도 변함없이 우리 삶의 가장 가까운 곳을 따뜻하게 비추고 있다.

이번 일을 통해 과거의 경험이 현재의 판단과 행동에 얼마나 강력한 영향을 미치는지를 다시 한번 깊이 실감했다. 물론 과거는 단순히 지나간 시간이 아니라, 오늘의 나를 형성한 중요한 교훈과 통찰의 원천임은 분명하다. 하지만 그것에 매몰되어 왜곡하는 오해를 키우는 것은 경계해야겠다고 다짐했다.

창밖을 보니 어느새 비도 그쳤다.

아들의 결혼식을 지켜보며

"엄마~ 잠깐 우리 얘기해요." 무슨 일인지 아들이 부른다. 긴히 할 말이 있나 보다.

'뭐지? 혹시?'

"엄마한테 소개할 사람이 있어요." 옳구나, 드디어 올 것이 왔구나! 그렇게 처음 아들의 여자 친구를 집 근처 호텔 커피 샵에서 만났다. 한눈에 며느리가 될 거라고 생각했다.

결혼식 리허설을 위해 안사돈과 나는 나란히 서 있었다. 예식 홀 문은 대단히 웅장해 보였고 훌륭했다. 성스러움마저 느껴졌다. 우리는 결혼식장 안을 보지 못한 상태였다. 잠시 기다리다 양쪽에 대기하고 있던 진행 도우미 두 분이 홀 문을 동시에 활짝 열었다. 그 순간 우리는!

"우와~" 탄성이 터져 나왔다. 가슴이 벅찰 정도로 홀 안은 훌륭했다. 순백의 테이블 보 위에 놓인 촛대, 수많은 꽃 장식들, 하늘에서 내리는 은하수들이 어우러져 만들어내는 분위기에 감탄이 절로 나왔다. 화촉 점화를 마치고 혼주석에 앉았다. 갑자기 울컥 눈물이 나려고 한다. 목이 메는 듯한 뜨거움이 느껴진다. 어느새 옛 생각에 빠져든다.

엄마에게 있어서 첫 아이는 참으로 애잔한 마음을 갖게 하는 존재이다. 엄마가 처음이었으므로 항상 미안한 마음이 앞선다. 아들이 초등 3학년 때의 일이다. 집으로 돌아올 시간이 다 되어 가는 걸 확인하고 얼른 하던 일을 마무리하려고 서두르던 참이었다. 가끔은 운동장에서 놀다 오기도 하니 조금 늦는 건 다반사였다. 간간이 시간 체크만 하고 있었다. 좀 늦는 것 같아 살짝 걱정이 되기 시작할 무렵 아들에게서 전화가 왔다. 집 바로 앞 공중전화라고 하면서 데리러 나와달라고 했다.

"무슨 소리야? 얼른 들어와라. 바로 집 앞인데, 엄마 지금 김치 버무리느라 손에 고춧가루 범벅이야." 전화를 끊으며 대수롭지 않게 생각했다.

한참이 지나서야 아이가 문을 열고 들어오는데 온몸이 땀에 절어 있었다. 5분 거리에 있는 학교에서 한 시간 이상 걸려 집으로 돌아왔다고 했다. 깜짝 놀라 무슨 일이냐고 물어보니 대답도 제대로 하지 못했다. '무슨 일이 생겼구나.' 그제야 놀라 애를 둘러업고 병원으로 뛰어갔다. 뇌 MRI, 안과, 내과까지 검사를 진행했다. 다행히 문제는 발견되지 않았다. 나중에 아이가 회복되고 나서 들은 얘기와 같은 반 아이 엄마들의 안부 전화를 통해 실제 무슨 일이 있었는지 자세히 알게 됐다.

체육 시간에 일어난 일이었다. 축구 수업을 하다가 같은 반 학생인 'B'가 바로 앞에 있는 우리 아이를 바라보며 공을 힘차게 찼다. 공은 순식간에 얼굴 정면을 강타했고, 그 자리에서 아이는 쓰러졌다. 다행히 양호 선생님께서 응급 처치를 제때 했다. 호흡곤란으로 손발이 오그라드는 아이의 열 손가락을 바늘로 다 따서 피를 내고서야 아들의 호흡은 돌아왔다. 만약 양호 선생님의 응급 처치가 아니었다면 상상도 하기 싫은 상황으로 갔을 거라는 얘기를 들었다. 피가 거꾸로 솟는 것 같았다. '그래도 아무 일 없어서 다행이다.' 중얼거렸다. 눈물 콧물

범벅이 되어 울었다. 너무 미안해서, 얼마나 힘들었으면 집 바로 앞에서 데리러 와 달라고 했을까. 그것도 모르고 김치 타령만 했으니 미안해서 죽고 싶기만 했다. 어미도 아니었다.

이런 상태의 아이를 선생님은 왜 혼자 보냈는지, 담임은 왜 전화조차 하지 않았는지 이해할 수가 없었다. 시간이 지나고 나서 알게 된 사실이 있다. 담임 선생님에게는 다섯 살배기 딸이 있었다. 퇴근 시간까지 세 시간 정도 아이를 맡길 곳이 없었던 담임은 방과 후 운동장만 배회하는 B에게 자신의 딸과 놀도록 했다고 한다. 담임 선생님에게는 B가 고마우며 필요한 아이였다. 말이 안 되는 상황이라고 생각했다.

다음 날 하교 시간에 맞춰 담임을 찾아갔다. 그 와중에 먹을 것을 챙겨서 갔다. 담임은 슬쩍 계면쩍어하는 듯했다. 그랬다고 믿고 싶었는지도 모르겠다. 잠깐 만나는 내내 아이를 스탠드 쪽으로 데리고 나오느라 본인 팔이 아프다는 얘기만 반복했다. 공을 찬 B에 대한 얘기도, 상황이 그렇게 되어서 미안하다는 얘기도 없었다. 나는 뒤돌아서서 그냥 나왔다. 아이가 다행히 별일 없으니 괜히 따졌다가 얘를 힘들게 하면 어쩌나 걱정되어 아무 말도 못 했다. 비굴한 그 표정이 말해주는 것도 있었지만 남들과 부딪치는 것을 어려워하는 나의 성격 때문이기도 했다.

그 이후 자다가 벌떡 일어날 때가 종종 있다. 세월이 흘러도 여전히 악몽을 꾼다. 만약 그때 잘못됐더라면… 섬뜩하고 식은땀이 줄줄 흐른다. 나는 왜 아무런 말도 하지 않았을까! 아니 못했을까! 자괴감이 들어 눈물로 고스란히 밤을 새우곤 한다. 엄마로서 직무를 유기한 것 같아 나를 용서하지 못하는 것이다. 솔직히 지금 우연이라도 길에서 만난다면 뺨을 한 대 때리고 싶은 마음이다.

"신랑 입장~"

사회자의 우렁찬 목소리에 잠깐 동안의 시간 여행에서 돌아왔다. 음악과 함께 아들이 입장을 한다. 친구들의 환호성을 듣자 주먹 불끈 쥔 두 팔을 번쩍 들어 올려 답을 한다. 멋져 보인다. 긴 다리로 늠름하게 버진로드를 걸어 들어간다. 또다시 울컥했다. 건강하게 자라준 아들이 고맙고, 어느새 훌륭하게 성장해서 새로운 가정을 꾸리니 감사하며 그리고 미안한 것만 생각나서.

옛 추억들이 주마등처럼 지나간다. 장면 장면이 파노라마처럼 펼쳐진다. 아이가 웃으면 내가 더 행복했고, 생각이 많아 보이면 숨죽여 기다렸다. 그런 아들이 지금 이 순간 눈부시게 아름다운 신부를 만나 결혼을 한다. 감사한 마음에 눈시울이 뜨거워졌다.

아들의 결혼식을 마치며 다시 깨닫게 됐다. 삶은 끊임없이 변화하고 성장하며, 그 속에서 우리는 새로운 사랑과 행복을 발견한다는 것을. 그리고 그 모든 순간들을 함께하는 가족의 소중함은 무엇과도 바꿀 수 없다는 것을. 사랑하는 아들아, 너무도 소중한 나의 며느리야, 너희들의 앞날을 진심으로 축하한다!